The He Family from Liangdu
Lingshi County in the Qing Dynasty
Su Hua

清代两渡何家

——一个文化世族的递进史

苏 华 著

山西出版传媒集团 ◎ 三晋出版社

　　1909年何氏族人在何澄新婚后所租北京安福胡同西口住宅合影。中间抱小孩者为十六世何景齐夫人乔怵，小孩为何乃莹长孙何滋镇，后立者为何泽贶，前排围黑围巾者为何景齐次女何芳，乔怵右为何乃莹子何浙生夫人陈静娴，执手帕者为何泽贶夫人，其后侧抱小孩者为何厚吾女何震，小孩为十七世何芭（尚未满周岁），围白围巾者为何

澄新婚夫人王季山,拢手于袖中前面立者为何澄,执军刀戎装者为何泽宝(所着为何澄之军服),有须抱小孩者为何浙生,小孩为何乃莹次孙何滋燦,一旁立者为十五世何子安,前排右着坎肩者为何景齐长女何芬,两位小女孩高者为何景齐三女何萊,幼者为何景齐四女何菜(十八世何引提供)

钤

商丘宋氏收藏图书

商丘宋荦

引首钤

南齐石室

拖尾钤

泰州宫氏珍藏

宫子行同弟玉父宝之

贤者而后乐此

传南宋·夏圭《松丛夜月图》卷(十八世何引保存)

引首裱宋纸一张 纵六十五·五厘米 横七十七厘米

图卷 纵二十三·二厘米 横一二一·二厘米

夏圭,字禹子,浙江钱塘人

宋宁宗时(1195—1230)宫廷画院待诏,中国绘画史上
著名画家

轉天菁蕊滿連香色飛

空空細蓬莱何震信萬里

寄雲飛隆樹年前無人

為喚李諳仙明月萬古

人更奉人千年日稿若蒙

置書樹奇言顧時若會

從此石悲明月無今夕

嘉禧丁未八日廿七

徵明

钤
商丘宋氏收藏图书
徵明
衡山

拖尾钤
大炘日利
冠山如愿

明·文徵明行书《秋兴诗》卷(十八世何引保存)

纵六十七厘米　横七十九·七厘米

作于嘉靖二十六年秋

位不稱德官曰待詔信翰林之多
才肖先生者何少十金可鄀千幀
不休雖八法與六法而二妙高大
老之大年曹何心何市門之巧笑
道像經進躬灌寒翰品題熙玉音
煌宛奏九韶妻宪之顏俚儉之嶋
小子安敢撝詞操皇華之野調

南山遺像

陸師道并題

清·何道生摹文徵明遗像（十八世何引保存）

目　录

1

书画碑帖信札

目录

图版

一 迁徙两渡成巨富

灵石两渡何氏先祖本为河南淅川大石桥人。

明正统二年（1437），山东、山西、河北、河南、陕西发生大饥荒，逃荒民众纷纷往荆州、襄阳上游的郧阳地区就食。这个"三不管"的地方位于湖北、河南、陕西三省交界处，山谷厄塞，林箐蒙密，既有草木可采掘食，又有很多空旷土地可以种粮，不但饥民聚众于此，一些好吃懒做之徒也开始驱役他人，占地为王。明英宗朱祁镇据汉中府知府上报，派御史金敬赶往缉拿为奸犯科者，抚恤周济刚到的流民。金敬抵达后，除贬数人戍边外，因三省官员都推诿此事非自己境内，抚恤饥寒所迫的流民之事无从办起。此时，河南西华县一个叫刘通的人，膂力过人，通手可以举起县衙门前重千斤的石狮，因之外号"刘千斤"，潜在襄阳房县未被缉办，开始纠众谋乱。

明成化元年（1465），"刘千斤"和一个外号叫"石和尚"的石龙以及纠合在一起的冯子龙等数百人，开始在房县大木厂镇立黄旗聚众，后又占据海溪寺称"王"，国号"汉"，建元年号为"德胜"，自署将军元帅。未久，纠众竟达数十万人，遂以"石和尚"为谋主，刘长子、苗龙、苗虎为羽翼,开始发兵洗劫襄阳、邓州境内。同年五月,明宪宗朱见深命朱永为总兵官,兵部尚书白圭为提督,与湖广总兵李震、副都御史王恕三师齐头并进,开始征讨"刘千斤"和"石和尚"发起的这场"郧阳盗乱"。明成化二年(1466)夏季,白圭率明军进入南阳地区围剿"刘千斤",淅川立成兵荒马乱之区。

官军与兵匪激战,河南当年又岁歉民饥,何立本遂决定避祸移民。

一般而言,从淅川迁徙者,大多仍会选择入郧阳之山就食,更有长远者,会南下江浙一带,但何立本考察到官军与民变之兵交战正酣,无论是入山就食还是南下江浙,途中都有不可预料的天灾人祸之事发生,为保险起见,他做出了拖家带口逆向迁往山西的决定。事实证明,不等这场祸害了数省百姓十余年的"郧阳民变"宣告平息,何立本早早决断迁徙到没有战祸的灵石县两渡村,是厥功至伟的一步——当明成化十二年(1476),愿意入籍新设湖广郧阳府的流民十一万三千余户,遣归故土者一万六千余户,早前已自愿留下者九万六千余户,新入籍及愿留者均在等待官府许以的各自可占旷土,以开垦为永业之时,何立本已率一家老小在灵石两渡安居了十年。

何立本,号明经,取"世恩秉正,立本为先"之意,为明正统年间岁贡生。所谓岁贡,即地方儒学将学行端庄、文理优长者选送到国子监读书的学生。"岁",并不是每年都选派,而是两或三年选拔一次。明初,各学只选派一人,后定制为府学二人,州学三年二人,县学一人。岁贡生以及恩贡、拔贡、副贡、优贡,时称"五贡",是除了进士、举人之外的"正途出身"。取得"五贡"资格,并不意味着已经入仕,最大的好处是,经过考选,有机会进入士人的文官队伍,或可出任教官。何立本乡试罢归后,就在淅川大石桥当起教书先生。因在京城见多识广,从河南往山西一路走来,总能以一种兴宗奉国、庆泽以延的眼光来考察安身立命之地。经天台山入山西泽州境,他多见沿途防范兵匪的城堡众多,顿觉境域不靖,不宜安居,于是继续前行。当翻过韩信岭,到达灵石两渡驿站后,看到运盐的商队从解州盐池经平阳府、洪洞、赵城、霍州南来,往北,只有一小段山谷孔道,以后便是一片通往太原府的官道;白天,官道扬尘不断,车马在两渡的南北门声喧起伏;入夜,南北买卖人、官吏和文人墨客均在此打尖住店;开始风行于天下的三大票号重镇祁县、平遥、太谷就像星星一样,排列在灵邑的西向。再放眼望去,但见两山泉水仿佛琼浆醴泉那样澄鲜,沟水分流至二溪环流的南北堰之间。此地冠名两渡,果不虚传。而汾河边上的古渡头,有铁索揽舟,来往人马喧闹不休,何立本顿时喜欢上了这里。他盘桓考察了两天,发现村里的窑洞差不多都是依崖而建,登上窑顶便见汾河流水。而背崖处,多有大炭,一天之中,三套车能拉百余车。最令他高兴的是如同市镇般的繁华,卖绸缎的庆成公,卖首饰的裕隆店,接待官吏住的源盛号,月饼楼,米粮店,麻油作坊,药铺,剃头棚,裁缝铺,庆云档铺,村乡乐班,梆子戏院,庙里皮影,凡市井生活所需的方方面面应有尽有,若在这里设馆教书,何尝养活不了一家人呢?何立本遂决定留在两渡寓居,再不回河南也不往前走了。

人文地理环境的变迁是中国旧时家族历史重墨书写的一页,也是一个家族蕃衍繁枝的开始。明成化二年(1466)秋季,何立本在两渡开设学馆,教授生徒,课蒙子孙,遂成以读书为世业的两渡何氏始祖。

两渡市商很多,村子不大也不小,加上相邻的曹村、朱家岭、和溪

何子京《山水诗意图》（十八世何引保存）

5

村、军营坊,何立本教授的生员很是不少。

此时的两渡,执行的还是明洪武二十四年(1391)颁布的"里甲制"和正德年间推行的"治安牌法"。这种基层政权组织管理制度,是将每一百一十户编为一里,由丁粮最多的十户担任里长,其余一百户称为甲首,负责"管摄一里之事"。各里中无力承担差役的鳏寡孤独人户,则游离出一百一十户之外,编成"畸零户",由十名里长以十年为一个周期轮流应役,每年由一名里长率领十名甲首应承差役。"治安牌法"是把六户人家注册成一牌,每天轮流由一人持牌,调查六家之内有无可疑之人,随时向地方官府报告。由于两渡是古渡口兼市镇,各种各样的事情特别繁杂,每当第二天县令要来接差,当天就会有不断的锣声叫"六牌",锣声一响,何立本所教授的课业顿受影响;更为刺激他的是,当县令到来时,无论是村民还是商人,都要向县令下跪。何立本是岁贡生,依例不用向县令下跪,只行作揖礼即可,但他的子孙和徒生,则须下跪。而时任灵石知县的王珏和后任李瑛,见了比他更大一级的州官也必须要下跪。由此,何立本更加体会到要想穿蓝衫,戴银雀顶,免差役,去田赋,见县官不跪,唯有进学校、攻科举这条路才能改变。他是靠"儒术起家"的,"诗书世业"之训也自他出。"诗书世业"之意,是说何家子孙若非脑子真不开读书这一窍,不可不业儒。业儒者,就是终身"以儒为业"的士人。但业在"砚田墨庄"的人,并不是逢人一"训"就能训出来的,子孙才质不一,有的像大枀,成材后可为房屋的大梁,有的像桷杚,只能当椽子和木桩使用,断难全都"诗书耕读"。如果一味责其所难,不但一事无成,反而把可以立业成家的其他才分也弄没了。

再者,没有银子何以读书?为获取生员资格,即俗称"秀才"的童生入学考试，先要到县城报名，参加由知县主持的县考；然后要离开本县，到府城参加由知府主持的府考；接着要参加由省学政亲临府城主持的院考。仅这三场考试下来，就要花费十两银子。而当时的十两银子，通常可以买到十石粮食，约相当于一个三口之家的全年口粮。没有银子，连县考的试卷费都掏不出，考场都不让进，还有什么可考的！那些许许多多编出来的所谓贫寒人家子弟，靠刻苦读书改变了自己命运的故事，其实都是御用文人为专制朝廷粉饰太平而制作出来的掺假工艺品。两渡何家子弟不抱那些不着边际的幻想，从立足两渡那一天开始，便在始祖分才造就的开明安置下，开始了经商与业儒合流并举的递进史。

何立本有两子，长子名燦，次子名华。两渡何氏至此分为长门燦支和次门华支。

长门燦支三世何彪，少时读书也很勤奋，更通大义，但就是考不上功名，于是就另走一途，随着两渡的商贾们跑到北京经商做生意，结果大富而归。受《周礼·大司徒》之教诲"五党为州，使之相赒"，归家之后，凡族党中有大事者，无不尽力接济；对贫穷不能糊口者，更是想方设法予以帮助，使其衣食无忧。每当受到接济的族人说他德行好时，他总说："富贵傥来也，自古岂有不贫之家？但当力行善事，勿过为子孙虑。子孙贤，当胜今日。不然，积亦何益？"同一祖系，一人富贵，必有数人稍贫或穷苦。何彪经商富贵，念同族贫穷者，广予赠给，以广始祖之庇，给后人带来可能贤达的福荫，这是何等比功名更让受惠者念念不忘的功德！

长门燦支九世何缙宗，字耀廷，号垂绅。因家贫，很小年纪就到河北新城的白沟河镇经商。经过三十余年的辛苦经营，逐渐丰裕。致富之后，既有急公之好，又有孝友之名，凛凛清操，不肯试不肖之事，更不肯贪受赠遗，遂为新城樊知县所器重。樊知县升任平阳太守，何缙宗即入其太守幕。两渡一村人有事请托，欲给何缙宗千金，为他力拒。有钱之后，如何在更大更多的利益面前，不可有一丝一毫自玷，何缙宗为何家子孙后代做出了表率。

次门华支九世何溥，字天如，号五德，贡生。少时家境颇窘，但既有定志，也有定力。有一天，他见宅边有乡邻不种的空地数亩，便对乡邻说："以此地易我，吾当建大屋。"乡邻大笑道："若能为小屋，亦足矣，安能大乎？"何溥慨然叹道："大丈夫岂可量哉！"此事过去不久，他便弃儒经商。所做的是木材生意。由于既长于范蠡的计算之术，又有统筹精当、善于用人之道，获利常比其他木材经销商多数倍。当他的资产已达万金时，不是急着实现自己当初置地造房的志向，而是把这些钱全部拿出来，让雇员、伙计到村北口外悉数买下所有的松杉木，接下来把这些木材就地结为木筏，装上木材后顺流而下，泛至山西吉县壶口。在壶口，只见筏上的木材大部被瀑布处的惊涛骇浪卷下，沉入黄河之中，可木筏左漂右翻，怎么也冲不过壶口。跟随木筏行走的伙计见此大惊，急忙返回两渡将此情此景告诉何溥。听完这个极坏的消息，何溥的面色一点没变，只是徐徐说道："若能复生，吾更赏万金，必得大利。"伙计听完这句话，虽然分不清他这是在自己宽慰自己，还是真有良策，但也只能抱着一线的希望重返壶口。到了木筏停滞之地，奇迹竟然出现在了眼前：但见不断从上游漂浮下来的新木与何溥停滞在这里的旧木互相碰冲，眨眼工夫，木材和木筏就一排排、一浪浪地冲过了壶口。结果不

灵石何氏

两渡村人

言而喻,何溥又获利数万。族人和村间老小无不佩服他的预见和定力。

一年,经营木材的商人们闻听一位津沽的木材商有木材而不卖,皆困惑不已。何溥对同行说,这是奇货可居。众人不信。他见这些同行没明白这其中的道理,就把他们手中的木材全部号尽,并期以三个月后支付货款。何溥的收购行动没过几天,木价价格就大涨暴涨,何溥与其同行皆获利数倍。这些同行拿到钱后问他:"众商皆以木致困,公得之反以获利,何也?"何溥告他们:"此乃货殖之常,顾诸君不悟耳。岂不闻贵弃如粪土,贱取如珠玉乎?"

明末,何溥已是积有十万余金的巨富。

清顺治十八年(1661),山西发生大饥荒,灵石不是产粮区,饥荒更甚。何溥对家人说:"现在是盖我们家房子的时候了,济人之危难,搭救人之急迫,正当此时。"遂以工赈贷,召集村人前来大兴土木,前后数院,均高四五丈,数村数人,全靠给何溥"打工",在大饥之年活了过来。一年后房屋告竣,当初那位讥笑他"若能为小屋,亦足矣"的老翁,始信何溥当初所言不但不虚,而且是有志又不苟人所短的大志,于是亲来祝贺说:"想不到你能做出这么天大的好事!"

何溥以谋生起家,致富发家,但遇乡党有困苦者,无不周济;族群中有祸灾者,一一赈救。凡公益事业,如建桥梁,设舟楫,贷籽种,也悉数而为。

明万历年间,六世何清终成移民到两渡何家的第一位考取功名者。

何清,生于明嘉靖十九年十二月二十五日(1541),卒于明万历二十八年三月十三日(1600),字尊圣,号芳川,高祖即是在北京经商致富的三世何彪。何清自小聪明颖慧，宽厚仁义。少年时，在路上与一村人相遇，此人脸色拘谨，见他后急忙小跑躲开。这让何清很感怪异。回家跟其父何岐凤说起此事，何岐凤马上告诉了原委："此人借了我的钱没还，所以他见了你不好意思，抬腿就跑。"何清听后并没有哈哈大笑，而是严肃地说："人家没还你钱，见了我就躲着跑，说明人家确实遇到了难处，且有羞愧之心，您把他的借据给烧了吧。"何岐凤怔了一下，马上从柜里拿出借据边烧边说："此子有范仲淹以一船麦子作为赠品，助故旧治丧事之义，当大兴我们何氏宗族。"

何清在明万历年间考取拔贡生。拔贡，是国子监"五贡"之一，由各省学政于地方儒学科试一、二等生员中选拔出来，贡入京城国子监学习。学习期满，经过朝考，名列一等者可任京官，二等者可任知县，三等者可任教职。何清在朝考中列三等，授潞安府训导，后升晋州（今河北深州）学正，品秩为正八品。有了官秩后，兼晋州知州事，未及三月，又署武强县事。

明万历间，何清调至山丹卫学任教授，为正七品。山丹卫就是现在甘肃张掖市辖山丹县。明朝军队实行"卫所制"，分卫、所两级，一府设所，几府设卫。山丹卫城是陕西行都司及甘肃镇的治所，所以称卫。卫所的兵士平时屯田，遇有战事，或入军事城堡防御，或出堡征战。明正统五年（1440），山丹卫指挥使杨斌，在城东南隅创办山丹卫学，山丹历史上第一所官办学校就此诞生。初创的山丹卫学十分简陋，后经都御使徐廷璋、刘璋，金事李克嗣先后增建大成殿及两庑斋舍，等何清赴任时，山丹卫学已初具规模。由于卫城人口只有万把，且多是军籍，够入学资格的生员少得可怜，每年只能招文武生员各十二名。虽然学生

11

很少,条件艰苦,但何清"勤于训迪,克尽师道,诸生有穷困者,尽力相济",直到年迈返乡。可以说,何清是山丹官学最早的奠基人和为人师表的一代楷模。

有何清这样的子弟隶仕版,五世何岐凤当年所说"当大兴我们何氏宗族",似乎得到了印证。两渡何家的兴起,在明末即有种种迹象:何清次子何天宠,为明万历晚间岁贡生,授平遥县训导,后升广灵县教谕;何天宠次子何举鹏,博取明崇祯年间武举人。

不为人所知的是,明清交替之际,两渡何家还出过一位为明朝殉难的节士何西奇。

何西奇为长门燦支七世。明崇祯十七年(1644)李自成攻破北京,三月十九日(4月25日),明思宗朱由检自缢于景山一棵槐树上,闻听崇祯皇帝自缢殉国的消息后,何西奇泣不成声,稍缓乃说:"不意天崩地裂至于如此,我虽没有踏入仕途,也不是官场中人,不能与那些为国君为国家殉亡者同日而语,然,我不忍再当流寇和外族的臣民了。"话语毕,即召其子何秉秀、何生秀、何盈秀前来分家产。何西奇亲自手书分家产契约,词意慷慨,殉难意决,三子及见证人无不边盖名章边流涕。家产分完之后,何西奇遂不再进食,时时悲吟南宋末年谢枋得在宋亡后所写的诗句:

> 十年无梦得还家,独立青峰野水涯。
> 天地寂寥山雨歇,几生修得到梅花。

谢枋得(1226—1289),字君直,号叠山,江西信州弋阳人,南宋末年诗人,曾任信州知州、江东制置使,带领义军抗元。南宋灭亡后,逃到福建建阳一带穷山野岭,每天穿着麻衣草鞋,面向东方痛哭,借以悼念已亡的大宋王朝。因为谢枋得的抗元声望和文名,元廷曾多次派人劝降,都被他严词拒绝。元至元二十五年(1288)冬,福建行省参政魏天佑奉元帝之命,强制谢枋得北上。一到元大都,谢枋得问明宋恭宗所在的方向,恸哭再拜;留居悯忠寺(今法源寺),见壁间有曹娥碑,哭泣说:"小女子犹尔,吾岂不汝若哉!"遂绝食五日后尽节。

何西奇绝食数日,家人劝之,终不听,月余而卒。

过去烈女守节要守得苦,尽节要尽得烈,而何西奇却选择了从容饿死的就义尽节之路,真真是"苍苍尽节奇"的一条汉子。

康熙十七年(1678),康熙皇帝下旨史馆纂修《明史》,崇奖节义,凡一时殉难身死之士,无不纪录。但灵石知县等人,不敢阐扬,未将何西奇其人其事上报,以至九十多年后《明史稿》纂成并刊印,何西奇守潜德之幽光,不使载其内,故不闻于世。有可传之实,而不居其名,更无从得以彰显,实在可惜可叹!

二 黄旗将军何道深

古往今来,有钱就任性的大家族和子弟概不少见,反观两渡何家,至少在清康、雍、乾、嘉等几朝不是这样。有了银子,除了修路建桥,赈灾济人,建祖祠,修坟茔之外,最大的花项是在子弟教育上。

进入清代,两渡何家通过经商,已是累代富起来的商贾大户,但通过科举考试跻身缙绅行列和具有官职的阶层,仍是子孙改变社会地位,"荣宗耀祖"、"光耀门庭"的主要途径。这些何家子弟不但不畏"三场辛苦磨成鬼"的"进士"之途,反而更加刻苦地发愤读书,研习举业,不断向"金榜题名"的最高阶梯攀登。对于何氏族人不断苦读,但屡试不中的情形,十四世何庆澜曾有一首竹枝词,名《专工八股》,很能道出其中的原委:

> 诗歌篆隶古文词,偏是书生不及知。
> 自谓专门工八股,哪知八股也无师。

何庆澜,字子安,号漪泉,道光十五年(1835)乙未恩科中举。家道素丰，人品端正，学问渊博，在进士这个阶梯折戟后，以援引何家子弟及后进为己任。他以自己的亲自体会说：八股文是一门集古代各种文体于一身的后起时文，这里边有一些基本的技巧和许多苛刻的要求，但我们的教书先生却不知。无论是先生还是学生，一个个总说自己是专工八股制艺的，哪里懂得，这种时文体直到现在也没有人能弄得清该怎么作。

发现了屡试不中的关键所在，延聘名师就成为两渡何家课子孙读书的一个传统。先行者即是做木材生意成为巨富的何溥之子何龙腾、何世基兄弟。

十世何龙腾是何溥的长子，字青云，贡生。虽为富家子弟，但勤俭自奉，所穿衣服，所食之品，与苦寒人家差不多。不知底细的人如果见了他，根本不知他还是一个相当有钱的人。在两渡，何龙腾对人从未有过恶言怒色；对宗族亲戚，以及略有交接之人，有急难，尤必尽力周济，遇友朋有庆吊事，即使住在离两渡很远的地方，无论贫富贵贱，必亲身赶赴。何龙腾好喝酒，也雅有山林之好，逢佳日出游，总要带酒，每见峰峦奇秀可爱，便对着山水独酌，往往一杯接一杯，流连不能返。一日，在山泉流淌旁的一块山石上喝多了，醉而卧，到日落时分还未醒。有行人路过看见后惊呼："这是谁家的老人？谁认识？快来与我一块送回家。"听闻呼救声，后至者数人赶紧跑过来，一看是何翁，踊跃争送至道上。听说是何翁喝多了，闻者群来，轮换着把他抬回到大院门口，这时他才醒过酒来。一众人又扶其入屋，三子何思忠见送其父回来者竟达十余人，感其情义，想置酒饭相劳，但相送的这些人却说："公之生平施德不望报，今吾以纤屑之劳而受公之报，独不内愧于心乎"？说完，一众人全都走了。等何龙腾上炕再缓酒后,何思忠问他:"这些人您认识?"何龙腾再三摇头说:"不认识,一个也不认识。"

十世何世基为何溥次子,字泽远。为人正直,亦好为人排难解纷,凡乡党相争久而不息者,只要他一到场,问明情由,片言只语就能把争执双方说得服服帖帖。两渡之西北雷家庄,山路崎岖,上傍高岩,下临汾水,村人出行甚怕稍一不慎,就会落入水中。何世基亲自走了一个来回,感觉雷家庄村人所虑确实是个事,于是便在当年冬季捐赀将这条羊肠小道修为坦途。雷家庄村人自此以后,凡见有为一己私利相争不下者,就会说:"你就不怕泽远公一气之下把路给你刨了?"争讼立止。何世基公平公正处理事端的本性,让人心服口服;他从不把什么这个"惠民",那个"为民"的滥词挂在嘴上,看见该惠民的事项,二话不说,鼎力就做;想到该恤民的人与事,操心不止。这样的乡绅,虽不是村官,却远贤于村官。

康熙初,何龙腾、何世基兄弟设立了族学——皋比。过去古人坐虎皮讲学,称之为"皋比",后泛指传诵、讲习学问之处。但"皋比"还有另一种意思,即武将的座席。可知两渡的族学,是文举和武举都教的。创办皋比的同时,何世基见村里贫乏者,子弟多不能读书,于是又办学了义学,出修脯,择师教之。

两渡何家创办皋比、义塾后,所延请的第一位名师便是山西为数不多的思想家、诗人、书法家傅山。

傅山曾创傅山拳。据何氏老祖相传,傅山当年来课何家子弟时,有一套自己的拳谱。诗书古文词赋课余,还教一些爱好武术的子弟专习这种拳法。

16

傅山来到两渡后，一个雨天，听闻何西奇不当孑遗余民，甘随大明王朝同亡的尽节事略后，倍感"活人不及死人香"，当下就画了一幅《墨荷图》，并题"写得雨中，留得善鸳鸯"。落款署"松侨老人山"。"荷"是"何"的谐音；"鸳鸯"，喻志同道合的兄弟。这幅风雨中的墨荷图，其主旨表现的是：只羡与我志趣相同的兄弟而不慕神仙，这幅画就留给何节士吧。傅山的这幅《墨荷图》一直为两渡何家子孙保存，直到新中国成立后，才被十五世何澄子女捐献给了苏州博物馆。

傅山当年来两渡教何家子弟读书时，还写给十一世何尔杰一幅六言诗联："画人影真汉子，完书债是男儿。""文化大革命"，汾西矿务局两渡矿中学的红卫兵闹腾得厉害，要抄两渡"成分高"的何家"封资修"的东西，十六世何泽铭保存着的先祖遗藏，如意大利人、宫廷洋画家郎世宁的册页，翰林院掌院学士、工部尚书、大画家董邦达的山水，乾隆状元、画坛领袖钱维城的立轴，翁方纲的书册，以及说不清是谁"永保之"的书画、书籍，都被当作烧火做饭的大炭烧尽了：一日两次，何泽铭边撕边叹气往炕灶里塞，其子何长瑞边拉风箱边用火箸挑着这些"灾星"，连烧了三五日，才撕完烧尽。冒死留下的，除了几幅先祖画像，还有十七世何长旺藏起来的一套《何氏族谱》以及傅山的这幅六言诗联。

自从延请了傅山来教子弟读书后，八世何必同考取了康熙朝的拔贡。拔贡，在顺治、康熙朝六年才进行一次，而在普通人的心目中拔贡又名列"五贡"之首，极为难得。

就在两渡何家先祖在儒术仕途上迈进了一小步之时，何家子弟却在武举上显赫起来。

清顺治、康熙、雍正、乾隆四朝，奉行的是"弓矢定天下"，所以格外

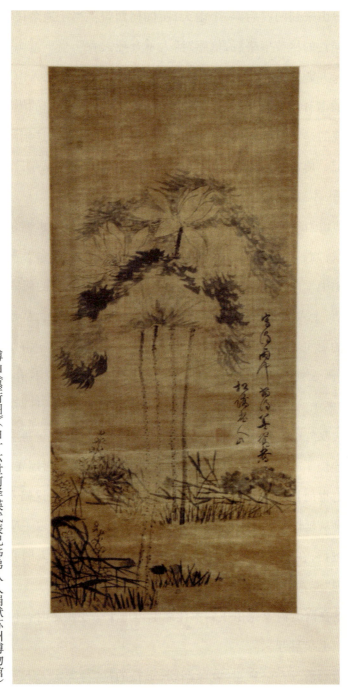

傅山《墨荷图》（由十六世何泽瑛代表兄姊弟八人捐献苏州博物馆）

傅山六言诗联：画人影真汉子　完书债是男儿（十八世何文苑保存）

重视武功武科武事。武科,自顺治初年(1644)下诏举行,乡试时间为十月,直隶、奉天举子在顺天府进行,各省在布政使官署进行,中式者称武举人。次年九月在北京会试,中式者称武进士。新进武进士经殿试后由皇帝钦定等级,并以等级授以官职。而武进士的官品要大大高于文进士——文状元例授翰林院修撰,品秩为六品,武状元竟可高出三品,为正三品。

武生参加乡试,报名手续十分严格,除了考生必填的姓名、籍贯、年貌、三代册结外,还要有州县官出具的印结担保,同省同考者五人互结作保,才准应试。

武乡试分三场进行:头场考骑马射箭,箭靶是用芦苇裹芦席成圆筒形状的靶心,高约五尺,直径一尺五寸,外包红布。开考时,在跑马道旁设置三个这样的箭靶,三十步分转一个。考生需纵马三次发九箭,中靶两次为合格。二场试步射,目标是八十步远的一个用布做成的高七尺、宽五尺,挂在树桩上的"布侯"。"布侯"中间有一个宽二尺的"鹄","鹄"上有六寸见方的"正"(十八厘米,正方形),"正"的中央即为靶心。一声炮响,考生挽弓跑步向靶心射箭,连发九箭,以中靶心三箭为合格。这两场考完,还要考硬弓、舞刀、掇石,以试技勇。考试所用的弓,重量有八力、十力、十二力之分,超过十二力的为出号弓,力气大的还可以增加二三力,但以十五力为限。刀有八十斤、一百斤、一百二十斤三号,石也有二百斤、二百五十斤、三百斤三号,各以三号、二号、头号分等考试。开弓者,三次必须开满,舞刀者,刀要前后舞花,掇石则须高举过顶。三种考项,如果都是三号,即为不合格。三场考策论,考《武经》论一篇,策一篇。

武会试内容与乡试差不多,只是为防止舞弊增加了一次复试:在会试以后,殿试之前,钦点六部官员二三人,按照会试规则所载弓、刀、石斤号数,让考生逐一演试。如果考生成绩与前试差距过大,则停其殿试资格,交监试大臣议处。

越清前三代,进入乾隆盛世,十世何应第(后改名何膺第),在乾隆二十一年丙子科(1756)中式第二十七名武举人。时任太原城守尉、兵部侍郎、都察院右副都御史明德,特为何膺第奖了"武魁"匾额。

乾隆二十四年(1759),十二世何道深参加己卯科武举乡试,一试中举。一年后参加庚辰科会试,高中武进士。第一年中举人,第二年就中进士,时谓"联捷进士"。

何道深出生于乾隆七年(1742),字会源,号朗崖,曾祖何溥,祖父何龙腾,父何思义。少有奇志,喜看《傅山拳法》,爱读孙吴兵法,遂习武。何道深成为两渡何家第一位武进士后,参加了武科考试最高一级的殿试,试策于保和殿。试策结束后,乾隆皇帝亲临中南海紫光阁御试马、步箭,弓、刀、石,以定甲第。何道深这一科武状元为山西阳曲马全,被授一等侍卫(正三品),榜眼为山东高唐赵琮,被授二等侍卫(正四品),探花为顺天大兴孙庭璧,亦被授二等侍卫(正四品)。二甲十名,授三等侍卫(正五品);三甲十名授蓝翎侍卫(正六品)。何道深为二甲第五名,被钦点乾清门侍卫。

何道深中武进士后,时任经筵讲官、吏部左侍郎的董邦达特为何道深题了一块"进士"匾额,两渡何氏族人无不击掌相庆。等朝廷颁下"御前侍卫府"奖劳劝功的匾额后,两渡何氏族人更觉无上荣光:何家有人侍卫在皇帝身边,这才叫飞黄腾达呢!

何家族人的话说得没错:乾清门虽为紫禁城内廷的正宫门,但乾隆皇帝处理朝政的地方乾清宫却在殿外的檐下,所以乾清门侍卫并非专门守卫乾清门的卫兵,而是乾隆皇帝的近侍人员。能选充乾清门侍卫,是汉侍卫的最高荣誉。因为即使出类拔萃的汉侍卫,也未必能充当乾清门侍卫。

乾隆三十年(1765),缅甸孟艮土司和贡榜王朝军进入清属云南的骚扰活动不断升级,甚至深入到澜沧江和景洪东南橄榄坝等地,勒索钱粮,掳掠民众,边民不靖,边陲告急,乾隆皇帝特授何道深以御前侍卫加二级出任贵州提标游击。游击,是低于参将的武职,秩从三品。贵州兵一向强悍,但缺少节制和纪律。何道深到了贵州后,一方面严明纪律,以御林军的训练方法操练贵军;一方面赏罚分明,拿出自己的廉俸奖励军中技勇优异者,贵州兵的军纪由此而秩然有法,战斗力提升。

云贵总督刘藻于乾隆三十年四月(1765年5月)开始征剿缅军,不但未能将进犯之敌驱逐出境,肃清边徼,反而畏敌如虎,节节败退。乾隆三十一年正月(1766年2月),乾隆皇帝以“畏葸无能”,将其改迁湖广总督;二月,又以办理征缅战事种种错谬,难胜总督之任,先降湖北巡抚,又革巡抚职;三月初三日(4月11日),刘藻在湖北都署自刎。

接任刘藻出任云贵总督的是原陕甘总督杨应琚。督师攻缅的杨应琚,兵败如山倒,还虚报战功,于乾隆三十二年三月(1767年4月)被乾隆皇帝召还京都入阁办事;同年七月二十三日(8月17日),以“办理缅人入侵事,失机偾事”罪,命于京师自尽。

杨应琚自尽后,乾隆皇帝又将屡建战功的伊犁将军明瑞调任云贵总督,继续征缅。明瑞,字筠亭,富察氏,满洲镶黄旗人,英勇善战,屡有战功。率军至云南永昌府,明瑞听闻何道深所练贵州营卒勇健可用,特檄何道深率部赶至永昌。何道深平时抚士严而有恩,对己严而苛。开拔前,他让无子及没有兄弟的独生子出列,令其留在提标左营驻守;有儿子,或有兄弟者,加入提标右营奔赴战场。待何道深率部迅速抵达永昌后,明瑞果见贵州兵齐整勇练,异于过去由清军收编的明军及汉兵组成的其他绿营,对何道深及其贵州提标右营很是看重。

八月初三日(9月24日),清军从永昌出发。九月十九日(11月10日),占领木邦土司城(今缅甸兴威)。明瑞留五千兵马驻守木邦城,自率一万二千精兵继续前进。经锡箔(今缅甸北掸邦)、大山厂等土司管辖地区,攻下由九千缅兵屯驻、十六营固守的蛮结(今缅甸南渡河以东),杀敌二千余,俘缅兵三十四名,缴获枪炮粮食牛马甚多。乾隆皇帝闻讯大喜,封明瑞为一等公;特授何道深署遵义协副将,赏戴花翎;贵州兵王连接替何道深升为游击。

赏戴花翎,在等级森严的清朝,既是"辨等威,昭名秩"的标志,又是一种特殊地位和荣誉的象征,非一般官员所能戴用。何道深被乾隆皇帝赏戴花翎,又成两渡何家第一人。

"蛮结之战"大胜后,明瑞率兵继续深入,意欲一举拿下阿瓦城(今缅甸德达乌县境)。但抵达距阿瓦百余里的象孔后(今缅甸辛古),缅军断木垒石,顽强守隘,明瑞所率之军粮草渐少,火药铅丸几尽,身经百战的明瑞遂决定退师猛域,缅军侦知后当即包抄清军后路。何道深执黄旗为殿军,缅军追击,均被何道深所率贵州提标右营力阻。十月二十九日(12月19日),何道深中缅军鸟枪,夜营休息,有军校对他说:"您伤得这么重,前来包围我们的缅军越来越多,而且这里的道路之险能

与敌军相比,何不说伤重,回归我贵州标营?"何道深一听大动肝火:
"敌军多,才是将卒全力杀敌之时,你身为军校,怎能劝我逃跑呢?"说
完之后,大声呵斥这位军校退下。第二日再战缅军,何道深更加力勇。
明瑞军曾俘获一个缅军兵士,审问军情后又问他:"你们最怕我军的将
军是谁?"这位缅军俘虏说:"我等甚畏黄旗将军。""黄旗将军",即何道
深也。

十一月初一日(12月21日),明瑞所率中军如愿退至猛域,得以在
此休整月余,得粮二万余石,补充火药铅丸过半。

乾隆三十三年正月初十(1768年2月27日),明瑞率军开始向宛
顶(今云南畹町)撤退。二月初,缅军在距宛顶二百里处的小猛育将明
瑞的中军包围。前有大山所阻,蹊径和隘口几乎全被缅军堵塞,环围数
重。二月初八(3月26日)夜,明瑞下令拔营起军,沿着已探明的一条小
路突围,何道深仍然殿后。二月初九日(3月27日)上午,缅军追来,何
道深立于高冈奋力拼杀,掩护其他军士从其身旁前行,战至日中,终因
寡不敌众,全身被创数处,向前扑地,英勇阵亡。次日,明瑞也身受重
伤,"手截辫发授其仆归报,而缢于树下,其仆以木叶掩尸而去"。此次
征缅的清军中军,有万余将卒突出重围,回到宛顶。贵州提标左右营兵
士得悉何道深英勇战死,无不悲涕;有受其恩惠未战死的兵士,甚至返
回小猛育,获其骸骨抱回。

在这场被一些史家认为"严重处置失当"和"政策草率"的征讨战
役完败后,乾隆皇帝"以中军多战功,其没以无援",赐恤何道深特厚,
而"左右两军死事者,杀其制不与之等",何道深"得赠武义大夫,祀于
昭忠祠,祭葬恤荫如制"。恤银四百两,葬银三百两。祖父何龙腾、父何

24

思义恩赠中宪大夫。褒奖其遗腹子何膺绶荫袭云骑尉,世袭恩骑尉。

乾隆三十四年三月(1769 年 4 月),乾隆皇帝有《谕祭阵亡游击何道深之灵文》:

> 鞠躬尽瘁,臣子之芳踪。
>
> 恤死报功,国家之盛典。
>
> 尔何道深,赋性忠直。
>
> 国而亡身,御敌冲锋。
>
> 奋勇阵没,朕用悼焉。
>
> 特颁祭葬,以慰幽魂。
>
> 呜呼! 聿昭不朽之荣,庶享匪躬之报。
>
> 尔如有知,尚克歆享。

"聿昭不朽之荣",是说何道深的品行和为国捐躯的奋勇事迹应该书写出来,昭示天下;"庶享匪躬之报",是言让众多的人能享受到忠心耿耿的回报。

乾隆皇帝的这篇谕祭文,并不是亲自所写,而是清朝"奖劳劝功"封赠诰敕的一种固定格式。按规定,遇覃恩封典,文职属吏部验封司,武职归兵部武选择司。何道深生前为正四品官,封赠铭就为起四句,中八句,结四句。四品官的轴制为贴金轴,瑞荷锦面,长二轴。文式存储内阁,先刷印草本,填注姓氏,发中书科缮写。经兵部题准,内阁再出文稿,中书科挂号稽查,书写毕,送到内阁钤用皇帝的御宝传给受封人手中。两渡何家受清皇朝诰敕的封典很多,但无论是诰敕,祀于昭忠祠,还是祭葬恤荫,何道深都是头一人。

昭忠祠在北京崇文门内,建成于雍正六年(1728)。昭忠祠入祀者,"自王公大臣及偏裨士卒,授命戎行者";"凡临阵捐躯,守土授命之文武诸臣,以及偏裨士卒,赤心报国,奋不顾身者"。入祀者,翰林院还要为之立传。何道深身后入祀昭忠祠,春秋有妥侑,世世有血食,被皇帝褒崇大节,扬表芳徽,不但是对他个人的最高褒扬,也是两渡何家的奕世荣光。

何道深尽忠殉国二个月之后,其子何膺绶才出生,是为遗腹子。根据清制,其妻武氏,例封夫人。"夫人"在命妇九等中排名第二位,一般来说,只有正二品官及从二品官的祖母、母、妻才能封赠夫人。何道深妻能越等命为"夫人",实在有加大抚恤力度,崇德报功、风励贞节的意思在内。而其子何膺绶则荫袭云骑尉,世袭恩骑尉。云骑尉和恩骑尉,为清朝三种爵位系列中的"世爵"名,前一种为宗室,后一种为蒙古,"世爵"居间。"世爵",也称功臣世爵和民世爵。共分九等,云骑尉和恩骑尉分别为第八等和第九等。云骑尉一年支俸银八十五两,恩骑尉四十五两。"荫",是因祖父、父有勋劳而循例受封、得官,也是一种对辅治全节之臣的子孙加以抚恤的制度。

时任翰林院编修、侍讲学士、董邦达之子董诰亦有挽诗。他用唐张巡、许远在安史之乱时,两人死守睢阳,阻遏了敌人攻势之典,同时借用宋岳飞、韩世忠抗击金兵的丰功伟绩,颂扬何道深有张巡、许远那样的抗敌之志,名与岳飞、韩世忠的精忠报国可以相提并论:

誓扫边尘靖,何知锋镝丛。

志随张许烈，名与岳韩同。

血洒烟云碧，魂归剑佩雄。

千秋垂庙食，叹息白头翁。

乾隆三十四年五月（1769 年 6 月），两渡等四个乡的亲友集体为何道深送了"为国捐躯"匾额。

同年同月，桐城派古文宗师姚鼐，为何道深作了《皇清赠武义大夫贵州提标右营游击何公墓志铭并序》：

君讳道深，字会源，山西灵石县人。以武进士侍卫乾清门，出为贵州提标右营游击。乾隆三十二年，兵部尚书明公总督云贵，进讨缅甸，集诸道兵。初议何公不与调，明公闻公训练营卒勇健有节度可用，特檄以其众至永昌，至则果整练异他军，明公善之。

秋，三路出师，以公随幕府，从取木邦，破锡箔，踰天生桥，大战蛮结，先登夺栅殪丑，纪功一等。又从入至穷窄，去贼巢阿瓦城百余里，贼断木垒石守隘。我师粮少，火药铅丸尽，师旋，贼抄其后，公为殿，遇山谷险阨，公屡奋战，俾师得度，至猛域。

未至猛域前二日，公中鸟枪夜息，有军校曰："公伤重矣！贼至日众，道险难与敌，盍称病，且逸归乎？"公曰："贼众，乃将卒致力时也，且战士恶言逸归！"叱之退。明日战益力。军尝禽囚，问曰："汝等于我军所畏者谁也？"时公执黄旗。囚曰："我等甚畏黄旗将军。"

初,明公将中军趣锡箔,别将分左右军异路进约会师。及至猛域,两军不如约。前阻大山,贼尽塞蹊隘,环围数重,军中杀马以食。三十三年二月丁卯,明公令夜拔营起。平明贼来邀,公立高冈与相拒,他军士从其旁得去。公朝战至日中,被数创仆,公亡。次日,将军明公亦亡。

事闻,上以中军多战功,其没以无援,赐恤特厚。左右两军死事者,杀其制不与之等。于是公得赠武义大夫,祀于昭忠祠,祭葬恤荫如制。公祖讳龙腾,父讳思义,皆赠中宪大夫。夫人梁氏先没,继配武氏。公之赴永昌也,武夫人方孕,公没猛域两月,子膺绥始生。

公抚士严而有恩,其闻檄令,二日即行,而顾择去其无子无兄弟者皆勿从。没后,军皆悲涕,获其骸骨得返。次年,赐葬本邑。

铭曰:

顾与何公! 眉目清美。

揖让温温,以与余友。

佩鞭横戈,徂险而驰。

急难舍生,义孰与多?

汾流之侧,公产厥邑。

往不生归,铭窆无极。

其后,姚鼐再作挽诗云:

别离胡断发，借此达慈闱。

但欲狼烟靖，何知霜刃挥。

飞沙吹白骨，凄雨泣黄旗。

欲拟招魂赋，衣冠是也非。

下葬之日，从两渡村到何道深墓前，遍插黄旗，以此昭示两渡何家这位唯一的武进士，英魂还在，忠勇不死。

何道深的衣冠冢在两渡汾河西朱家岭。过去内有御碑亭三间，有石人、石马、石虎、石羊、石猪各二，石牌坊一，华表二。从五十年前的"文革"，及至近三十年的世风日下、人心不古，再加那些缺祖德、丧天良的文物贩子的偷盗，现已一无所存。姚鼐当年所言"衣冠是也非"，今日读来，真是别有一番滋味在心头。

贈中憲大夫夫人梁氏先沒繼配武氏公之

赴永昌也武夫人方孕公沒猛域兩月

子脣緌始生公撫士嚴而有恩其聞檄

令二日即行而顧擇去其無子無兄弟

者皆勿從沒後軍皆悲涕護其骸骨得

返次年

賜葬本邑銘曰

顧與何公眉目清美揖讓溫溫以與余

及佩韘橫戈徂險而馳急難舍生義軀

與多汋流之側公產厥邑往不生歸銘

空無極

路進約會師及至猛域兩軍不如約前
阻大山賊盡塞蹊隘環圍數重軍中殺
馬以食三十三年二月丁卯朗公令夜
援營趁平朗賊来邀公立高岡與相拒
他軍従其旁淂去公朝戰至日中被數
創仆公已次日將軍朗公亦已事
公淂
聞
上以中軍多戰功其没以無援賜郵特厚左
右兩軍死事者殺其制不與之等扵是
贈武義大夫祀扵昭忠祠祭葬郵蔭如制公
祖諱龍騰父諱思義皆

大戰蟻結先登奪栅建醴紀功一等又
從入至窮窖去賊巢阿瓦城百餘里賊
斷木壘石守隘我師糧少火藥鉛九盡
師旋賊抄其後公為殿遇山谷險阨公
屢奮戰俾師得度至猛域未至猛域前
二日公中鳥鎗夜息有軍校曰公傷重
矢賊至日眾道險難與敵盡稱病且逸
歸乎公曰賊眾乃將卒致力時也且戰
士惡言逸歸叱之退明日戰益力軍嘗
禽因問曰汝等於我軍所畏者誰也時
公執黃旗因曰我等甚畏黃旗將軍初
明公將中軍趣錫箔別將分左右軍異

皇清贈武義大夫貴州提標右營遊擊何公

墓誌銘

桐城姚鼐撰

曲阜孔繼涑書

進士侍衛　乾清門出為貴州提標右

公諱道深字會源山西靈石縣人以武

營遊擊乾隆三十二年兵部尚書明公

總督雲貴進討緬甸集諸道兵初議何

公不與調明公閱公閒公訓練營卒勇健有

節度可用特檄以其衆至永昌至則果

整練興他軍明公善之秋三路出師以

公隨幕府從取木邦破錫箔踰天生橋

三　修建宗祠纂族谱

　　国有宗庙,家有宗祠,才能报本追远;家乘谱牒,一家之史,上光于祖宗,旁睦于昆弟,下裕于子孙,方可为教于一族。灵石两渡始祖何立本自明成化二年(1466)迁徙到灵石两渡,至乾隆中期,已越三百年,枝繁叶茂,播衍子孙已有十二代,已然成为两渡的大族。而此时何氏族人,终不敢忘记始祖"儒术起家"之训,向着科甲的最高阶——翰林迈进。十二世何道深中武进士后,何氏族人就有建宗祠、纂族谱之议,但为了恪守始祖成训,报本追远,还是决定待何家子弟有成文进士、翰林者后再建再纂。

　　何道深为国战死在疆场后,乾隆皇帝赐赠"武义大夫",祀于昭忠祠,敕建坟茔,撰谕祭文;十世何龙腾,十一世何思义又恩赠"中宪大夫",这些相继而来的荣耀,让何氏族人不得不提前了建宗祠、纂族谱之举。经商议,长门燦支十一世何思忠负责辑纂两渡何氏族谱,次门华支十一世何思温负责何氏宗祠的修建。

　　宗祠始建于乾隆三十五年五月五日端阳节(1770年5月29日),告竣于乾隆三十六年二月二十一日清明节(1771年4月5日)。何思温捐出一亩半私田建何氏宗祠。此地风水极好,在两渡村东北隅,离大道一百二十余步。坐东南而面向西北,前对汾水,后枕凤凰山,和溪右绕,灵峰左峙,而宗祠位于其间,与风水定律"左环右抱必有气"十分吻合;两山两水,山明水秀,阴阳相济,虚实相生,生气、灵气和福气择祠而来,寓示着何氏族人自此祠起,文运亨达,人丁兴旺。

何思温在营造何氏宗祠时,每个修造步骤,如建造规模、起基、上梁、安龛、摆设先祖牌位,都十分讲究规矩。宗祠家庙因是一种身份和地位的象征,所以清廷对此有明确的法规,品官宗祠家庙的礼制是:一至三品官员中堂五间,台阶三级,东西两庑各三间,中门外设南门,左右两边各设侧门;四至七品官员中堂三间,台阶三级,两庑各一间;八九品官员中堂亦为三间,但台阶仅有一级,没有两庑,只有一个垣门。祠堂建筑因规模不同,间数不一,台阶不等,外人一看宗祠家庙的式样,就可知道这是什么样的家族,其主人的身份地位一眼也能看出来。

因何道深为从三品官员,何思温在营造时,把宗祠的主要建筑祠堂,建造为明三暗五开间,前后四架,前楣以后为屋。屋中始祖何立本的牌位居中,其次严格按"左昭右穆"的礼数排列:二、四、六、八、十、十二世居左,三、五、七、九、十一世居右。父居左为昭,子居右为穆。一世为昭,二世为穆;三世为昭,四世为穆;五世为昭,六世为穆;单数世为昭,双数世为穆;先世为昭,后世为穆;长为昭,幼为穆;嫡为昭,庶为穆。祠堂前有阶堂,左右有夹室,各有厢房三间,两边厢房之间有庭,庭前为前厅,前厅亦为三间,其中设门屏。庭厅之外,左右各有门和三级台阶及游廊。大门也是三开间四架,中门前楣为乐楼,大门外立照墙,照墙两侧竖旗杆各一。两渡何家宗祠的旗杆上半部也有讲究,雕有两

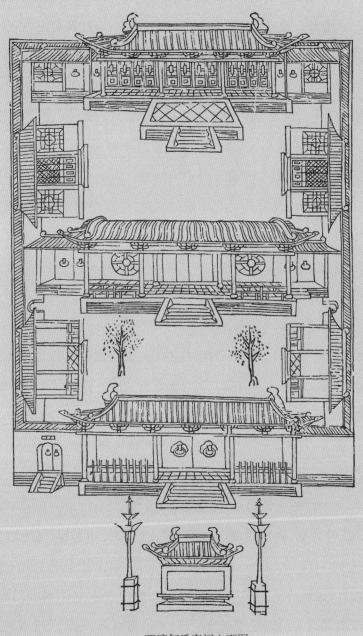

两渡何氏宗祠立面图

个四方斗，两个四方斗就是进士家族的象征，而举人只能雕一个四方斗，贡生则没有斗。旗杆的顶部是刀戟状，代表着武功名。当时何氏族人尚没有文功名，所以顶部没有表示文进士的笔锋状耸立于天。在宗祠前竖立旗杆，是科举功名的象征。因为清代建祠堂规制有一条：宗族中有四品以上官位的，才允许在祠堂门前竖立高大的旗杆，所以何家宗祠的旗杆，让人一看就是一个官宦之家。而竖旗杆对何氏族人的作用也有两层：一是考取一定功名后，社会地位提高，竖立旗杆可以光耀门楣；二是以此激励子孙积极进取，在族杆上多挂四方斗。

何氏宗祠最有特点的是乐楼。乐楼除了在祭祀先祖之时奏礼乐之外，逢年过节还是晋剧、豫剧戏班演出的上好舞台。

乾隆三十五年（1770）八月，祠堂上梁，何思温敬书"报本追远"匾额；十月，祠庭上瓦，何思温敬书"何氏宗祠"。

乾隆三十六年三月初十（1771 年 4 月 5 日）清明节，两渡何家族人在新近落成的何氏宗祠举行了首次祭祖活动。宗祠堂中设香案，上置香炉、香筒，烛台下置奠池；祠堂门外设盥洗手巾，祭杀牲灵的器具，肉果面食、油食及果酒之类，依长幼秩序排立，鞠躬敬拜。之后，族长在香案前跪下，上香执酒，然后把酒杯中的酒倾于奠池中，俯伏平身，复位后再拜。接下来由一人献礼于众祖先牌位前，下跪祭酒，把酒撒入奠池后仍将酒杯放在供桌上，奉上供食，俯伏平身复位，跪拜读给祖先的祝词，俯伏再拜。最后再由一人进行第二次献酒，行终献礼后，全族老少尽出门外，阖门后乐楼声起，饮酒进食。稍顷，门外响起三声咳嗽声，门再启开，全体族人复位跪烧祭祀所用的纸币，再拜祖先。这套祭奉先祖的仪式结束后，全族人依次坐在前厅吃祭祀所余的食物。从此，每年农历七月十五日如清明之仪,十月初一及冬至亦如初。对祖先年复一年的三次祭祀,遂成定规。截止到清朝灭亡,民国成立初始,两渡何家祠堂便成为供奉祖先神主(牌位)的场所;新科举人、进士报捷,悬挂匾额之处;宗族尊长向族众宣讲礼法戒律和道德规范的会所;宗族成员讨论族中事务并进行处理的场地。

　　新中国成立前后,在土地改革运动中,祠堂被视为封建地主阶级的糟粕,不是没收移作他用,就是被毁;而原先供奉祖先的神主牌位,更被视作封建地主官僚孝子贤孙的产物,扫地出门,一烧而尽。其实,建功业于当时,垂勋名于奕祀的两渡宗祠,在数百年历史更迭与变乱中,是传统文化薪火相传之处,是何氏族人"以妥以侑,以介景福"的美好心愿的纪念馆;祠堂里供奉着的历代祖先神位,是功名显赫于时的精英人物。宗祠中有悠久的历史渊源,也有中华汉民族文化香火的传续。一声"永远不能忘记阶级斗争",不但令这些传统文化的荣光不再,甚至连一个家族的先祖生卒年月日都让子孙搞不清楚。要知道,何氏宗祠里供奉的祖先牌位,抽开前边的木板,里面记载的是先祖的职官、名号、生卒年月日。把这些都统统烧掉,连自己的父母、祖父母的生辰祭日都不知道,这还叫子孙吗? 有些历史名人,让相关研究学者如何能搞清他是生在哪一年,去世在哪一年? 万分幸运的是,两渡何氏有一门族人并没有把自己的祖宗牌位当做柴火烧掉,更没有当做封建糟粕扔掉毁掉:家庙不让供了,他们捧回家里;家里也不能供了,他们偷藏在箱子里。时过境迁,这些冒着被批斗,甚至是杀身之祸的危险,给两渡何家留下了弥足珍贵的先祖神主实物,也为两渡何家文化的研究者提供了真实可实的职官、名号和生卒年表。江庆柏先生为考订两三万个清

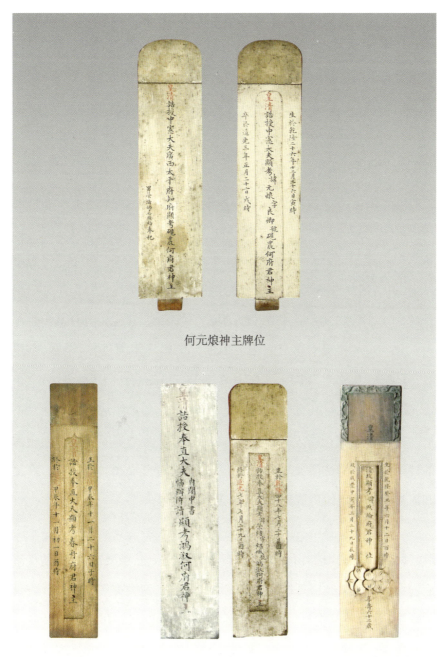

何元烺神主牌位

次子炳彝神主牌位   长子荣绪神主牌位   三子煦纶神主牌位

代人物生卒年，从那么的多文献中寻找爬梳出厚厚一册《清代人物生卒年表》，凡使用者在无不充满敬佩之情的同时，也为本可从神主牌位上轻易而得的文献被毁而感到阵阵心痛。江先生在《清代人物生卒年表》中共考订出两渡何家何思温、何元烺、何道生、何道深、何荣绪、何熙绩、何耿绳、何辉绶、何莱福、何福咸、何福海、何福塈、何乃莹等十三位人物。除何思温、何元烺、何道生、何熙绩四位，其余九位都是只有生年而没有卒年，而且生年也只局限到年，月日均无。而据幸存下来的何元烺神主牌位，可以明白无误地得知何元烺，字良卿，号砚农，生于乾隆二十六年十二月二十六日（1762 年 1 月 20 日），卒于道光三年正月二十二日（1823 年 3 月 4 日）。江先生考订的何元烺出生年因不知出生月日，所以误为 1761 年。再如何元烺长子何荣绪，江先生考订其出生年为 1785 年，卒年没有考订出来。而据何荣绪神主牌位，何荣绪，字绍臧，号鸿淑，生于乾隆四十八年七月三十日（1783 年 8 月 27 日），卒于道光七年七月二十九日（1827 年 9 月 19 日）。如果明清时期的祠堂不被毁，神主牌位不被烧，明清人物怎会连个生卒年月日都搞不清？中国的传统文化就是这样被从根上毁坏了，现在呼吁弘扬传统文化，恢复和振兴中华民族的传统美德，谈何容易！

两渡《何氏族谱》由何思忠始辑于乾隆三十五年（1770）秋，是年年底初成。其后又经反复核校，沿子孙溯其祖父，竟委穷源，各归统绪；设立表图，凡封荫及本身爵秩，考稽后详载；祠堂既成，又连同先祖坟茔，窥形度势，计其弓步，绘成图式；并请名士撰写世祖考妣，行实录和节孝录，搜辑名公巨卿所撰行状志述，碑铭艺文；最后又亲撰家训一篇，夜点油灯，日接光照，不知凡苦，纂修四年，才将极具寻根价值、史料价值、道德价值和文化价值的两渡《何氏族谱》最终完成。

乾隆三十九年（1774）冬，何思忠亲赴京师，以其所辑族谱请经筵讲官、通奉大夫、内阁学士、已故礼部尚书董邦达长子、著名画家董诰作序。董诰对何思忠所辑纂的这部家谱赞不绝口，说："余观其体裁，无一不本于正史者，如世系诸表，即迁固之表体也；家庙坟茔诸志，则书志之法也；行实传志诸录，即列传之式也。至其简而有法，尽而不污，惩恶而劝善，更隐隐有宗经之意焉。何公为此，则其居平，所以尊祖敬宗收族者不言可知，而族人观之，亦各生孝弟之心，而勉为士君子之行，上光于祖宗，旁睦于昆弟，下裕于子孙，则是足为教于一族也。况由近及远，使乡邦之间，恋然自化，于圣天子厚人伦、美教化、成风俗之事，亦不为无助。"

山西临猗人、乾隆三十年乙酉科（1765）举人刘沄更是盛赞两渡《何氏族谱》："他日纂修国史，征求轶事，采诸家乘，直堪作简策光，非徒一族之荣也。"二百多年的斗转星移，董诰和刘沄当年对何思忠辑纂的《何氏族谱》的评价，至今仍然掷地有声——研究两渡何家的学者和专家越来越多，就是明证。

"凡例"（又称"谱例"、"例义"、"书法"、"义法"、"条例"、"例文"、"例言"）是一家族谱的重要组成部分，它阐明了本谱的修纂方针和一系列基本原则。若要评价不同时代、不同阶层的宗谱，"凡例"的水准是一个重要标尺。何思忠所撰两渡《何氏族谱》"凡例十则"，极为详备，可视为明清各类族谱的典范：

一、谱以统宗，应以世系为重。至爵以荣亲，德以显亲，不过摘取贵且贤者，为族众光宠，作子孙观法，非能尽人皆志。惟世系备载无遗，故先列表以明大宗，考图以稽小宗，其余诸款循次相附。

二、子孙原不可指名先人，但谱以纪实，士庶家不尽有谥，即有之，今日不书名字，后世便难稽考。或于讳下加以公字，余谓称名而曰公，于义未安。况庙中不讳，以尊统卑也。既列始祖于上，而下复世世称公，亦非父前子名之礼。故一概削去，据名直书。

三、祖既书名，而于所配复曰妣，于礼亦未合，兹特旁书配某氏，盖以祖统之也。

四、《唐书》世系表用史汉年表世表图，欧阳文忠公作谱即用其法。但上下格式大多尺幅颇隘，不能详悉，惟老泉旁列五世，取《礼记》小宗之说，修谱者多取则焉，今仍之。

五、何氏族谱为何氏作也，女子选人，不主宗祧，即外家亦属他家，不得混载。

六、族中有远徙他郡并在外娶别妻生子者，悉记于册，使他日得还桑梓，复奉宗祊，不至漫无稽查。

七、《礼》，始迁徙者称为始祖，继始祖者为大宗。吾族自明经公甫居灵邑，于礼可称始祖。即始祖之先系出河南，然时地俱远，又宗派已分，不便录入。

八、《礼》有为人后者之称，先儒谓宗子乏嗣，礼应承继，但须依昭穆次序。今特于所为后者旁书，取某公第几子嗣某公后，非过，为区别正见继派之正，非异姓所得混也。

九、收养义子，始于汉末宦官，至梁唐间藩镇尤甚，五代史特立义儿列传，渎乱极矣。兹于无嗣而恩养他氏子为后者，一概不载。

十、世系后各项款式，条分缕晰，颇费深心，俱于逐款小引中详之，此处不须絮叨。

两渡《何氏族谱》的纂修刊刻，标志着一个宗族在历史的长河中相延不断，对国家的贡献世传有绪，而每个宗族成员在世表、世图中所占的具体位置，既是本人在族亲中的资格，又是履行族亲义务，享受族亲权利，接受本族"家训"教喻的"报本反始之心"。

两渡何氏"家训"亦出自何思忠之手。具有士人阶层积极、理性、务实的治家理念，除教导族众及其子孙应有的生活态度和治家、处世须知等内容外，有的放矢，言之有物，亦是一大特点。再加每逢祭祖时节的宣讲训导，对何家后代的人生教义的培植，道德操守的培正，发愤读书的勉励，弘扬家声、慰祖培根，起到了很好的教化作用，也对何氏族人的人品形成产生了巨大影响。"家训八则"侧重于对当时族人出现的一些不良倾向和苗头进行规劝和教化，并不带有某些宗族"私法"的强制性，但它是一个家族的价值标志，所以何氏子孙无不以"家训八则"来检点自己，约束自己，鞭策自己。何思忠当年所撰这"家训八则"，除了沧海桑田、人事物非之外，至今还有其现实意义。

崇祀典

　　春露秋霜,君子履之,必有悽怆怵惕之心。则四时致享,本出情所难已。是故《公羊传》曰:"士不举此四者,则夏不葛,冬不裘。"夫豺獭犹知报本,而况于人乎? 吾宗祠堂既建,长幼毕集,衣冠济济,罔不恭谨。今已採文公家礼,兼随时俗,设立仪节,合族遵行,令子孙可世守勿失。但恐沿习既久,目为故事,玩狎跛倚,或傲慢不驯,凌越尊长,以此祀先,先人见之,得无愀然乎? 今与族众约:届期行事,务须父戒兄勉,人人整齐严肃,勿作神恫。至于祠宇,亦当随时葺理,无致倾塌,庶不忘当年创始之意。

　　春露秋霜崇祀典,父慈子孝笃伦常。这是人之常情,也是人性的本源。一个宗族的祠堂的建立,原本就是为了祭祀,崇拜宗祖,感恩报本。如果你在祀典宗祖的时节和场合,态度不庄重,嬉笑玩耍,站不是站,立不是立,没有个端庄的样子;与辈分比你高的长辈,又表现出爱听不爱听的样子,先祖见之,怎么能不忧愁呢? 所以何思忠与族人约定:凡来宗祠祀典先祖者,为父亲者,要戒告你的子女;为兄长者,务必劝勉你的弟妹。届时一定要人人整齐严肃,不要做那些让神主看见听见悲伤痛心的事。

修茔域

　　君子有终身之丧,忌日是也;君子有终身之养,丘墓是也。自唐以来,礼重拜扫,今时俗清明中元家举其仪,但不过视挂扫为具文,草草一奠了事。至远祖之墓,彼此推诿,或有终年不到者。树木为人斩伐而子孙不知,此与无后人者何异?先儒谓:坟墓乃祖宗体魄所藏,子孙思祖宗不可见,见所藏之处,如见祖宗一般。苟念及此,自宜随时省视修葺。碑石踣仆,宜竖立之;松柏摧残,宜封植之;狼穴獾洞,可填砌者填砌之;棘木恶草,可芟除者芟除之。况灵邑近接霍麓,地多沙碛,又有峡水冲激之患,如洞沟祖茔附葬几及百冢,迩来骤雨急湍,岌将拆裂,设堤防捍,尤在所急。世人希图牛眠,百计营求一安。厝后遂谓大事已毕,祖考埋玉之处,几同弃置。夫讲求风水而不修理茔兆,真可谓大惑。

何氏自从河南迁徙灵石两渡已定居三百余年,逝者长已矣,生者如斯夫,先祖茔墓分布在两渡镇各处的已达四十多,先人冢已有百座。其中既有皇帝勒建的茔墓,也有苦读了一辈子也没有成就功名的寒生;既有做生意成为巨富的豪华墓园,也有清贫了一世的庶民,但无论是贵是贱,是富是贫,子孙后代见坟墓就如见祖宗一般,所以要随时到墓地省视修葺——看到碑石跌倒或歪斜,要把它竖立正直;墓旁的松柏被风雨摧残,要重新种植;如果发现有狼在此为穴,有狗獾打洞,要立即填砌堵住;看见充满蠹蛾,可致整株树木枯死的棘木和侵占墓地的灌木恶草,可刈除的刈除,可铲除的铲除。安葬祖先于此,却弃置不顾,讲求风水,而不修理茔墓,真使人大惑不解。

绍祖德

奉先思孝，凡前人一言一行有可为法者，均宜铭佩，况祖功宗德遗泽孔长，谁与为其后者，甘漠然忘之？吾家世传忠厚，祖父以来，颇称积善。如修理桥梁，捐施棺木，给贷籽种，建立茶亭，增修脯以立义学，设廪粥以济荒年，振贫起瘠，载人口碑。凡我子孙宜均体先人意，见一可为之事，辄曰："此吾先人所为者，我当踵而行之。"即系先人所未为，亦曰："吾先人若在，未有不为此者，我当推而行之。"如此，则家声不坠，祖考有知，谅亦欣慰。苟或习于刻薄，流于悭郄，甚或矜智斗势使人嫉，子孙并忘其祖父，则其不肖为何如。每见势厚之家后嗣败坏祖法，必致零落至一败涂地，小人为之快意，君子为之叹息，深可为鉴。故广行善事，不惟绵福泽得人心，即此克绳祖武，使人益念先泽，亦可为显扬之一端。诗云："夙兴夜寐，毋忝尔所生。"可无念诸。

何氏祖先世传忠厚，积善如流。如修理桥梁，捐施棺木，给贷籽种，建立茶亭，增修脯以立义学，设廪粥以济荒年，振贫起瘠，口碑远播。何氏子孙要铭记先人所做的这些善事，见一可为之事，就想"此吾先人所为者，我当踵而行之"，立即去做。即使遇到先人所没有做过的善事，也要想到"吾先人若在，未有不为此者，我当推而行之"。如果为人刻薄，吝啬些小钱财，让人怨恨嫉妒，那就是忘记了祖父的先德，成为不肖子孙。原本势厚之家，祖法一旦被后嗣败坏，必致零落至一败涂地，小人为之快意，君子为之叹息，所以一定要引以为戒，要广行善事。要像祖宗那样,使人益念你的家教好,这也是一件显亲扬名的善事。正如《诗经·小雅·小宛》所说:"我日斯迈,而月斯征。夙兴夜寐,毋忝尔所生。"要像那鹡鸰,又飞又鸣,天天奔波,月月远行,早起晚睡地去做善事,这样才不辜负、不愧对、不辱及生养你的父母名声。

慎贻谋

教子弟如培萌芽,须自幼训诲,使温柔忠厚,恭谨端方,泛爱同人,尊敬长上。一言一动,必有规矩,苟教养有素,他日居乡,则为正士,筮仕则为好官。即使才智卑下,亦不失为纯谨,不至为非作歹,败坏家声,此便是贻谋之善。何氏宗族居两渡、军营坊者,子弟不必皆贤,然流入匪类者犹鲜,此皆先人预教之泽。则今日为后嗣计,正须早加谨凛。宜录先正格言懿行,并吾族中先世有阴德可称道者,汇为一帙,每岁时祭享燕会,择族中年长通学术者纠众讲习,定为宗规。此亦养正之一法。昔人有云:"食祖宗之泽,当知创业维艰;虑子孙之愚,须思训提宜早。"又云:"人家有好后嗣,其兴可知;人家有恶后嗣,其败可知。"呜呼!父兄之教,不先子弟之率,何由克谨?凡我宗族宜共慎旃。

父祖对子孙的训诲如同培育萌芽,必须自幼做起,这样才能使之温柔敦厚,恭谨端方,泛爱同人,尊敬长上。一言一动,必有规矩。如果教养有素,他日居乡,则为一个端庄正直的人;将来如果出仕,也会是个好官。即使才智卑下,亦不失为纯正谨慎之人,绝不会为非作歹,败坏家声。把谋略遗赠给他的子孙,安定庇护他的儿郎,这便是《诗·大雅·文王有声》所讲"诒厥孙谋,以燕翼子"的好处。何氏宗族居两渡、军营坊者,子弟未必人人皆贤,然而流入匪类者几乎没有,这全是先人预先教诲的泽被。但为后嗣计,现在还须早加谨慎戒惧。应当辑录前代名臣贤人的格言和美德善行,同时把何氏先世有德于人的事,汇编为一册,在每年陈列祭品、祀神供祖之时,挑选族中年长、通学术者集合众子弟进行讲习,并将这种宣讲定为何氏宗族之规,因为这是涵养正道的一法。昔人有云:"食祖宗之泽,当知创业维艰;虑子孙之愚,须思训提宜早。"又云:"人家有好后嗣,其兴可知;人家有恶后嗣,其败可知。"父兄之教,自我不先做出表率,怎么能叫子孙谨言慎行呢?后人对此一定要谨慎从事。

肃闺范

古人严于闺范,教诲殷勤。以故妇人知礼,端庄静淑者多。今世妇人不甚知书,间有颇通文艺者,又多闲览小说杂传,居家持身要务忽焉不讲,他若游春聚谈,观剧、看灯火,入寺庙烧香念佛经,更为可鄙。夫闺门,化之原。《礼》云:"外言不入于阃,内言不出于阃。""男无故不入中门,女无故不出中门。"此亦何在,不当严者,一切陋习皆教之不先故也。余家世守淳朴,女教与男教兼重。此后各宜严肃其在。读书人家摘(《礼记》)"内则"中家常日用明白易晓之说,并先代《女训》《女戒》等篇,闲时细为讲究,使之观法;即不读书者,亦时深约束,取所见所闻者教之,决不可稍为纵容;至外边尼姑、师婆、卜妇等类,更当严绝,不可令其出入,招说是非。盖妇人素守闺闱,识见甚浅,一闻异说,即便惶惑,慎毋以为无关而忽之。

古人对于妇女应遵守的道德规范要求很严,再加恳切深入地耐心教导,故而妇人知礼,端庄静淑者多。今世妇人不甚有文化,也不大懂礼仪,缺乏教养,其中有颇通文艺者,又多闲览小说杂传,居家持身要务忽焉不讲,他若游春聚谈、观剧、看灯火,入寺庙烧香念佛经,更为可鄙。《礼记·曲礼上第一》说:"外言不入于阃,内言不出于阃。"外室所发议纶不得传入妇女内室,内室的言谈也不得传扬出去;街谈巷语,不要带进闺门之内,闺门以内的家务事也不要宣扬于外。司马光在《涑水家仪》中说:"男无故不入中门,女无故不出中门。"上述所指妇女陋习,皆因没有教诲之故。何家世守淳朴,女子教育和男子教育同样看重,此后在男女授受不亲方面,更应严肃教育。读书人家应摘录一些《礼记·内则》之中的家常日用明白易晓之说,先行代替蔡邕所著《女训》,班昭所著《女戒》。待通晓明白日用之说后,再读《女训》和《女戒》。东汉文学家、书法家,著名才女蔡文姬之父蔡邕在《女训》篇中告诫女儿:"面容的美丽固然重要,但品德和学识的修养对女子来说更为重要";东汉史学家班昭的《女戒》篇,用来教导班家女儿。这两篇可肃闺范之作,何家妇女闲时要细为讲究,使之循规;即使不读书者,亦要时时约束,取所见所闻者教之,决不可稍为纵容;至外边尼姑、师婆、卜妇等类,更当严绝,不可令其出入,招惹是非。由于妇人素守闺房,识见甚浅,一闻异说,即便惶惑,慎毋以为无关紧要而忽视之。

两渡何氏"家训八则"之中的"肃闺范",限于时代的局限,仍不脱

"男女授受不亲"的说教。但其中也有一些士人家族应避免的文化信息在其内。如，入寺庙烧香念佛经，最为可鄙；严格禁止何家妇女与外边尼姑、师婆、卜妇等类交往，招惹是非。这"两不准"，在明清诸多家训中是没有的。

睦宗族

比间而居，虽在异姓，尚宜绸缪，矧同宗共祖之人，一气相传，岂可情意乖离？纵五世亲尽，相去似远，然自祖宗视之，犹是一人之所分也。则今之分门别户者，原皆先人之手足。自相残斗，忍乎？大抵族众不和，多因贫富相耀，强弱相逼，或以少凌长，或倚势暴孤，致起争竞，遂成水火。夫人情远则日疎，近则日亲。此后每佳节祭献，年高德劭者，宜纠合宗属，称述历代积功累仁之意，教以亲三党、睦九族，庶人人知为一祖之孙，不致犯尊犯齿。即偶有争执，亦须从公伸理排解，不得遽尔构讼，伤伦败化。从来帝王犹敦天潢之系，况在士庶，岂可薄视本支？

乡里而居，虽在异姓，也应该紧密缠缚，况且同宗共祖之人，一气相传，岂可情意背离？即使五世亲尽，相去似远，然而自祖宗视之，犹是由己分出。今之分门别户者，原先皆为先人之手足，如果自相残斗，你怎能忍心下手？大抵族众不和，多因贫富相耀，强弱相逼，或以少凌长，或倚势暴孤，致起争竞，遂成水火。人情远则日益疏远，人情近则越走越亲。此后每逢佳节祭献，年高德劭者，宜纠合宗属，讲述历代先祖积功累仁之事，教以亲父族、母族、妻族，睦父族出嫁的姑母及其儿子，出嫁的姐妹及外甥,出嫁的女儿及外孙;睦母族外祖父一家、外祖母的娘家、姨母及其儿子;睦妻族的岳父一家、岳母的娘家。让人人知为一祖之孙,不至僭越年齿辈分而生发口角。即便偶有争执,亦须按公理排解,不得轻率告到官府诉讼,以致伤伦败化。皇族从来都是靠派别天潢,支分若木来维系着,况在士人和普通百姓之间,岂可薄视本支?

敦诗书

昔我先世,中州旧族,亦越明季,北徙灵邑。始祖岁贡君以儒术起家,补博士弟子员,食廪饩,续明经,垂为家学。嗣是耕读并重,砚田墨庄,人人知务,故游胶庠,入成均,举孝廉,曳紫纤朱,相间不绝,亦诗书世业之验也。前族中设立皋比,竞延名儒硕士训课子弟。至间左人不能授书者,贷出修脯,收入义学,总期敦诗说礼,不坠先人遗训。但恐子弟衣鲜食肥,视学舍为偷闲之地,否则浏览于俗鄙怪诞之书,而不以经籍为本;从事于词华浮薄之作,而不以理道为宗;分章析句,矜言问奇,而无裨于身心;谈空说无,徒尚玄妙,而不济于实用。以此为学,徒增理障,亦足见心术不端。常见文人名誉赫赫,及筮仕后殊不满人意。若循循谨饬之儒,遇大事反能抗直不阿,此可为学术纯杂之辨。吾家先人以笃学为务,愿后生小子各守正业,无涉歧途。

始祖何立本以儒术起家,补县学生员,由府县供给食粮,后又升为贡生,遂成为家族世代相传之学。子孙既从事农耕活动又不忘读书,砚田墨庄，人人知务，故进学校，入皇家所设学府，中举人，朱紫服冕，出入乘轺，地位显贵者，相间不绝，亦诗书世业之经验。前族中设立私塾，竞延名儒硕士训课子弟。至两渡镇不能读书的穷孩子，代出老师的酬金，收入义学，总期敦诗说礼，不坠先人遗训。但恐子弟衣鲜食肥，视学舍为偷闲之地，或浏览于俗鄙怪诞之书，而不以儒家经典为本；从事于词华浮薄之作，而不以理道为宗；分章析句，矜言问奇，而无裨于身心；谈空说无，徒尚玄妙之论，而不济于实用。以此为学，徒增理障，亦足见心术不端。常见文人名誉赫赫，及出仕做官后殊不如人意。如若做一名遵循规矩，临事谨饬之儒者，遇大事反而能刚直不阿，此可为学术纯杂之辨。何家先人以笃学为务，愿后生们也要各守正业，不要误涉歧途。

端品行

　　先民有言，士先气节而后文章，故君子以立品为贵。人家尽有聪明子弟，往往流入匪类。即间有成立，不过词华篇章，工无益之文字而制行不免浮薄。昔华歆少有才名，晚节隳坏，士大夫皆不之齿。圣人论士以行，已有耻为先，可见所重者品行。凡千言万语，无非为此，即《大学》八条目，以修身为本，亦此意也。吾愿后生小子，少作谨厚子弟，长作端人正士。如此方能不坠家声，故终之以端品行，以寓慎重叮咛之意。於戏，幼子童孙，各敬尔听，无废乃祖考之命。

　　士人一向以气节为先，文章在后，而君子更是以品格高尚为贵。别人家的子弟尽管有聪明之人，但往往只重优美的文章，没有塑造自己的人格和品行。华歆为汉末魏初时名士,曹魏重臣,少有才名,但晚节瓒坏,士大夫皆不齿。孔子论士的行为,已有"仁义礼智信,忠孝廉耻勇",而"耻"在士人当中最为先,由此可见品行之重要。说一千道一万,无非是《大学》里所说的"格物,致知,诚意,正心,修身,齐家,治国,平天下"这八目。愿我何家后生小子,少作《墨子》中所说的那种假谨厚子弟,长作端人正士。如此,才能不坠家声,不负先祖之命。

也许真是两渡何氏宗祠风水好,也许是《何氏族谱》的"家训"卓有教化成效,在家庙建成和族谱纂竣之后的仅仅一年间,十一世何思钧就首夺何家子弟文魁;四年之后,即乾隆四年(1775)中进士、入翰林。

乾隆四十二年(1777),十一世何思聪次子何道隆中丁酉科举人。

乾隆四十八年(1783),十一世何思忠长子何道统中癸卯科举人。

乾隆五十二年(1787),何思钧长子何元烺、次子何道生成为丁未科同榜进士。

在盛世的乾隆朝,两渡何家共出武举人一,武进士一,文举人二,文进士三,翰林二。

一般而言,"君子之泽,三世而斩",科举世家或文化世族到第三代也就渐渐式微了,但灵石两渡何家上至十一世何思钧,下至以中科院院士何泽慧为代表的十六世,以其良好的文化教育基础,不尚浮华、刻苦读书的世泽绵延,志行高洁、清正廉介的性格特征,虽历朝代更迭,仍不乏对社会,对民族有作为有贡献的人才涌现。这是中国传统文化世家诗书人生和行止传承的一个典型范例。

清代士人获取的功名和官职是不能世袭的,这促使灵石两渡何家的子孙后代都必须靠自己的发奋努力来实现出人头地的梦想。何思钧,其子何道生,何道生之子何熙绩,何熙绩之子何福咸,子孙四辈皆中进士,创造出科举时代一个科名联翩的奇迹,即是明证。这其中既有家风、家学,个人发奋苦读的基因,也有一种好的制度的催化和驱使。

两渡何氏,由默默无闻,到传说中的"无何不开科",自然有一套行之有效的教育子孙永继不衰、世代相传的家法和规矩——宗祠的"报本追远"和族谱中的"家训八则",不能不说是"齐众志"的喻世明言。

四　翰林太史何思钧

　　何道深成武进士后，比何道深大一辈的十一世何思钧也在艰难地向着更为重要的"抡才大典"的文官仕途迈进。

　　乾隆二十三年(1758)，时在京师的何思温给他胞弟何思钧写了一封信，让他即刻到北京师从姚鼐读书。

　　何思温(1727—1777)，字圣客，号石峰，又号灵崖；贡生。历任浙江武义、定海，直隶武邑、丰润县知县，户部福建司主事加五级，敕授承德郎，是两渡何家第一位通过读书做了知县、部主事的文官。何思温、何思钧之上，还有一位胞兄，叫何思明(1708—1770)，以廪生资格被选拔为贡生，乾隆二十六年(1761)授太谷县教谕，兄弟三人为十世何世基之子。

　　姚鼐(1731—1815)，字姬传，一字梦谷，因书斋名"惜抱轩"，后人尊称为"惜抱先生"，是桐城派的领袖人物，一代文坛宗师，其散文《登泰山记》《游灵岩记》为传世名篇。晚年选编《古文辞类纂》，被后学视为学习古文的最佳范本。由于明确提出了"义理、考证、文章"三者不可偏废的主张，在文学理论史上占有重要地位。姚鼐尚精书法，尤以行草为上绝妙品,与同时代大书法家刘墉媲美。

何思钧生于雍正十三年(1735),字季甄,因两渡有双溪,故号双溪。读书勤奋,记忆力极好,拜姚鼐为师之前,已把《大学》《中庸》《论语》和《孟子》以及《诗经》《尚书》《礼记》《周易》《春秋》背得滚瓜烂熟。受知姚鼐,背诵诸经时不但身体植立不移尺寸,而且在背诵完之后总是恭恭敬敬地鞠躬后才退下。姚鼐对何思钧的这种谦逊沉着的风范印象深刻,断定其"后学日进"。姚鼐在教学中有自己的一套理论,即"为文四戒",如"戒学识不广博,戒言而无文,戒只识考据而不讲义理,戒爱逞才气而不守文法",使何思钧受益终生。尽管受知只有半年,就因姚鼐回家乡桐城而中断,但小姚鼐六岁的何思钧与姚鼐或别或聚,这种亦师亦友的真挚感情一直保持终生。

嘉庆六年(1801),何思钧逝去。一年之后,其子何元烺、何道生兄弟致信时在安庆书院主讲的姚鼐,请为先大人撰写家传,以期在一周年时祭奠家严。嘉庆七年八月二十二日(1802年9月18日),姚鼐有致何元烺、何道生兄弟的一通书札,从中可见对何思钧的感情之深:

前得书具审。

　　大事办理已毕,甚善甚善。驰想阆潭,各请安也。所须写公家传已为具草,虽不能佳,却字字真实也。然鼐衰瘦目昏,不能端正写字,如以谓其文可存,或求一善书者书之,使如《闲邪公家传》款也。今将稿本寄上。朝夕准一切珍重,余不具。

砚农、兰士世讲

诸令弟统此　　姚鼐顿首　　八月廿二日

姚鼐致何元烺、何道生书札（十八世何引保存）

应何元烺、何道生兄弟和何立三、何维四、何慎五、何潄六所请，姚鼐写完"字字真实"的《何季甄家传》，还叮嘱他们兄弟六人，因为我"衰瘦目昏，不能端正写字"，如果认为所撰之文可存，请一位书法好的名家书写更好。这样，便会像元代书法大师赵孟頫极品楷书《闲邪公家传》那样流传于世了。

这种难舍难忘的情义，如果不是两渡何家子孙至今还保存着的姚鼐的这通书札，旁人怎敢相信？

这篇传世家传，后来由安徽当涂书画大家黄钺所书，那字现在观赏起来，仍然觉得写得实在是好。

姚鼐南游之后，何思钧又与侍朝游学。侍朝，字鹭川，江苏泰州人。乾隆二十五年（1760）庚辰科进士、翰林。擅长诗词及骈散体文，何思钧以后在试帖诗上大有长进，就得益于侍朝。

然而，科举考试确实让人不可捉摸，就如何思钧在京期间的第三位老师苏州元和人梅戴那样，乡试中了解元，但会试怎么也考不中。何思钧从乾隆二十五年（1760）的庚辰科顺天乡试开始考起，连考了乾隆二十六年（1761）的辛巳恩科，乾隆三十年（1765）的乙酉科，都未中。虽然未中，但三科顺天乡试下来，何思钧数次进入顺天贡院号考房，顺天贡院的不断修缮和变化，给了他不断进取功名的心力；铭刻在他心里的，还有乾隆皇帝所题"从今不薄读书人"的诗句。

乾隆九年（1744），顺天乡试结束不久，乾隆皇帝亲自来到顺天贡院查看举子的考棚到底是个什么样子。当他看到一排排低矮简陋、敞风漏雨的号舍后，百感交集，当即嘱咐随行官员进行修缮，并题诗四首于贡院墙壁上。其中一首是："百年士气经培养，寸晷檐风实苦辛；自古曾

梁诗正《癸未会试阅卷手记》卷贴签

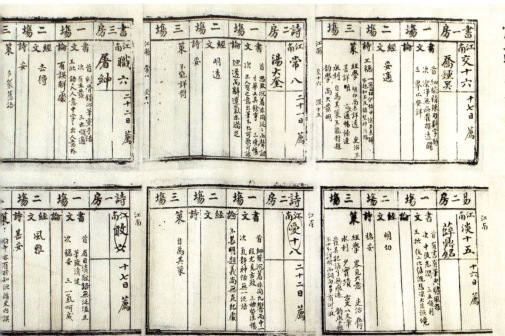

何思钧藏梁诗正乾隆二十八年《癸未会试阅卷手记》卷（十八世何引保存）

御史出為九江知府又繼娶張氏生四子立三
維四慎五潡六潡六為孤才四歲吾痛季甄之
喪既為文哭之又次其行為傳以寄諸其家云

望其所以訓子者真古人之道也數十年未嘗
須臾晝而居內敕其子皆然吾老而德不加修
吾媿於季甄季甄不吾媿也季甄於交游鄉黨
多惠愛每好濟人困又嘗談義學於其間始季
甄娶王氏無子繼娶梁氏生二子元烺以庶吉
士改部今為戶部郎中道生以工部擢山東道

甄適攜家居於都吾入其室見其子之幼儁歎
曰何氏其必興乎然是年別不復得相見次年
聞其成進士又後十二年聞其兩子成進士又
後十三年聞季甄喪矣季甄存時常以書問吾
甚摯自京師來者為吾言季甄之家法慈飭老
而所養益邃容肅而氣沖士流有前輩典型之

何氏為盛門以何雙溪為宿德矣嘉慶六年季
甄卒年六十六始吾二十八歲居京師而季甄
之兄今季甄從吾學其齒幼於吾六年耳而事
吾恭甚使背誦諸經植立不移尺寸其後學日
進而與吾或別或聚吾在禮部時季甄得山西
鄉舉而來相對甚喜後三年而吾以病將歸季

改庶吉士纂修四庫全書善於其職四十三年
散館改部屬矣旋以校書之善仍留庶常館次
年授檢討自是常在書局及全書成與
賜宴文淵閣下而旋以疾請告屏居訓子元烺
道生兩子一年成進士其後皆以才顯有名內
外其居靈石北鄉有雙溪嘗自號雙溪天下稱

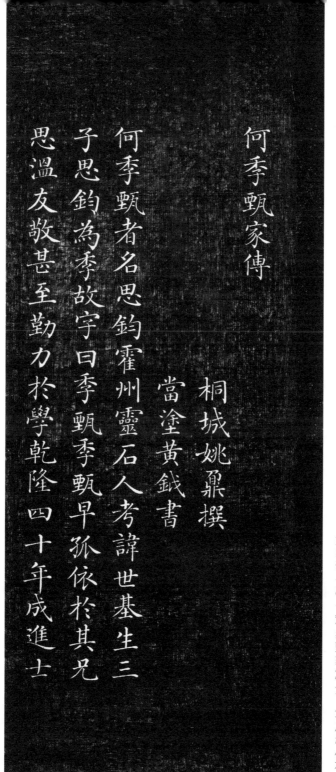

何季甄家傳

桐城姚鼐撰

當塗黃鉞書

何季甄者名思鈞霍州靈石人考諱世基生三
子思鈞為季故字曰季甄季甄早孤依於其兄
思溫友敬甚至勤力於學乾隆四十年成進士

姚鼐撰、黃鉞書《何季甄家傳》(十八世何引保存)

闻观国彦,从今不薄读书人。"为落实"从今不薄读书人"的御旨,自此以后,顺天贡院逐年修缮,到乾隆二十七年(1762),新建及改造的号舍达九千九百间。增南面两座砖门,东砖门内有"明经取士"牌楼,西砖门内有"为国求贤"牌楼。另外,东西侧南面有一照壁,中有"天开文运"牌楼。整个贡院建筑有龙门三道。第三道龙门到"至公堂"的甬道中,是两层楼高的"明远楼","明远楼"之北为"至公堂",从"至公堂"到第三道龙门以内,是东西文场,"至公堂"后内龙门中央则为"聚奎堂",这便是主考官与同考官分房评阅试卷的场所。"聚奎堂"面阔七间,中有匾额"聚奎",其东西有房二间,为总裁官的居所。堂之两旁各有房三间,为副总裁官的住处。堂后有穿堂房三间,两侧各有刷印、刻字房五间。最后是会经堂,两旁有御史所住房各一间。另外,会经堂两旁有经房各四间,东西经房各五间。所谓经房,即十八名同考官居住之考房。可以说,顺天贡院在乾隆晚年,不但学子的考棚得到改善,即使考官、考场管理官员和差役在内的所有乡试参与人员的工作、考试和生活场所也一应俱全,令人叹为观止。"薄不薄读书人",从顺天贡院的废兴存亡就可知见。

乾隆三十年(1765),何思钧二兄何思温外放浙江武义任知县,无依无靠的何思钧有些孤单,怀着一脸的愁绪,失望归乡。回到两渡,何思钧在长兄何思明的关爱下,再加二兄何思温经常有书札前来督促不得荒废举业,期间虽又经历过一次失败,但在乾隆三十五年(1770)庚寅科山西乡试中了副榜;乾隆三十六年(1771),在辛卯科山西乡试中终于高中举人。

这场乡试,试帖诗所考《赋得山川出云得先字五言八韵》。何思钧所作格外好：

> 云阴何霭霭，得气有由先。
>
> 缥渺生幽壑，悠扬起碧川。
>
> 千冈霞彩映，万顷雾光连。
>
> 渐吐迷平野，旋腾布远天。
>
> 无心频触石，有态更含烟。
>
> 依涧鱼鳞叠，侵松盖影圆。
>
> 孤峰藏隐秀，空水失澄鲜。
>
> 为雨崇朝遍，恩膏沛大田。

本房加批：清圆流利，试帖雅音。

试帖诗又称"五言八韵诗"。它的形式，即是"五言排律诗"，但有"八不准"的硬性规定：一、必须五言句；二、必须律调句（即在考卷中不许有拗句）；三、必须十六句；四、首尾两句可以不用对偶外，其余各联必须对偶；五、限定以某字为韵。例如以"先"字为韵（考题下注"得先字"），通首必须严守"先"韵。如某句韵脚用了"元"韵中的字，就是"出韵"，便会被阅卷官判为不及格；六、试帖诗不许可"撞声"，首句仄起，称为"正格"，首句平起，称为偏格；七、诗的前四句中要把题目大意包括进去，类似八股文的破题。八、诗的末尾要"颂圣"，即末二句一定要赞扬皇帝，歌颂时政。何思钧考房的阅卷官说他这首诗作的"清圆流利，试帖雅音"，确实有水平。即以最后两句"颂圣"诗为例，如果你写出

賦得山川出雲　得先字五言八韻

何思鈞

雲陰何靄靄得氣有由先縹渺生幽壑悠揚起碧川千嶺霞

彩映萬項霧光連漸吐迷平野旋騰布遠天無心頻觸石有

態更含烟依澗魚鱗疊侵松蓋影圓孤峯藏隱秀空水失澄

鮮為雨崇朝遍

恩膏沛大田

本房加批

清圓流利試帖雅音

七　　乾隆庚寅山西

乾隆三十五年山西庚寅科乡试何思钧考卷

"乾隆帝万岁"的句子,那就不叫"雅音"了,而是有些不正常的肉麻的嚎叫。所以这种必考的试帖诗,因了这"八不准",许多著名的诗人都过不了关,以致在科举之途连连败下阵来。

何思钧中举前一年,长兄何思明就已病逝。遗继配梁太恭人及四子何道亨、何道兴、何道昌、何道凝。长兄离世,"兄弟联芳",课四位侄儿读书的大任就落在了何思钧的身上。

乾隆四十年(1775)正月,已经回京升任户部福建司主事的何思温给何思钧写了一封家书,让他来京参加当年的乙未科会试。此时,因妻梁氏劳累过度,卧病在床。何思钧本想放弃这科会试,留待下科再试,不意梁氏竟说:"二兄对你期望那么大,你不该有违二兄意而陪侍我。我病尚可支,万一高中了,我还能看见夫君荣归故里。"遂起,为何思钧置办赴京会试的行装。这套行装全都装在一个极普通的小柜子里。拉开柜门,上边有两个抽屉,里面放置着纸笔墨砚;下面,有御寒的棉衣等物。何思钧在京填写履历,准备进考场前,梁氏于三月初三日(4月2日)病逝。留给十二岁的长子何道冲(后改名为何元烺)和七岁的次长何道生的最后一句话是:"须试期毕,然后通耗也。"

何思钧在考场碰到的考题是《敢问何谓浩然之气曰难言也》。这个考题出自《孟子·公孙丑章句上第二章》,是孟子与弟子公孙丑有关"浩然之气"的对话。

公孙丑:请问先生在哪方面擅长?

孟子:我能理解别人言辞中表现出来的情趣志向并能识别它们的是非得失,我还善于培养我拥有的浩然之气。

乾隆四十年,何思钧赴京参加乙未科会试时,梁宜人为其备置的小柜(十八世何引保存)

公孙丑：请问什么叫浩然之气？

孟子：浩然之气很难说清楚。它作为一种气，是最伟大,最刚劲的,如果用直道去培养而不损害它的话,它就会充塞于天地之间,无所不在。作为一种气,在性能上必须跟正义和道理紧密相联,否则,就会显得极为软弱乏力。如果一个人平时行事处处合于义理,日积月累,浩然之气自然会产生出来。假如平时不积义,只靠偶然的行为,或者装出一种合乎义理的外表,只要心里感到一件事欠缺时,他马上就会变得毫无气力了。我之所以说告子从来不懂得什么是义,就是因为他把义仅仅看成是可以从身外获取的东西。而要培养浩然之气,一定要在平时有所作为,并合乎道义,而不是故意做作,外表上装出合于道义的样子。应该每时每刻都不能忘记养气,但也不能不按成长规律去帮助它成长,更不能像宋国那个担心他的禾苗长不快而把苗拔高的人,拖着疲惫不堪的身子回到家中,对家里人说:"今天简直累死了,我帮助禾苗长高了。"他儿子跑到地里一看,禾苗反而干枯死了。世上不帮助禾苗生长的人确实很少。认为培养工作没有好处而抛弃它的,就等于是不耘苗去草的懒人。那些不按规律生硬地拔苗助长的人,不但没有得到好处,反而却害了它。

会试阅卷官和考官在何思钧的这篇考卷上有诸多批语：

然而功为终身所得,力斯其妙,非启口所能传。**房批:要言不烦。**

夫言也气也,二事而一贯者也。而自丑视之,遂若养气之难,知有更甚于知言之云者。**房批:觑题之间。**

且夫浩然之气,孟子之所养,实孟子之所长,夫亦何难于与丑言哉?虽然,犹有待推孟子之意,盖以为苟得其解,何俟啧有烦言? 房批:跟长字折落,刷目洗眉。

宇宙空虚之处精思之,皆一气所弥纶,孰藏用而显仁,独萃为无穷之大业,此固非可以耳目期矣。 房批:空举有神,妙不侵实。

夫浅人难与深言高谈,未竟一堂皆有倦容,索解良非易耳。阴阳鼓荡之机实验之,皆一气所欣,合畸瞬存,而息养独葆其不敝之真精,此殆非可以形声索矣。 房批:挥麈风流。

最后本房考官加批:蹈空固属油腔,摭实亦侵正位,文乃调虚剂盈,恰与前后机神一片合作也。

放榜日到来,何思钧中三甲第八十四名进士。四月二十六日(5 月 25 日),他和一百五十八名新进士兴高采烈穿着官式朝服,头戴官帽,脚蹬长靴,步入紫禁城,按会试中式名次,单名次列队于昭德门外,双名次列队贞度门外,随着礼部官员一一唱名,鱼贯而入保和殿阶梯下站立。乾隆皇帝亲临。礼部司官替皇帝传试题后,何思钧以工整的正楷完成了乾隆皇帝亲自命题的考题。这场在皇宫里的考试,让何思钧倍感成为皇帝门生的无上荣光,也深深感受到了"从今不薄读书人"的恩泽。

四月二十八日(5 月 27 日)朝考翰林,何思钧被乾隆皇帝授翰林院庶吉士(选新中进士之优于文学、书法者入庶常馆学习,凡学习者,称为庶吉士)。中进士、成预备翰林之后,何思钧得到梁氏病逝的噩耗,那

敢問何謂浩然之氣曰難言也　　何思鈞

門人欲知浩然之氣可言而未易言也夫曰浩然之氣固非不可
言者也而因丑之問欲明以示之實有未易形容者耳今夫氣者
吾身所固有而養氣者又吾心所獨得者也以吾心所獨得狀吾
身所固有則理既同條而共貫語可因源而達流況大賢之於門
弟子其擇焉既精者固語焉必詳乎然而功為終身所得力斯其
妙非啓口所能傳而答問之道有異于尋常之啓廸者如孟子之
所長在于知言養氣夫言也氣也二事而一貫者也而自丑視之
遂若養氣之難知有更甚於知言之云者且無論守氣守約時流

何氏式藝

艽

乾隆乙未

乾隆四十年乙未科会试何思钧考卷

种人生最高境界得以实现的喜悦，瞬间化为乌有。梁氏病重他知道，但没想到这么多年陪伴他苦读的梁氏竟连报捷声都没听见，就别他而去。那一句"须试期毕，然后通耗也"，更令何思钧心胆俱裂，无一语可表达成就他功名事业的感知之情……不道人悲，只有泪痕满面。从此，在翰林院庶常馆学习的三年中，何思钧鲜寡言笑，对客漠然；也从此，梁氏当年为何思钧赴京会试赶考置办的那个小柜，就被何思钧一代又一代子孙供为"文宗"秘宝——过不下日子时，什么家产、字画和文玩都可以卖，唯有这小柜不能卖。

何思钧和梁宜人所生二子何元烺、何道生成同榜兄弟进士后，为彰母德，特请同科状元、后官云贵总督、左都御史史致光为生母撰写了一篇家传，述及母亲对父亲在举子之路的种种感人肺腑的事状，忆及母亲对他们兄弟爱之切、教之严的少年往事，克彰乃慈，哀感至染：

诰赠宜人何母梁宜人家传

山阴史致光撰
阳曲裴谦书

梁宜人，灵石检讨何双溪公继室也。父能任县学，诸生。母王早殁，宜人幼育于祖母杨，善事继母李及庶母。九龄时，祖父疾，废寝食者累日，祖父复初，然后安。其家人皆曰是天性纯笃，勿类幼穉，异日必膺福厚也。

年十六归检讨公。检讨公与仲兄中宪公同居，方习举子

74

业,家事一主之仲兄。宜人则佐姒吴恭人理内,事无巨细,悉禀承之。合爨数年,未尝闻诟谇语。检讨公之学于京师也,中宪公主其行,欲令与室偕,以一其志愿,顾虑宜人忾安而沮。其姒视之,意则慨然,曰:"仲所以造季也,敢不唯命。"检讨公既至京师,先后从桐城姚姬传鼐、泰州侍鹭川朝、吴县梅凯朋戴三先生游,专意肆力内事,不以撄其心,所业大进。每遇师朋讲贯晨夕,过从宜人,辄馔具酒食款接,加厚下及仆从并如也。

自乾隆庚辰至乙酉,检讨公三试京兆不举,乃偕宜人归。时中宪公已官浙矣。宜人持家一如在京师时,冣检讨公无荒旧业。越辛卯,检讨公举于乡,于是宜人色然喜曰:"是可以慰仲心矣。"然已劳瘵成疾,旋作旋差。初不令检讨公知也,至是转剧。壬辰正月,中宪公在京师以书趣检讨公应礼部试,检讨公逡巡不欲行。宜人得知之曰:"仲望君甚,不往违仲意,且向吾所以期君者亦在此,病尚可支,幸犹及见也。"遂起为趣治装。检讨公行,而宜人以二月三十日卒,年三十有二。遗言:"须试期毕,然后通耗也"。

宜人性严重,不苟言笑,持家俭而有礼不逮。事舅姑,岁时祭祀必躬洁祭品。前室有遗子抚之如所生,及殇,悼之不已。男子子七,宜人者生三:道冲,乾隆丁未进士、翰林院庶吉士,改户部江西司主事;道生,丁未进士,工部营缮司候补主事,联三殇。女子子二,宜人产者一,殇。孙男子五,孙女子四,以道冲官乾隆五十五年覃恩加一级赠宜人,道生则貤赠宜人父母焉。

史致光曰:道冲、道生,致光同年友也,为言宜人殁时,道冲年十二,道生七,不能有所省识,顾忆宜人爱之甚然。未尝少姑息劝止坐作,饮食举七箸,咸有程度,不如法谴呵立,至其他内行则第闻之于吾父。噫,是可哀也。迹宜人之用心相夫子以成名,虽乐羊子妻何以加?兹天不永以年,家人之言不验,悲夫。

乾隆庚戌　　吴县袁治镌

乾隆四十年(1775)冬,何思钧入四库全书馆编纂中华传统文化最丰富最完备的集成之作《四库全书》。

乾隆四十四年(1779),乾隆皇帝奖励《四库全书》编纂人员,经叙议,因"笃古勘书,校雠极精密",何思钧由庶吉士改授翰林院检讨(官从七品),成为正式的翰林官。从职掌上看,翰林官主要是起草诰敕、纂修校勘史书、撰写碑文、祭文,主持科举考试,等等,似乎也并没有什么实权,然而,"非翰林不入内阁",早已是惯例中的惯例——只有入了内阁,才有可能成为文官的"极品"——大学士。据有关资料统计,有清一代汉人大学士共一百一十九人,其中翰林出身者达一百〇一人,由进士出身而任大学士的只有可怜的十七人。况且即便入不了内阁,一个翰林院的检讨,也可外转至道或府任知府一级的官吏。所以入了翰林,不但为学问一流的史官和学者,而且为迈入更高一级的权力机关铺平了道路。

同年,何思钧由《四库全书》分校官升任缮书处总校官,与其他几位总校官如王燕绪、仓圣脉等,一起负责对下属一百七十九名分校官已抄校好的书作总校。在编校《四库全书》的三百六十余人中,集中了纪昀、陆锡熊、戴震、王念孙、刘墉、董诰、翁方纲、朱圭、吴省兰、姚鼐等一大批名流学者和硕儒,何思钧能立足于篆修者之列,全凭了"人品端方、学问纯粹"、"校书善之"。

乾隆四十七年二月初二日(1782 年 3 月 15 日),乾隆皇帝在文渊阁赐宴编纂《四库全书》头份书成的有功之臣,何思钧也在其中,赏得御制墨刻一本、如意一柄、八丝大缎二匹、砚一方、笔一匣、墨一匣、绢笺十张。这是灵石两渡何家拥有皇帝赏赐的第一份"文房四宝"。

乾隆五十年(1785),乾隆皇帝嘉恩何思钧有劳,指名留于翰林院,以需擢用。令人意想不到的是,多少人盼着能留在翰林院,等着提拔一个好官位,何思钧却以有疾告退!国子监祭酒、大学问家法式善对此评论道:"方事之殷,独膺任及功之就,不有其荣,君子退之,即先生有之。"这句话是说,留任翰林院,皇帝唯一指名点姓的是先生,先生不据有其荣,反而致仕回家,先生急流勇退,真可谓真君子。

何思钧不想当官,想要什么?一是逍遥辇下,交游故旧。所交游者,多为当世知名学人,如史学家、方志学家章学诚,经训学家、"扬州学派"代表人物顾九苞,徽派朴学代表人物程瑶田,博闻强记的苏州"学霸"汪竺香,等等。二是训子读书。恒扫一室,终日静坐,劳无姬侍,食不重肉,衣服非破旧不堪,绝不随意更换。所想之事,就是如何庇荫子孙,成就事业。

何思钧在京城的宅院位于烂面胡同(民国后改为烂缦胡同)。这个在清代很有名的胡同在今西城区中部,广安门内大街东端南侧,南北走向。北起广安门内大街,南至南横西街,东侧与红罗巷相交,西侧与

乾隆四十七年二月初二日,乾隆皇帝在文渊阁赐宴,赏给何思钧"如意"(十八世何引保存)

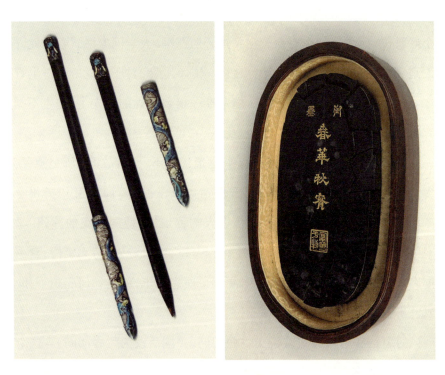

乾隆四十七年二月初二日,乾隆皇帝在文渊阁赐宴,赏给何思钧的御制紫檀乌龙水笔和"春华秋实"御墨(由十六世何泽瑛代表兄姊弟八人捐献苏州博物馆)

醋章胡同、莲花胡同、七井胡同相交。清时,西有水月庵,东有乾隆年间文渊阁大学士史贻直的"广仁堂",还有济南、元宁、常昭诸会馆;胡同中间的"接叶亭",是康熙进士、吏部侍郎汤右曾的住宅,对面则是康熙时武英殿大学士王顼龄的"锡寿堂"。这个胡同还居住过雍正进士、诗才敏捷、善画山水的张鹏翀,湖南巡抚查礼,乾隆二十五年(1760)庚辰科状元、湖广总督毕沅,翰林院侍读学士、金石学专家、书法大家翁方纲,乾嘉著名学者王昶等人,堪称官员和文士荟萃之地。

何思钧致仕后,课十几位子孙、侄儿训读。在这个胡同,他看到太多的达官贵人在乾隆朝后期所追捧的奢靡之风,宦宅斋宇光丽,子弟服饰豪侈,珠宝精奇无比。祖父何溥、父亲何世基虽然给他留下不菲的家产,但他仍认为服饰、器用这些东西,不可能让你服玩得太久,只有布帛菽粟是恒产,是衣食之本。如何避免自家子弟不服玩好?警示自家子弟?这让他很想编一本家训之类的书,借以"示家塾间党间,俾父诏其子兄勉其弟,师以是教弟子以是学,其亦不无裨益"。偶尔之间,他看到康熙年间浙江钱塘人王晫和安徽歙县人张潮合编的一套小品杂著,名曰《檀几丛书》。其中有《教孝编》数种,"言质而不俚,切而易明,自童蒙以至成人,凡事亲立身,进学修业,与夫接物,涉世之道,皆津津有味言之,洵为布帛菽粟之文,而非华而不实者比",因而辑录出七种,一面时时用此教育子弟,一面准备将此书署为《檀几丛书录要》刊行,以便让两渡何氏族人一同自警,并让义学的教书先生时时以此教育弟子。

他在《檀几丛书录要》的"序"中说明"录要"的目的:首"教孝",乃重立本也;次"幼训"、"少学"、"训蒙条例",乃端蒙养也;次"家训",乃资借鉴也;次"塾铎",可以徇于家也;终以"十二戒",是有劝必有戒,所

何思钧为自警且警示何家子弟所辑《檀几丛书录要》

以耸观者耳目,使之有所凛也。

正是在何思钧的这种训导施教下,诸子侄皆有功名:

长兄何思明长子何道亨,增贡生,军功议叙主簿,候选州同知,敕授儒林郎(从六品),诰赠朝议大夫(从四品),候选布理问加四级,覃恩诰赠文林郎(七品),江西永嘉县知县加三级。

次子何道兴,附贡生,覃恩貤赠文林郎(七品),江西永嘉县知县加三级,诰赠奉直大夫(从五品),候选詹事府主簿加四级。

三子何道昌,贡生,候选部主事,嘉庆元年(1796)保举孝廉方正,覃恩貤赠承德郎(六品),翰林院检讨加三级,诰赠奉直大夫(从五品),直隶青县知县加三级。

四子何道凝,廪贡生,候选州同知,军功议叙五品衔加一级,敕赠徵仕郎(九品),两浙钱清场盐课大使加一级;覃恩敕赠承德郎(六品),翰林院检讨加三级,晋赠奉政大夫(五品),掌山东道监察御史,随带加一级,累赠徵仕郎(九品)。

上述这些封典,有些是何思钧以自己的政绩荫赠给侄儿的,有些是侄孙以自己的历官加封与父亲的。

二兄何思温长子何道榜,官长芦越支场盐大使,署直隶安肃县知县,历任玉田、大兴县知县,升磁州知州,署深州直隶州知州,升冀州直隶州知州。

次子何道模,署江苏常州府、松江府通判,刑部广东司郎中,授广东廉州府知府。

三子何道范,历任两淮泰州盐运分司,官淮南监掣同知。

乾隆六十年(1795),何思钧六十岁,门生、同年和至宾好友都想为其做寿宴,但何思钧无论谁来劝说,都执意不许。众亲友门人不得已,只好以作文赋诗为寿,与颂何思钧的寿高德重。颂诗祝文众多,装为一册,国子监祭酒法式善为之撰写了一篇超出尘表的寿序:

翰林前辈灵石何双溪先生六十生朝,门人宾客谋所以称觞者,先生固辞不许。不得已乃以文为寿,相与颂先生。夫侍从宴赉之华,科第文章之美,家门荣盛,子孙众多,以为世俗人有一于此,莫不夸耀一时。而先生偭乎谢不有,又以颂先生之高也。然某窃观先生平日持身律己之大端,则所以自寿者远矣。宜其于俗之举有不屑焉,而非以为高也。

始朝廷修《四库全书》既成,天子嘉先生有劳,留先生于翰林,以需擢用。先生遽移疾,不复出。方事之殷,独膺其任,及功之就,不有其荣。君子易退之节,先生有之。

先生家故饶,既久宦,又勇于为义,时时减产,或至积债不能偿。然遇穷交薄戚有恩意,不变其初。方其素封不为奢,及其处约不为啬,君子素位之学,先生有之。

其接于人,温然无町畦,而可不可介然有辨。每逢交游故旧,惓笃流连。天下卓绝知名之士,自耆宿以逮后生,皆乐亲先生,而先生亦乐为之尽。其处己特严,自奉甚薄。居恒扫一室,终日静坐,劳无姬侍。食不重肉,衣非甚故不辄易。既两子皆以材美称于官,门望通华,而先生益约饬自下。岂非薄身厚志、畏荣好古之君子耶?

窃观古之清身节物者,往往能寿。古语云:"尧舜之世,其民朴以有立,是以难老。"孙卿子曰:"乐易者常寿。"荀悦曰:"惟寿,则能用道;能用道,则性寿矣。"由是以观,则古之所谓朴以有立而能用道者,非先生其谁?

生朝之礼,自先儒皆以为非。而称寿之文,则诗书以来有之。今者逍遥京邸,颐性养年,超然荣观。先生自此道与福俱,娱志和平之域,游心恬淡之宇,于以庇荫子孙,成就事业。"其德不爽,寿考不忘。"先生且不独自寿其身而已,而况区区世俗为寿之虚文,又乌足道哉?

嘉庆六年九月初七日(1801 年 10 月 14 日),两渡何家一代文宗何思钧在京为同年、国子监祭酒吴锡麒还乡饯送甚欢,四天之后(九月十一日,10 月 18 日)扶病而卒,终年六十六岁。何思钧去世,与之有过往的人和曾被相与者,无不感念。姚鼐撰写了名篇《何季甄家传》:

何季甄者,名思钧,霍州灵石人。考讳世基,生三子,思钧为季,故字曰季甄。季甄早孤,依于其兄思温,友敬甚至,勤力于学。乾隆四十年成进士,改庶吉士。纂修《四库全书》,善于其职。四十三年散馆,改部属矣,旋以校书之善,仍留庶常馆。次年授检讨,自是常在书局。及"全书"成,与赐宴文渊阁下,而旋以疾请告,屏居训子元烺、道生,两子一年成进士,其后皆以才显,有名内外。其居灵石北乡有双溪,尝自号"双溪"。天下称何氏为盛门,以何双溪为宿德矣。嘉庆六年季甄卒,年六十六。

始吾二十八岁居京师,而季甄之兄令季甄从吾学。其齿幼于吾六年耳,而事吾恭甚,使背诵诸经,植立不移尺寸。其后学日进,而与吾或别或聚。吾在礼部时,季甄得山西乡举而来,相对甚喜。后三年而吾以病将归,季甄适携家居于都。吾入其室,见其子之幼俊,叹曰:"何氏其必兴乎!"然是年别,不复得相见。次年,闻其成进士。又后十二年,闻其两子成进士。又后十三年,闻季甄丧矣。

季甄存时,常以书问吾甚挚。自京师来者,为吾言:"季甄之家法整饬,老而所养益邃,容肃而气冲,士流有前辈典型之望。其所以训子者,真古人之道也。数十年未尝须臾,昼而居内,敕其子皆然。"吾老而德不加修,吾愧于季甄,季甄不吾愧也。季甄于交游乡党多惠爱,每好济人困,又尝设义学于其间。

始季甄娶王氏无子,继娶梁氏生二子:元烺以庶吉士改部,今为户部郎中;道生以工部擢山东道御史,出为九江知府。又继娶张氏,生四子:立三、维四、慎五、漱六。漱六为孤,才四岁。

吾痛季甄之丧,既为文哭之,又次其行为传,以寄诸其家云。

桐城姚鼐撰
当涂黄钺书

大学问家王芑孙与其夫人曹贞秀更是感伤不已:王芑孙撰写了《何思钧行状》,擅长小楷的曹贞秀亲自书写了全篇文字,并钤盖"写韵轩"

印和"墨琴真书"印章,其崇敬之情可见一斑:

诰封朝议大夫山东道监察御史加二级
累封中宪大夫户部山东清吏司郎中加二级
翰林院检讨何公行状

公姓何氏,讳思钧,字季甄,自号双溪。先世自明季由河南迁山西灵石之两渡,遂为灵石县人。代有隐德。曾祖讳曰利,赠儒林郎,曾祖妣吴,赠安人。祖讳溥,贡生,考授州同,赠翰林院庶吉士,晋赠中宪大夫,祖妣陈,赠恭人。父讳世基,附贡生,考授州同,赠翰林院检讨,晋赠中宪大夫,妣郑、郝俱赠恭人,赠中宪大夫。公三子,公其季也。蚤丧父母,长于其兄户部主事、赠御史思温。思温以谒选挈公就学京师,公时年二十矣。先后从桐城姚刑部鼐、泰州侍翰林朝讲问,所业益进。试京兆连绌,而思温出为县浙江,公还家。乾隆三十五年,中山西乡试副榜,明年中乡试举人。后三年,荐充四库全书馆誊录,又三年,中会试,以吴锡龄榜,同进士出身,改庶吉士。其年冬,充武英殿纂修,入四库全书馆为分校官。又二年,改总校官。明年散馆,改部主事,以总校故,仍留教习。明年书成,叙劳改授检讨,仍充总校。又三年,以疾自告解职,专理书局。明年冬,并解局事,闭门养疴,课子孙读书,逍遥輋下。及见其二子成进士,历台省,同时为试官,先后门生以百数。岁时上寿,妇孙男女以十数,内外填塞,厅事不得旋马,如是者垂二十年,乃卒。

公为人朴重,寡言笑,顾身瘦面,对客漠然,类深中者,情款既接,天真盎流。与人有终始,事兄嫂曲尽恩敬。中年服官后见兄至犹却坐,竦侍若严师。兄殁,遗三子,教之成材,皆官于时。以所自卜吉壤葬兄,以其子道生所历官赠兄为御史。生平啬于自奉,食不重肉,衣冠经数年不易,而好施予。设义学以教乡之秀者,贫无食者予之谷,死无以敛施之棺;贷人金多折其券,意豁如也。何故山西名富家先世未析产,赀累百万?尝以军兴佐饷金川,又运铜江南,及公屡析产仅中人,而仍以富闻天下?四库全书馆开,立总校诸名目,后进者争破家出财写书,书成,反复十余年而役不可休。公由庶吉士改部,被指名留馆,所与同事又皆力有余,公竭蹶枝梧,顾己无如,何忧困致疾,不能为官?而其子元烺继入翰林,代公出塞校书云然。方是时,高宗向意文学,待之不次,举朝优宠无先。馆臣赐宴文渊阁下,公以检讨入,与赋诗、拜文、绮笔、墨笺、绢之赐,岁时劳问哈密瓜、柑橘、苹果、荔枝之赐便蕃不绝于门,世以为荣。所游及所招延,多当世知名士。会稽章进士学诚,兴化顾进士九苞,歙程孝廉瑶田,长洲汪举人元亮,皆尝主公检身密驭。

家有法,子元烺、道生登朝久,门生门下或复见门生,其归于家循谨如就塾,子弟出入必告。惟弃书数千卷,纵之为学。及与学士大夫游,每春秋胜日,置酒会文,海内通流,莫不咸在,至解衣磐礴夜醉,歌呼大噱,公弗禁也。性喜静坐,昼不居内。几砚卷轴,置顿有常处。余别公南还,三年再至,视之如故,栖尘满其间,盖夷简若此。

公卒以嘉庆六年九月十一日,享年六十六。以子元烺累封至中宪大夫、户部山东清吏司郎中加二级,以子道生累封至朝议大夫、山东道监察御史加二级。始娶王,继娶梁,先卒,皆赠恭人,又继张,封恭人。子六:长元烺,次道生,乾隆五十二年同榜进士。元烺今官户部郎中、军机里行。道生以御史出知江西九江府,俱梁出;次立三,次维四,次慎五俱监生,次漱六,幼。女一,适同县贡生梁齐鸾,俱张出。孙男十:荣绪、熙绩、炳彝俱监生,耿绳、同保、秋纫、煐缃、燮銮、九如、酉元。孙女九。始余在京师,与元烺、道生讲切为文辞相好也,公遂割宅居余。及余再入京师,公喜甚,复邀主其家。时元烺、道生官益起,或下直犹代塾师,督诸孙课。公隔屋听之,虽余不敢造次,辄闻其庭。尝曰:"吾阅历久,所见趋避皆无益,惟行善者虽有时失利,后罔不臧,足知造物所忌者巧。"时以训其二子,亦以慰余。

公谨于财,非义不取,自念以官减产,晚又家门荣盛,食指多酬酢满世,用度不给,忽忽忧贫,时或书空坐叹,虽不善自广,亦其介洁之素然也。

公卒之年,道生请急过扬州,待余弗至,遂行。及余至,遽闻公丧,不及察仓卒,发书唁问。而公同年、钱塘吴祭酒锡麒自京师还,为言公饯送甚欢,虽扶病未觉甚苦。计其日,公卒之前四日也。相对疑骇,或咎所闻非真。及是公所养兄子道范,官运判,在扬州以元烺所为行述示余,然后知公真卒矣。道范以公抚养忘其孤,悲怆求得余文将刻以示四方。而元烺所述略事或弗具,乃以余所尝得于公者附益之为状,既以塞道范之悲,而亦纡余之思。他时元烺、道生或别得遗行可书载者,见诸志表其可也。

嘉庆建元之七年岁壬戌春二月十五日
前华亭校官需次国子监典簿长洲王芑孙谨状

能升官而不为,可奢侈而不屑,只为课子弟读书,淳朴做人,"何氏书塾"因此而声名远播,"科举世族"由此而衍嗣绵延,五世不绝。

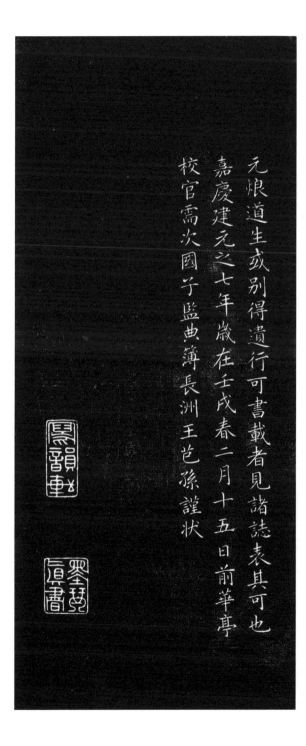

元烺道生或別得遺行可書載者見諸誌表其可也
嘉慶建元之七年歲在壬戌春二月十五日前華亭
校官需次國子監典簿長洲王芑孫謹狀

而公同年錢塘吳祭酒錫麒自京師還為言公餞送
甚懼雖扶病未覺甚苦計其日公卒之前四日也相
對疑駭或咎所聞非真及是公所養兄子道範官運
判在揚州以元烺所為行述示余然後知公真卒矣
道範以公撫養忘其孤悲愴求得余文將刻以示四
方而元烺所述略事成弗具乃以余所嘗得於公者
附益之為狀既以塞道範之悲而亦紓余之思他時

余不敢造次輒闖其庭嘗曰吾閱歷久所見趨避皆
無益惟行善者雖有時失利後罔不臧呂知造物所
忌者巧時以訓其二子亦以慰余公謹於財非義不
取自念以官減產晚又家門榮盛食指多酬酢滿世
用度不給忽忽憂貧時或書空坐歎雖不善自廣亦
其介潔之素然也公卒之年道生請急過揚州待余
弗至遂行及余至遂聞公喪不及察倉卒糢書信問

軍機裏行道生以御史出知江西九江府俱梁出次
立三次維四次慎五俱監生次漱六幼女一適同縣
貢生梁齊鷲俱張出孫男十榮緒熙績炳龔俱監生
耿繩同保秋級煥緗燮鑾九如酉元孫女九始余在
京師與元烺道生講切為文辟相好也公遂割宅居
余及余再入京師公喜甚復邀主其家時元烺道生
官益起或下直猶代塾師督諸孫課公隔屋聽之雖

不居內几硯卷軸置頓有常慶余別公南還三年再
至視之如故樓塵滿其間蓋夷簡若此公卒以嘉慶
六年九月十一日享年六十六以子元烺累封至中
憲大夫戶部山東清吏司郎中加二級以子道生累
封至朝議大夫山東道監察御史加二級始娶王繼
娶梁先卒皆贈恭人又繼張封恭人子六長元烺次
道生乾隆五十二年同榜進士元烺今官戶部郎中

知名士會稽章進士學誠興化顧進士九芭歙程孝

廉瑤田長洲汪舉人元亮皆嘗主公檢身密馭家有

法子元烺道生登

朝久門生門下戎復見門生其歸於家循謹如就塾

子弟出入必告惟弄書籍千卷總之為學及與學士

大夫遊每春秋勝日置酒會文海內通流莫不咸在

至解衣盥礡夜醉歌呼大噱公弗禁也性喜靜坐畫

梧顧已無如何憂困致疾不能為官而其子元烺繼

入翰林代公出塞校書云然方是時

高宗鄉意文學待之不次舉朝優寵無先館臣

賜宴文淵閣下公以檢討入與賦詩拜文綺筆墨箋

絹之

賜歲時勞問岭家瓜柑橘蘋果荔支之

賜便蕃不絕於門世以為榮所遊及所招延多當世

好施予設義學以教鄉之秀者貧無食者予之斃死
無以斂施之棺貸人金多折其券意豁如也何故山
西名富家先世未析產貲累百萬嘗以軍興佐饟金
川又運銅江南及公屢析產僅中人而仍以富聞天
下四庫全書館開立揔校諸名目後進者爭欣家出
財寫書書成反復十餘年而俟公由庶吉士
改部被指名罶館所與同事又皆力有餘公竭歷枝

百數歲時上壽婦孫男女以十數內外闐塞廳事不
得旋馬如是者垂二十年乃卒公為人樸重寡言笑
頎身瘦而對客漠然類深中者情款既接天真盎流
與人有終始事兄嫂曲盡恩敬中年服官後見兄至
猶卻坐竦侍若嚴師兄歿遺三子教之成材皆官於
時以所自卜吉壤龔兄以其子道生所歷官贈兄為
御史生平嘗於自奉食不重肉衣冠經數年不易而

97

薦充四庫全書館謄錄又三年中會試以吳錫齡牓
同進士出身改庶吉士其年冬充　武英殿纂脩入
四庫全書館為分校官又二年改撰校官明年散館
改部主事以撰校故仍留教習明年書成敘勞改授
檢討仍充撰校又三年以疾自告解職專理書局明
年冬并解局事閉門養病課于孫讀書逍遙輦下及
見其二子成進士應臺省同時為試官先後門生以

陳贈恭人父諱世基附貢生考授州同贈翰林院檢
討晉贈中憲大夫姚鄭郝俱贈恭人贈中憲大夫公
三子公其季也弼喪父母長於其兄戶部主事贈御
史思溫思溫以謁選孴公就學京師公時年二十矣
先後從桐城姚刑部鼐泰州侍翰林朝講問所業益
進試京兆連紬而思溫出為縣浙江公還家乾隆三
十五年中山西鄉試副牓明年中鄉試舉人後三年

誥封朝議大夫山東道監察御史加二級累封中憲

大夫戶部山東清吏司郎中加二級翰林院檢討何

公行狀

公姓何氏諱恩鈞字李甄自號雙溪先世自明季由

河南遷山西靈石之兩渡遂為靈石縣人代有隱德

曾祖諱曰利贈儒林郎曾祖妣吳贈安人祖諱溥盲

生考授州同贈翰林院庶吉士晉贈中憲大夫祖妣

王芑孫撰、曹貞秀書《何思鈞行狀》（十八世何引保存）

五 一代太守何元烺

乾隆四十年（1775），姚鼐以病辞去刑部郎中及《四库全书》纂修官，全家南归。出京前，到何思钧家告别，见其子砚农、兰士年少貌皙而颀，敏学经典，诗文辄出，不由惊叹："何氏其必兴乎！"姚鼐的这一声惊叹，真预示出了两渡何家历史上第一对兄弟同榜进士。

十二世何元烺为何思钧长子，生于乾隆二十六年十二月二十六日（1762 年 1 月 20 日），字良卿，号砚农，原名道冲，字伯用。原名在乾隆朝一直使用着，嘉庆元年改名为元烺，或取自嘉庆元年始，就光耀鲜亮之意。

何元烺于乾隆四十八年（1783）癸卯科举于乡，二十一岁即成举人。中举后参加乾隆四十九年（1784）甲辰科会试，罢归。乾隆五十二年（1787）与弟何道生一同参加丁未科会试，结果同榜成进士。何元烺为二甲第八名，授翰林院庶吉士；何道生为连捷进士，二甲第二十九名，惜因"分省拣选"翰林，虽在复试、殿试、朝考等第时名列前茅，但山西只有两个名额，拣了兄就不能再选弟，何道生被分拣到工部都水营缮司。

何思钧书斋所悬郑燮"方雪斋"匾额(十八世何吉庆保存)

长子入翰林,玉堂清望;次子弱冠登贤书,前途无量,前来烂面胡同何家"方雪斋"贺喜者后先相望,一时京城谈论科名之盛者,必称何氏。直到此时,与两渡何家相熟的京城官员和文士们才明白过来,当年何思钧决意致仕的真正用意。姚鼐所说"何氏为盛门,以何双溪为宿德矣",人们无不啧啧称道。

乾隆五十四年四月二十九日(1789 年 5 月 23 日),翰林散馆,何元烺归进士原班铨选。十一月九日(12 月 25 日),授户部江西、广西二司主事(正六品),后被荐举提升为山东司郎中(正五品),入直内阁,军机处行走,随带加一级,纪录七次,军功纪录一次。

乾隆五十八年(1793),何元烺和何道生做了一件灵石两渡何家与苏州洞庭东山莫厘王家修下前世因缘的大事。

明清科举时代,凡举子没有不知道王鏊的。王鏊,字济之,号守溪,明代名臣、文学家,苏州东山洞庭莫厘王家第十世祖。这个依托洞庭商帮起家的大家族崛起于明代,光大于晚清,群星闪耀于民国,英才延续于新中国。至新中国成立,无论哪一代哪一世哪一种思潮派别的王氏后人,都将王鏊视为始祖。王鏊的制艺之文,被后人比作史学家中的司马迁,诗人中的杜甫,书法家中的王羲之。他对八股文的贡献,主要是将格式与作法推向了完善、完备、完美的地步,并成为引领文风的一代宗师。其所作《亲政篇》,被吴楚材、吴调侯收入《古文观止》后,很快传播开来,影响巨大。吴敬梓的官场讽刺小说《儒林外史》第八十一回,说蘧公孙的女儿"十一二岁就讲书,读文章,先把一部王守溪的稿子读的滚瓜烂熟",这王守溪就是王鏊。可见王鏊的文章在那时的士人中无人不知,无人不学。

土岡之西竹梢之下飯屋三間娛此陰涼塒有肥雞廄有羸馬弓堅弩佳菊采不盈把上漱泉源叔派林壑莫不飲食吞味者寓

珊枝同學鑒之

樗隱王松

何道生藏王芑孫行书幅（由十六世何泽瑛代表兄姊弟八人捐献苏州博物馆）

这个文化家族的九世祖王世琛,高中康熙五十一年(1712)壬辰科状元,而极有才名和学问的十一世王芑孙却连个举人也考取不上,直到乾隆五十三年(1788),被乾隆皇帝召试举人后,才有了一个在咸安宫教习的身份。

在何元烺、何道生昆季这帮喝酒赋诗的朋友中,王芑孙是书法名声最高、诗才最响的一个,但也是功名最低,年龄亦大的一位。早岁称诗,累踬场屋,虽未挂朝籍,可朝廷的大典礼制文字大半出自他手。名臣显宦、儒者耆宿看重其才,咸与订交。王芑孙曾馆于军机大臣、户部尚书董诰家六年,客邸睿恭亲王淳颖府又六年,中间往来户部尚书、协办大学士、东阁大学士梁国治,左都御史、兵部尚书、军机大臣、上书房总师傅王杰,吏部、工部尚书、直隶总督、协办大学士、体仁阁大学士刘墉,工部尚书、协办大学士彭元瑞诸家代笔削草。其五言古体最工,被认为"瘤然以瘦,戛然为清"。其夫人曹贞秀(1762—1822),字墨琴,号写韵轩,安徽休宁人,侨寓吴门(今苏州)。小楷极佳,娟秀在骨,所临王献之《洛神赋十三行临本》为士林推重,被文人墨客推为乾隆朝闺阁第一。

王芑孙才华出众,但一个无情的现实却是屡试不第:乾隆五十四年(1789)己酉科,五十五年(1790)庚戌恩科,五十八年(1793)癸丑科三科会试皆不中。再加久居京师,却居处无所,博取功名又无望,于是戚戚无欢,落落难合,时时起意:是不是该离开这既留连又伤感的京师?夏初,王芑孙终决定辞职归里。此事为何元烺、何道生兄弟知悉,为了安慰并留下这位多才多艺的诗友鼓起再试的信心,毅然把一个宅院割让给了王芑孙、曹贞秀夫妇居住。

在都城终于有了自己可以安居的宅第,王芑孙、曹贞秀夫妇的心情大好起来。为什么三次会试三次落第？在与何元烺、何道生兄弟"暇日过从，论文讲艺"之余，王芑孙也时时反思："先前并没意识到试帖诗有多么重要，等到来到京师，始觉此事为当今所重。既被乾隆皇帝召试为一等，以诗赋为名，才稍稍试做了一点，但纯粹的试帖诗还是作不好。"乾隆五十八年十月初五日（1793 年 11 月 8 日），针对王芑孙试帖诗作不好的"偏门"，何元烺、何道生兄弟约年伯吴锡麒、梁上国，诗友法式善、张问陶、伊秉绶，同年雷维霈、李如筠，以及同被乾隆皇帝召试、次年就考中进士的王蘇，同乡介休刘锡五、静乐李銮宣、汾阳曹锡龄等人与他结了一个"试帖诗会"，专门帮他恶补会试必考的八韵诗。

此"诗友诗课"，据王芑孙回忆："十日一会，会则各出其诗以相质，及明年四月而止。明年十月，复举是课，迨今年三月而止。其始不过三五比邻，家厨脱粟，咄嗟具饭，迭为宾主。其后客来益多，会益盛，而诗亦益胜。"试帖诗课期间，王芑孙对何元烺的诗与人敬佩至极："砚农之诗浑灏流转，从空而下，一气相生，一笔迅扫，寻本植干，播葨发条，咸得其序，炼而不至于碎，隽而不伤于雅。虽其才敏胜予，而诗格在同课中与予为近。其作字好用欧阳率更体，又与予同。其性行醇粹，非予所能及。而朴厚肫恳处之致，则予亦庶几焉。凡其业者多阿私，同趣者常徇爱，矧又相寻于久，故相处于朝夕。然则予之所以称砚农者，人且以为甍言而好人之与为同也。"

乾隆六十年（1795），乙卯科会试王芑孙又下第。他从"诗友诗课"诸家选出九家，编为《试帖诗课合存》刊刻。以齿序，王芑孙排四，成一册，何元烺为六，所作诗课八十首，名《方雪斋试帖》成一册，何道生居九，所作诗课一百二十首，以自己读书处"双藤书屋"名之，亦成一册。

其他六家试帖分别为：

吴锡麒（1746—1818），字圣征，号谷人，浙江钱塘人。乾隆四十年（1775）乙未科进士，翰林院庶吉士，授编修，历官国子监祭酒。后以亲老乞养归里，主讲扬州安定、乐仪书院至终。所作骈体之文为人推崇，八韵诗尤为拿手，有《有正味斋集》。

梁上国（1748—1815），字斯仪，号九山，福建长乐人。乾隆四十年（1775）乙未科进士，翰林院编修。历官奉天府丞兼提督学政，詹事府少詹事、太常寺卿，晚年督学广西。颖悟绝人，以善书有名。有《进御诗文》和《诗文集》。

法式善（1753—1813），姓伍尧，字开文，号时帆，又号梧门，蒙古乌尔济氏，内府正黄旗人。乾隆四十五年（1780）庚子科进士，翰林院庶吉士，散馆授检讨，官侍讲学士、国子监祭酒。学术造诣颇深，被认为是清代最有才华的旗籍祭酒。因一生大多在翰林院等文苑衙门任官，得以博览文献图籍，对典章制度的来历极为熟悉。他的两部随笔、札记类著作《槐厅载笔》《陶庐杂录》，对了解清代的典章制度具有很高的参考价值。脍炙人口的史料著作《清秘述闻》，因书中详列历届会试、乡试考官和各省学政的名单而让研究者受益匪浅。其诗质而不臞，清而能绮。性好宾客，尤其对于诗书画奇才，更是"招贤池馆敞云屏"，几乎天天都有雅集活动。在诸多诗书画友中，与何道生往从最密，交谊最深。

雷维霈，号筠轩，江西南丰人。乾隆五十二年（1787）丁未科进士，官工部都水司主事，营缮司员外郎、虞衡司郎中、福建延平知县、福州知府。

王蘇（1763—1816），字侪峤，江苏江阴人，后移居苏州。乾隆五十三方雪齋試帖一卷凡八十首靈石何元烺硯農撰次為第六硯農先在詞館習清書旋居戶曹無緒作八韻詩故舊作無幾所作多課中題目硯農之詩渾灝流轉從空而下一氣相生一筆迅掃尋本植幹播毬發條咸得其序鍊而不至於碎儁而不傷於雅離其才敏勝子而詩格在同課中與子為近其作字好用歐陽率更體又與子同其性行醇粹非予所能及而樸厚腴懇

何元烺《方雪斋试帖》乾隆六十年刻本

年（1788）乾隆皇帝在天津召试，名第一，赐举人，乾隆五十五年（1790）庚戌科进士，翰林院编修，擢御史，官河南卫辉知府，有《试峻堂诗集》。

李如筜（1765—1796），字介夫，号虚谷，江西大庾人。乾隆五十二年（1787）丁未科进士，翰林院编修。诗笔奇峭，亦极拔俗，有《蛾术斋集》。

何元烺试帖诗之所以名为"方雪斋"，实为其父何思钧书斋悬挂着郑板桥不知为何人题写的一块"方雪斋"匾额，书斋名亦随这块匾额而来。因何思钧只读书校书编书不著书，而何元烺、何道生又极喜欢这块匾额，所以何元烺先用了"方雪斋"作自己试帖诗集名，何道生自订古今体诗时也将"方雪斋"用作集名，并于嘉庆十二年（1807）刊行。道光元年（1821），何道生子何熙绩、何耿绳，重新刊印其父诗集并附以试帖诗时，为避与伯父诗集重名，遂将《方雪斋诗集》改名为《双藤书屋诗集》。有些人士没比照《方雪斋诗集》和《双藤书屋诗集》之异同，还以为何道生有两部诗集，误解即由此出。

随着科举制度的终结，《试帖诗课合存》早已被人遗忘或丢弃。但好东西还是被有心人惦记着。新中国成立之后，著名文献学家赵万里就曾买过一函，后为康生所有。康生在此书上有题记："赵万里先生买来一函二册。"由此可见，无论是科举时代，还是"破旧立新"的年月，学者收藏一编，莫不以为珍品。

何元烺树立卓卓，岂肯总以八韵试帖为重轻！自作诸稿交付长子何荣绪藏之，并谓："毋亟付梓也。"从此，渐渐淡出了以诗会友的文学圈子。王芑孙终因会试再次落第，绝意返回江南。

百余年前，何元烺、何道生兄弟割宅救助王芑孙，以及帮他补习八韵试帖诗的故事，两大文化家族子弟代代相传。宣统元年（1909），经王

風動聲唇嘯杯莖目
狃中之美饌重剝竹
垣久之鄉寸賢
芒凄苑奮至主調卮の郡

烏衣巷口本翩翩仿佛

揮雲入海年年攀

数百茎以俯解搨

紛画弦亭属第鳥北

朋知无生未为烟波

壬庭南好蓟北淮南

祢石官

沧榜子江

112

宸光金焦一望中海門

雲鋭白暗朦橋高沙馬

非復吳澳奔走江豚玉三辞

風山寺廢經糧未大觀

何元烺行草《詩書冊》（十八世何引保存）

鳌十五世孙、晚清最后一科进士王季烈介绍，两渡何家十五世何澄与其四妹王季山结为百年之好，何家与王家遂成为姻亲。

嘉庆六年（1801），吏部考核京官，何元烺被评为京察一等，吏部准备将其外放为官，但他以亲老须待侧不就外任。

嘉庆九年七月初三日（1804 年 8 月 8 日），嘉庆皇帝召见各衙门引见的保送御史人员，何元烺得旨记名以御史用。嘉庆十年（1805），实授为山东道监察御史。

清廷的监察机构就是都察院。都察院的最高行政首长是左都御史，满汉各一人。职责是掌管对官吏的监督考察，纠察不按规章办事的官员，查处违法犯纪的腐败分子。遇重大案件，与刑部、大理寺等部门共同审理，向皇帝进言，提出判处意见。在都察院下面，设有十五个道，这十五个道，是一种监察区，在地域划分上，有时与一个省一致，有时要掌管两个省，无论是掌管一省或两省，都叫监察御史，何元烺即是掌管山东的监察御史。

甫一升任监察御史，何元烺就干了一件名垂青史的事。这件事不是查办了哪一个贪官，而是一件政府机构改变职能的议案。

嘉庆十年（1805）五月初，何元烺给嘉庆皇帝上了一个奏折，奏请将军机处改回为总理处。军机处，雍正皇帝设立于雍正七年（1729）。时因西北连年用兵，前方战报、军情，以及作战指令往返频繁，一须严加保密，二须及时传递，于是特在隆宗门内临时设立了军需房，亦称军机房，专办一切征战、剿灭叛乱的军务事宜。军机处设立后，推行了奏折制度，内外大臣，总督巡抚，多用奏折直达皇帝，皇帝亲自拆阅批旨或下旨后，再直接发给具奏者本人。由此，内阁的权力大大削减，而军机处实际上代替了过去内阁的职能。乾隆皇帝登极后，曾一度废除过军机处，将其改为总理事务处。但试运行了二年，乾隆皇帝总感到在事权方面，总理事务处用起来不如军机处来得直接，于是在乾隆三年（1738）又将军机处恢复了起来。嘉庆皇帝甫一亲政，即遇川楚教乱愈演愈烈，军机处的作用已然到了不可一日无的地步。川楚教乱基本平息后，何元烺认为：军机处承办一切事务，与兵部之专司戎政者不同，现在军务早已完成，似应更改名目，以纪停息武备，共庆天下太平，以承国泰民安。孰料，嘉庆皇帝看到此折大怒。五月十九日（6月16日），谕旨下：何元烺所言"'军务久经告藏，似应更改名目，以见偃武之隆'，殊不成话！军机处名目，自雍正年间创设以来，沿用已久。一切承旨书谕及办理各件，皆关系机要。此与前代所称平章军国重事相仿，非专指运筹决胜而言。目今三省邪匪久已肃清，大功告藏，薄海内外，共庆升平，又何必改易'军机'二字始为偃武？即如兵部专司戎政，自周官分职以来，相沿至今，兵可百年不用，不可一日不备。现在内外旗营，均有定制，新疆西北两路皆号军营，若如该御史所请，势必讳兵不言，岂国家承平日久，并古大司马之职，亦竟可不设乎？何元烺率请改易旧章而不顾其言之纰缪，所奏断不可行。原折著掷还。"

好一个"殊不成话"！再一个"原折著掷还"！别看皇上给了你进言的权利，但那只是说说而已，哪一个人有胆量敢纠正皇上定下来的事？再说你奏皇上肯定了的事，本身就是罪过。何元烺为国家长治久安着想，敢上言要求把军机处的名称改了，把职能转换了，气魄实在是大，但如果不合圣意，罪过也不小。好在嘉庆皇帝对此气是气，雅量还是有的，只是骂了一句"殊不成话"，将何元烺的奏折掷还给他了事。不过，何元烺入内阁的京官之路还是受到了影响——是岁九月，嘉庆皇帝特简他为广西太平府知府。

太平府即今广西崇左市。治所太平镇有一个"葫芦"模样的城垣，三面被左江水环绕，只有右岸的牛轭状河堤可通陆路。古城墙与何元烺所见北方县城差不多，都是前明各朝所建。清代，以"冲繁疲难"四字考语作为政区分等的依据：交通频繁曰"冲"，行政事务多曰"繁"，税粮滞纳过多曰"疲"，风俗不纯、犯罪事件多曰"难"。府县的等第高，字数就多，反之，字数就少。太平府为"冲难"之府，即交通频繁，行政事务不多，但风俗不淳、犯罪事件较多。早在户部任江西、广西二司主事之时，何元烺便知太平府是个"冲难"的府。所辖崇善县"冲难"，左州是"冲"，养利（今大新）和永康州（今扶绥）为"难"，宁明州是"冲难"，明江、龙州厅为"冲难"，凭祥厅为不着一字的厅；十五土州太平、安平、万承、茗盈、全茗、龙英、佶伦、结安、镇远、都结、思陵、土江、土思、下石西、上下冻和罗白土、罗阳土县以及一个上龙土司也是不着一字的地方。更为让他头疼的是，太平府之西和西南部的宁明、龙州、养利、凭祥与越南交界，接壤线长达千余里，以至万里之外的京师部曹都知道这是个挂了号的难治之府。

何元烺来到太平府后，不鄙其民固俗，施教令不厌其烦，敬事无圹，不空不断，没有一天懈怠。

刚上任没多久，何元烺即遇安平土州一众流民，用锋利的竹木片当凶器，围住土州官的官舍，准备杀官夺位。何元烺骑马赶去，随从武弁欲举火枪将这一伙聚众造反的土民歼灭，他制止住，单骑突前对众土民说："我是朝廷的命官，即使换掉土官，这个权也在我，不是你们胡作乱为,谁想当就能当的。为首的拿下,置于法绳,随从散去,不加罪问。"乱众帖然。以一言定大难而从众全活,无论是涉案者还是当地官绅,从此皆服何太守。

有一年,福建、台湾水师遇台风,兵船漂入越南。台风过后,越国国王将清国水师咨送入凭祥镇南关(今"友谊关"),而将水师船舰上的大炮扣下数具。何元烺对同去迎接水师的广西巡抚恩长说:"中国利器不宜弃在外藩,若陆运至太平远且费,不若由海道运至澳门便。"恩长闻听何元烺的建议,觉得极是,便从议如流,照此办理。

太平府一州掌刑名的吏目身死家贫,其子卖其妹为某州知州为妾,其妹闻之,决意觅死。何元烺接报后,即刻把这位知州招来,责以义,让其退纳,并让其拿出百金为这位女子治签,以此为没被纳妾的凭证;而对这位州吏目遗孀,何元烺则具谕令其找个普遍人家的男子再嫁,以脱苦海。

左州田知州卒于官,子幼苦,拖欠官府租税甚多,何元烺捐资倡助,得归乡里。

像清理积案,裁汰陋规,崇盛书院,设官渡所,何元烺在太平府任上,皆以养士爱民大肆兴办。

嘉庆十六年正月十七日(1811年2月10日),广西巡抚钱楷题报:"太平府知府何元烺边俸已满五年,操守洁清,才具勤干,洵属知府中出色之员,与例相符,即入于即升班内,听候升用。"

钱楷(1760—1812),字宗范,号裴山,浙江嘉兴人。乾隆五十四年(1789)己酉科二甲第一。历官广西、湖北、安徽巡抚。善书,著有《墨林今话》《桐阴论画》《畊砚田斋笔记》。钱楷与何元烺弟何道生为文友,对何道生的为人为文极为敬佩。他在离开广西调任湖北巡抚前向吏部的题报,显然有效,嘉庆十七年十月(1812年11月),何元烺以太平府知府兼护左江道。左江道,康熙二十二年(1683)置,驻南宁府,领南宁、浔州、太平三府。署左江道事,何元烺一如官京师和太平府时那样,自奉俭约,勤于政务。

嘉庆二十一年(1816),吏部"以卓异荐,俱奉旨加级,回任候升"。回京后,何元烺以继母张太淑人年事已高,不忍离左右,且居广西太久,瘴气侵身,体中微不适,遂引疾乞休。道光三年正月二十二日(1823年3月4日)卒,享年六十有三。是年十一月初九日(12月9日)葬北京房山县北上万村普陀山之麓。

何元烺长子何荣绪会试受知师、浙江归安人姚学塽撰有《何元烺墓志》。

姚学塽(1766—1826),字晋堂,一字镜塘,浙江归安人。嘉庆元年(1796)丙辰科进士,官内阁中书、兵部主事、职方司郎中。生活简朴,清廉鲠直,拒受馈赠,亦不附权贵。治学以"致知、力行、慎独"为要义,有《竹素斋全集》及后人所编《姚镜塘先生全集》。

书姚学塽所撰《何元烺墓志》者为嘉庆、道光间以楷书名世的郭尚先。

郭尚先(1785—1833),字开元,一字伯抑,号兰石,福建莆田县人。嘉庆十四年(1809)己巳科进士,官至光禄寺卿、大理寺卿。精于鉴别,书法以骨力见长,善作帖学楷书。著有《芳坚馆印存》《芳坚馆题跋》《增默庵文集》等。

皇清诰授中宪大夫广西太平府知府砚农何君墓志铭

赐同进士出身奉政大夫兵部武选司员外郎通家愚弟姚学塽拜撰

赐进士出身奉政大夫文渊阁校理翰林院编修年家眷侍生郭尚先拜书并篆盖

君讳元烺,字良卿,号砚农,姓何氏,先世由河南迁山西灵石县。曾祖讳溥,祖讳世基,并以贡生考授州同知。至君之考,讳思钧,始携眷僦居京师,起家翰林院检讨。君兄弟父子继之一门,群从登贤书、捷春官者后先相望,于时语科名之盛者,称何氏。子姓蕃衍,并家京师而籍仍隶灵石。自曾祖以下,以君贵三世皆赠中议大夫,妣皆赠封淑人,君梁淑人出也。

乾隆癸卯举于乡,丁未成进士,改庶吉士,散馆授户部主事,洊升郎中,入直枢廷,勤慎称职。再充顺天乡试同考官,号得人。嘉庆六年京察一等,以亲老须侍侧不就外任,丁父忧服阕。比俸满,以繁缺知府记名。十年授山东道监察御史。是岁七月,特简广西太平府知府。太平距京师且万里,外接越南,内统土州,号难治。君不鄙其民固俗,施教令不烦而事无旷。安平人谋戕土官,夺其位,众凶凶。武弁不知所为,欲举礮歼之。君不可,单骑出,谕众曰:"欲易土官,权在我,慎毋敢为。"乱众帖然。寘为首者于法,不问。人皆服君。以一言定大难,而所全活不可胜计。福建、台湾舟师遇风,漂入越南国,国王咨送入关

119

而留大礮数具。君白大府言,中国利器不宜弃外藩,若陆运至太平远且费,不若由海道运至澳门便。大府以闻如君议。其持大体多此类。吏某身死家贫,其子将以其妹为州牧妾,女闻觅死。君召州牧责以义,使出百金为女治奁,具谕其母择婿嫁之。左州牧田君卒于官,子幼,苦官逋,君捐赀倡助,得归乡里。其他清积案,汰陋规,崇书院,设官渡所,以养士爱民者甚。

至曾署左江道事,自奉俭约,一如官京师时。两以卓异荐,俱奉旨加级,回任候升。君以继母张太淑人春秋高,不忍离左右,且居瘴乡久,体中微不适,遂引疾乞休,时嘉庆二十一年也。偕诸弟奉母,得其欢心。居家不问生产。数年来艰于步履,又遭风疾,以道光三年正月二十二日卒,年六十有三。

君少承家学,又得贤师友之助,与其仲弟道生俱以诗鸣都下。平生宦绩亦略相似。及仲氏卒官甘肃,君悲哀,意默默不自得。勖其孤力学,并成进士。又梓其遗集以传,而君之诗文顾不自收拾,世所传者试体诗耳。然观君之树立卓卓,岂以翰墨为重轻哉!

娶陈恭人,继娶郎恭人,皆有妇道。先君卒,子三人:荣绪进士,内阁中书,委署侍读;炳彝庶吉士,原任兵部主事;煦纶两浙盐场大使。女二人,婿国子监生张映景、吴其铨。孙一人福寿,孙女六人。

以卒之岁十一月壬申葬房山县北上万村普陀山之麓,以两恭人祔。

荣绪余甲戌分校所得士也,来请铭,因条次其行状,而系以铭曰：

手足经世，蕴不尽宣。

退可乐志，不畀以年。

谁寔为之，难必者天。

勌躬恧后，视此新阡。

"系以铭"的意思是说，何元烺、何道生这对情同手足的兄弟为国为民为家而修齐治平的事，我们不知道的还有很多，无论是皇帝召见重用还是辞官不做，这种志向是永远存在并付诸行动的。天公不假以寿命，确实是任谁也没有办法的事，但勤政辛劳的人，必然会得到更多的加惠和庇荫。

果不其然：长子何荣绪，进士，内阁中书，委署侍读；次子何炳彝，进士，翰林院庶吉士，兵部主事；三子何煦纶，历任两浙盐场大使，浙江定海、临海、海盐、余姚知县。

六　书生从政何道生

何道生为何思钧次子,生于乾隆三十一年(1766),字立之,号兰士。乾隆五十一年(1786)丙午科举于乡,二十岁即成举人,乾隆五十二年(1787)丁未科连捷进士。

成进士后,何道生被分到工部。工部是清廷六部最后一个部,掌天下造作之政令及其经费,凡土木兴建、水利、各项器物制作工程,都由工部管理。在京者,由各衙门报工部勘察估价兴修。较大的工程,如工价超过五十两,材料价超过二百两,要奏报皇帝批准才能兴修。工料银在一千两以上者,要请皇帝另简大臣督修。各省修建工程,工料银在一千两以上者,如有例案可循的,随时咨报工部,年终汇奏一次;其无例可循的,要先行专折奏准,再题报勘察估算银数。何道生履职经承的都水清吏司,主要负责江防岁修、海防、治河、疏浚河道,修造各种船只,事极繁巨。

书生入工部,苦于不习料估。何道生到部后,日日与精通勾股算法的胥者学习,在实地勘察、丈量工程用工用料计算方面,与日俱精。下值后,每每将没有办完的公文携带回家,坐在灯下计算用材之长短围圆,核校所营者之高卑广狭,差分檩上支持屋面和瓦片的木条,题写节约门窗和大门两旁所竖长木之建议,有了误差立即更改。因为时时披览明代宋应星《天工开物》中的砖瓦、陶瓷等篇,又通读康熙朝梅毂成等人编纂的初等数学百科全书《数理精蕴》,运算能力和解决实际问题的能力大为提高,在工部无人能及,被上官誉为聪明能干的贤胥,独冠其曹的估料大师。乾隆五十七年(1792),升任都水清吏司主事(正六品)。

王芑孙曾目睹了何道生算学高明一事:

乾隆五十七年(1793),何道生与其兄何元烺割宅给王芑孙、曹贞秀夫妇居住,王芑孙想从与何道生隔房而居的院子中间垒起一堵界墙,与何道生商量,何道生二话没说,就表赞同。当时庭院中有砖堆积在那里,只见何道生绕着这堆砖转了一圈,以目代尺,先竖后横看了一下距离之后,说了句"得了",就走出大门。第二天,几个工匠来砌界墙,王芑孙亲眼看到墙起而砖适尽的神奇一幕,感叹道:"真是工善其事,凡事敏达。"界墙隔起后,王芑孙取苏东坡《蝶恋花·春景》"天涯何处无芳草,墙里秋千墙外道"词意,将寓居之处起名为"芳草斋",既与何思钧室号"方雪斋"对仗、谐音,又有"芳草"就在隔墙咫尺的寓意。

乾隆六十年(1795),何道生升工部都水清吏司员外郎(从五品)。嘉庆二年(1797),升郎中(正五品)。故此,诗文之友皆称其为"何水部"。

在工部期间,何道生于乾隆五十七年(1792)壬子科、乾隆五十九年(1794)甲寅恩科、乾隆六十年(1795)乙卯科、嘉庆三年(1798)戊午科,四充顺天乡试同考官。有清一代,官员和士人都很珍视乡会试考官这一官职经历。一是充为"为国抡才"的考官,要经过皇帝的考试。这种对考官进行筛选的考试称之为"试差",简称"考差"。逢乡试大比之年的四月,被礼部开列具题的十六行省正副考官和顺天府的同考官均需自带笔墨纸砚到宫中殿廷之内的"正大光明殿"进行"廷试"。内容为"四书"文两篇,律诗一首。当堂考试,当日交卷,试卷密封,交乾隆皇帝于秋闱前钦定。除了以学问才华、考试成绩来衡量选拔考官之外,乾隆皇帝还非常重视考差的人品道德。他曾说,"择其人品端方、学问醇正、堪膺衡鉴之寄者"就是这个意思。二是在"一日为师,终身为父"的人文环境下,除了受业师,一旦中式为举人者,便有了永久功名,具备了做官的资格。所以凡考中的举人,均去谒见荐卷的房师及主考的座师,自称门生,拜主考为座主,得领水陆牌坊银二十两。能得举子出于自己房中,无疑是乡试同考官一生中最为自得的事情。三是有清一代,直隶省管辖的顺天、承德、朝阳、宣化、永平、天津、河间、保定、正定、顺德、广平、大名十二府,遵化、易州、定州、深州、赵州、冀州六直隶州,生员按比例也要到北京贡院参加顺天府的乡试。除此之外,清廷还允许通过录科手续的国子监贡生、监生参加顺天府的乡试。因此,顺天府考生的数量远远高过其他十五个行省,录取举人的名额也最多,所以主副考官和同考官备受瞩目。而顺天府同考官专用翰林院侍读学士和詹事府庶子以下,科道、部属以上官员出任,即一律用京员。成百上千的小京官都想得到这一名利双收的"肥差"(有一笔相当于知县一年养廉银的"辛苦费"),而有上万生员参加的顺天府乡试同考官只有区区十八个限额,竞争激烈由此可知。何道生能连着得到乾隆皇帝晚年四科"试差",除学问好,"圣恩优渥"的钦点也是关键的一环。

乾隆五十七年八月初六日（1792 年 9 月 21 日）黎明，何道生具朝服，备行李，和其他三十余位同考官一同来到午门前，听候宣旨。稍候，乾隆皇帝特派的乾清门二员侍卫手持密封的放简名单前来，交给大学士拆封，会同稽察御史宣旨唱名。宣名之前，所有前来的官吏各按品级跪听宣读。未经点名者，随即起立退出，经点名各员，即行礼谢恩。礼毕，登上早已备好的马车迅速入闱。此时，京城各部衙门几乎全都出动，充任顺天乡试的内外帘各官，监临、提调、监试官，搜检、稽查大臣，维护考场内外秩序的弹压官；外帘四所受卷、弥封、誊录、对读，内外收掌、印卷，以及保证考试正常进行的供事人役，浩浩荡荡从午门往顺天贡院开拔。这种盛况真是三年"大比之年"才能在京师见得一次，其他行省的乡试绝不会出现这种肃静中还外带着热闹非凡的场面。

　　从"宣名"起，何道生就参照赵翼《瓯北集》中所作《秋闱分校杂咏廿六首》体例，作《秋闱分校纪事十首》。题目仍照赵翼，而赵翼所已言者，皆不复再纪，所言的只是赵翼未及的科场职事。

　　赵翼（1727—1814），江苏常州阳湖人。乾隆二十六年（1761）辛巳科进士。殿试本拟第一，但乾隆皇帝以清代陕西未出状元考虑，把王杰调为第一，赵翼易为第三。赵翼为乾隆时期著名诗人，与袁枚、蒋士铨并称"乾隆三大家"，同时也是史学家，有考据名著《廿二史劄记》，与著《十七史商榷》的王鸣盛，著《廿二史考异》的钱大昕，并称为乾隆时期"史学三大家"。赵翼的《秋闱分校杂咏廿六首》，是其为乾隆二十七年（1762）壬午科顺天乡试同考官的诗作。赵翼和何道生"秋闱分校"诗的第一首均为《宣名》，但三十年前赵翼所记被官员夜间翻检书箱、为入场命题忙乱准备，离家赴朝之后，家门却被贴上"回避"字样的场景已不复存在,取而代之的是与同年对有疑义的卷子进行细细的研判。

宣　名

身脱襕衫已六年,忽承恩命佐求贤。

咿唔久废愁多负,案牍全抛喜欲颠。

敢道孤心如月朗,却欣同榜似星联。同年与是役者凡五人。

相期共矢冰渊志,疑义商量得细研。

脱去秀才的"蓝衫"已经六年了,忽然听到皇上命我助他选拔优秀人才的"宣名",深感这是蒙受恩泽的一件天大的事。已很久没有仔细研读四书五经了,借此机会能把部曹的文书全部抛开,重温经典,高兴的我差点儿癫狂起来。不敢说只有我一个人心如月朗,可喜的是正考官是吏部尚书刘墉师傅,副考官是我亦师亦友的王昶,另一名副考官是满洲正白旗人、国子监祭酒瑚图礼,是我的同年;与我同年且为同考官的还有翰林院编修李传熊、龙廷槐、朱理,户部主事谈祖绶。为国为民选官的"考差",虽然是"如临深渊,如履薄冰",但大家都有一个共识,那就是选拔出真才实学的举人来,不但要有寄托之深的志向,还要有对疑问考卷细细研判的耐心,绝不因繁难而将此义放弃。

占　房

十八房门若比肩,地分三向势仍连。

人贪南牖迎阳正,我爱东窗得月先。予所占为西廊第五房。

扫地焚香朝课仆,关门刻烛夜谈天。

回思绛帐曾游日,衣钵真成一脉传。

庚戌会试,予以收掌得入内帘,时范叔度师为同考,即占此房。

对于顺天贡院,何道生最熟悉和清楚不过。熟悉是因为他在这里参加过会试,清楚是因为每到临近大比季节,顺天贡院作为全国性的抡才之地,往往要重新整修一番。凡涉及修建经费的使用,房座号舍等工程,银数若数在千两以上者,顺天府必会奏请工部钦派大臣查估,承修工竣,由原估大臣查验具奏,再由承修大臣造册送部题销。如银数在二百五十两以下者,则由顺天府饬令大兴、宛平两县妥协办理,工竣,报工部查验,造册咨销。为杜绝浮冒滥用,对贡院中的号舍号板、围墙荆茨及考试期间的科场应用器具等,工部均做出过具体的规定。何道生记得十分清楚:大兴、宛平二县添置贡院内号板,每块准用木墩六寸四分五厘。贡院内外围墙苫盖荆茨,每长一丈用荆茨二百五十斤,每长三丈用苫匠一工。为勘察估价,何道生就来过多趟。

同考官进入贡院后,开始在聚奎堂拈阄分房。何道生分得西廊第五房。所以他说,一般人都喜欢坐南朝北、有阳光可以晒进来的房子,但他却爱住"东窗得月先"的西房。为什么会这样呢? 这不是诗人才有的浪漫,而是因为西廊第五房,恰是他中进士的房师范鏊所拈阄住过的房子。扫地焚香,与同年谈天后,关门刻烛,回想当年成进士后,他在这个考房曾拜恩师的场景,现在自己也成了考官,而且恰巧也分得这个西廊第五房,这正是师生衣钵一脉相传的因缘吧!

封　门

一门中似画鸿沟,内外帘分戒备周。

坐听掺挝朝启钥,凡朝启龙门皆以鼓为令 卧闻呵殿夜将搋。

衡文地重原宜密,选佛场宽尽自由。

却羡风流王给事,吟诗日日上高楼。

谓葑亭时监试外帘,出闱后见示新诗,多登明远楼之作。

八月初八日(9月24日),乡试的头一场考试即将来临,在考房内阅卷的房官与在房外的考场提调、监试官似若画了一道鸿沟,不可逾越,防止舞弊的戒备极为周到。子时,坐在考房里的何道生听到"明远楼"上的击鼓声响,"龙门"开启,考生陆续进入考棚。这时,已经睡下的何道生却不时听到监试官带领着一批随从巡视考棚考生时传来的喝令声。主持顺天乡试的主副考官和房官所在的内帘门,本为品评考生文章的机密重地,但这块选官之地却不如"选佛"的开堂、设戒、度僧之地好;再加人身限制之严,选官尚不如"选佛"自由。在这秋闱之地,最让何道生羡慕的就是刑部主事、诗友王友亮了,他每天站在"明远楼"上稽察考场动静,一边瞭望有没有作弊之事之人,一边还能吟诗。

分　卷

掣卷权衡御史司,均分何暇论妍媸。

籍分九等区群雅,卷分满合夹旦承贝南皿北皿中皿凡九等。

缘结三生在一时。

束笋可能皆玉笋,折枝未必定琼枝。

128

纷然按册先登记,不觉窗前日影移。

　　头一场考完,考生的试卷先经受卷、弥封、誊录、对读四所进行相关处理,送到内帘后,由主考官和监临官将试卷分为十八束,由房官掣签决定阅第几束。何道生对当时卷分九等的做法颇不满意,认为,既然是南北、官民子弟均分,何必再分出三六九等,比试哪个美,哪个丑?不分卷,就像成捆的竹笋,里边可能都是可用的英才;一分卷,选中的人才,未必就是杰出的贤才。看看这些卷子:卷写"满"字的,为满洲、蒙古族考生;"合"字,汉人武官子弟考生;"夹"字,奉天府考生;"承"字,承德考生;"旦"字,宣化考生;"贝"字,直隶考生。"南皿",为江南、浙江、江西、福建、两湖贡监生考生,"北皿",为直隶、山东、山西、河南、陕西贡监生考生,"中皿",为四川、两广、云贵贡监生考生。既然来当考官了,考生无过,也就不能管那么多了,只当结缘在此吧。把这些纷繁的卷子登记好了,太阳已经升起,照射得窗前已是阴影来回摇移了。

阅　卷

阅卷工夫似校书,不嫌反复为爬梳。

试寻谏果回甘候,恐有焦桐泣爨馀。

花是重看增护惜,苗真非种始芟锄。

斜阳渐没人归舍,仿佛书堂放学初。

　　阅卷开始后,何道生像校书那样一字字地认真看阅,生怕看漏了一个字,看错了一个词,一个典故,一条成语,反反复复,在考生的卷子上不停地抓搔梳理。如此认真费力阅卷,为的就是品尝橄榄的回甘之味,避免出现吴人烧桐木煮饭,浪费了制作古琴的良材。花好看,更要增加护惜程度,而一棵苗,如果不是良种,也要铲除去掉。当斜阳渐没,同考官都要回各考房休息,何道生就像当年上书堂放学回家那般愉快。

荐　卷

风檐本足困英髦,鉴别毋夸着眼高。

光焰果然能跃冶,疵瑕何事苦吹毛。

心常撝抑求无愧,气欲和平戒甚嚣。

我辈责人徒啧啧,且将不律试亲操。

阅卷开始后,主、副考官与各房同考官共坐一堂,合同批阅。同考官得佳卷,荐呈主考官,由主考官决定"取"还是"不取",此即"去取权衡,专在主考"。如主、副考官均认同录取,则由副主考官在卷末写"取"字,主考官写"中"字。中卷卷面需附房考官推荐的详注批语,并加盖该房考官的官衔、印章。何道生在推荐佳卷时,往往认为,考试本身就是困住优秀的人才的一种无奈之举,所以鉴别起来也不必着眼太高。如果他是一个有着学问根柢而终可成良器的学子,就不必为了考卷上的一点瑕疵,一点小毛病或缺点逮住不放,吹毛求疵。推荐官要常怀辅佐谦让之心胸,气量要平和,戒除浮嚣。不能因为一个考生的卷子上有什么小问题,在"取"与"去"上争执得扰攘不停。我们这些过来人只会责人之难,那么且让你亲自做作这些考题试试,还不一定能不能作得如这些考生好呢。

落 卷

落卷纷于落叶多,返魂无计待如何。

当前仔细加评骘,此后辛勤费揣摩。

湿到青衫原可痛,勒来红帛敢从苛。

最怜凝望旌旗捷,乾鹊灯花兆总讹。

顺天乡试考生太多,所以未被录取者的试卷就堪比秋天的落叶。何道生很想把这些落选的考卷挽救回来,惜因中举的名额太少,任谁也没有重选的可能。眼前所能做的只有细加评定,以便让落选的士子费心打磨,辛勤揣摩,下科上进吧。落选了掉泪是可同情的,考上的得了红帛之奖励就不必苛求其余了。我最可怜那些凝望报捷旌旗的考生,盼来等去,等到的却不是乾鹊的叫声,灯芯燃灭结成灯花的喜讯,真是令人遗憾!鸦声吉凶不常,鹊声吉多而凶少,无论是把乾鹊叫作喜鹊还是乌鸦,吉兆也是会出差错的。

填 榜

一堂红烛耀光明,静听周遭唱第声。

书到名流如得宝,填来副卷类收枰。

荒庄我最欣寒畯,花萼人争羡弟兄。

上舍诸生多入彀,辟雍雅化媲西京。

是榜肄业成均者中式最多,且多兄弟同榜者。

依例,顺天乡试放榜日不得超过农历九月十五日。九月初八日(10

月 23 日),顺天壬子科乡试放榜。正副主考、监临、同考官、提调、监试等齐集公堂,拆墨卷弥封核实中式者姓名、籍贯;副考官于朱卷上填写姓名,正考官于墨卷上填写名数。书吏依次唱姓名及某省、某府州县某生,或系何项职衔,依照卷面字样,遍告在座诸位,然后填写正榜。榜由第六名写起,末名写完后再题写前五名,由第五名倒写至第一名,谓之"五经魁"。新科举人第一名称解元,顺天乡试的解元例为直隶人。第二名称亚元,第三四五名称经魁,第六名称亚魁,其余称文魁。填榜至此,时已入夜,公堂上下燃起巨红花烛,"经魁"出自哪一房,同考官即将红烛一对置于该房官案前,以表荣誉。乡试每正榜五名还另取副榜一名,亦称副贡,"五经魁"填写完毕后即填写副榜。全榜填写完毕,就像下一盘棋,输赢已成定局。这时将榜文加盖顺天府尹关防,载以黄绸彩厅,在鼓乐仪仗兵丁的护卫下,送到顺天府尹署前张挂。在这"一堂红烛耀光明,静听周遭唱第声"的放榜之夜,何道生最欣赏的是那些出身寒微而才华出众的新科举人;最羡慕的是那几对兄弟同榜中举者;最感慨的是国子监的监生有不少被网罗进国家人才库,其盛况犹如当年西京长安取士。

谢　恩

连毂趋朝夜向晨,暂辞北阙只三旬。

光华共仰中天旦,舞蹈新添一辈人。

国重梓材充贡士,我惭樗栎厕儒臣。

羡他二妙新持节,亲觐天颜叩紫宸。

同辈洪李二君出闱奉督学之命,皆于是日诣香山请训,不与此列。

"三年大比"的阅卷官已到出闱的日子,从"宣名"到出闱整整一个月的时间,一车接一车的内外闱考官和考役,离开顺天贡院往自己家里赶。当天晚上,在国子监内举办"鹿鸣宴",宴请考官、同考官、监临、提调、监试、执事各官和新科举人。光华如旦,但共同仰望是朝廷大典;在光彩明丽的月光下,为乾隆皇帝治国理政的舞蹈者中又新添了一辈人。国家注重为政之术,选了一批优秀的人才充为下届会试的贡士,我像是一棵材地不好的樗树或栎树,厕身在儒臣之间,实在有愧于皇上对我的信任。此次入选顺天乡试同考官,还有令我羡慕不已的两个才子高升的事。一个是诗友洪亮吉,一个是同年李传熊,于出闱之日,同获皇上督学贵州和云南之命,于今日前往香山朝见乾隆皇帝并谢恩请训。

这一年的顺天乡试,出了一件让何道生哀痛不已的事。

洪坤煊(1760—1792),字载厚,号地斋,浙江临海人,出何道生门。中举后偶感身体不适,自疑疲劳过度以致虚脱,误服参芪,榜发不足一月而卒。何道生得到洪坤煊遽殁的消息,即作《洪坤煊哀诗六首并序》,简述其科举之路,详述爱其才之心。最后一首记洪坤煊无子,何道生嘱他在京之弟洪震煊将其遗稿《尚书补义》《诗经补注》《读左须知》好好整理收拾,刊刻印行。真是哀痛未尽,思慕未忘。对一位只见过一面的门生,能有如此的悲怀之心,可见何道生作为考官,为人极其宽厚。

三年前,洪亮吉、李传熊于出闱日朝见乾隆皇帝并谢恩请训之事,曾让何道生羡慕不已。三年后,何道生也圆了亲觐乾隆皇帝之梦。只不过,他的秋觐有些始料不及,有些毂转走惊雷,有些不知何以答涓埃。

乾隆六十年(1795),乙卯恩科顺天乡试秋闱前数月,何道生等一干

薄宦臣才拙珠恩　帝澤恢姓名頻料簡衡鑒許

追陪文字因緣在馳驅職分談但慙迷黑白何以荅

涓埃誓凜冰霜志　行搜杞梓材長謠紀行役以取想

卯棘郴

八闋日恭紀二首

初日上塵闋人從絶塞還　短衣趨　闋下恣二詔降

雲間自訴承　恩重渾忘行路艱鳳樓瞻拜霧猶似

近　龍顏

昨歲喜連象今朝獨解裝來仍投舊舍到即拊還鄉

本計百年樹前因三宿桑但慙迷五色崑酞薄荒莊

蘿闈馮□□玉圃階陳峙

障中試卷未進同人互以紙素索書次韻焉

134

八月三日　行在奉分校之　命急馳入都

途中即事書襄二十四韻

天上溫綸降征人北轍回日斜中使出火迫簡書催

薄笨車還駕蒼黃馬欲饘餱糧三日襄囊篋後期来

發軔星初熠中途燭漸煤嶺高森巨石轂轉走驚雷

月黑螢光亂風雄厛氣猜喜逢荒堠火愁過聚沙堆

水落泥全滑橋危柱半摧河聲才淘湧山勢復崔巍

人馬相依倚輿僮互挽推村居聊憩息簞食敢徘徊

菜擷黃齏釀醪傾白酒杯小眠惟倚壁急走類銜枚

粱穗晨曦紫蕎花早雪瞳丹黃秋樹葉蒼翠古垣苔

險隘逡巡歷關門谿達開城欣瞻石匣路識近金臺

人尚在木兰围场陪皇亲贵族子弟骑射读书。进入农历八月，何道生还在空空的冷署当着陪从，眼看乡试的日子越来越近，而何时归都，这时还没有个确数。能不能再充顺天乡试同考官？他甚至都有些绝望了。

八月初三（9月15日），日斜时分，宫中派出的中使（太监）突然来到他面前，递出简书，何道生一看，原来是乾隆皇帝派他为顺天乡试分校的密诏，令其急驰入都。皇帝的诏令忽从天降，让何道生诧异地连话都说不出来，只能讶讶自语："谢皇恩，承恩重，遵诏北辙回。"何道生往行囊装了三天的干粮，把带来的不少书籍留给同人后期运回，在星光闪闪发亮的时候，上了中使那辆由一匹青黄两色，像是快累病了一样的驿马拉着的粗简马车。中使拿掉支住车轮的木头，开始向京都急驰。这一路，何道生最喜看到烽火台，最怕碰到聚沙堆；水落泥滑，这辆破车居然还敢从半垮塌的危桥上驶过——下面河声汹涌，上面山势崔嵬，把何道生吓得抓住车座上的扶手不敢撒手。半夜在沿途的村庄住下，天不亮就吃好自带的干粮匆匆赶路。"小眠惟倚壁，急走类衔枚"。也许是马老了，也跑累了，一旦碰到险隘，再也不像过危桥那样毫不迟疑地行驶，而是痴痴呆呆地徘徊起来。何道生和中使只得下车，人扶着马，马依着人，就这样缓行几步，急走一阵，直到望见密云县东北的石匣城，何道生焦急的心情才开朗起来。

八月初六日（9月18日）上午，何道生在中使的引领下，来到乾清宫养心殿，亲觐给了两渡何家无数天恩的乾隆皇帝。何道生向皇上跪谢："薄宦臣才拙，殊恩帝泽恢。"乾隆皇帝频频察看着礼部备好的何道生简册说：朕与汝父编纂《四库全书》时有文字因缘，尔等应以汝父为楷模，努力追随。朕令汝急驰入都，就是要汝操守纯洁，守好试差职分，为朕搜行杞梓材。何道生回禀:谢皇恩高重,宦臣定当遵旨。

何道生从养心殿退出后,又由中使直接驰送到顺天贡院入闱。

何道生所参加的四科顺天乡试,共得如下一时之选才俊:

王绍兰,浙江萧山人,乾隆五十八年(1793)癸丑科进士,官福建闽县知县,兼海防同知,泉州府知府,福建按察使、布政使、巡抚。

丁履泰,嘉庆四年(1799)已未科进士,江苏武进人,官河南叶县知县。

梁承福,浙江山阴人,乾隆五十九年(1794)甲寅科顺天乡试出何道生门,官江西建昌府知府。

王鼎文,内阁中书,曾任《钦定平定教匪纪略》校对官。

邹植行,江苏无锡人,嘉庆十年(1805)乙丑科进士,后官山西学政。

郑锡琪,江苏靖江人,嘉庆六年(1801)辛酉科进士,翰林院庶吉士,历官户部四川司主事。

赵秉淳,江苏南汇人,乾隆六十年(1795)乙卯科顺天乡试出何道生门,后官湖北监利、恩施、郧西、崇阳、武昌、大冶知县,蕲州知州,两充湖北乡试同考官。

朱彬,江苏宝应人,乾隆六十年(1795)乙卯科顺天乡试出何道生门,后以《经传考证》《礼记训纂》成为经学大家。

彭蕴辉,江苏长洲人,嘉庆四年(1799)已未科进士,翰林院编修。

张师泌,浙江湖州人,嘉庆四年(1799)已未科进士,翰林院编修,刑部郎中,著有《华室诗钞》。

刘熏,直隶玉田人,嘉庆三年(1798)戊午科顺天乡试出何道生门,嘉庆六年(1801)辛酉科进士。

杨景仁，江苏常熟人，嘉庆三年(1798)戊午科顺天乡试出何道生门。官至刑部四川司主事，安徽司员外郎。有集狱案的《式敬编》和采救荒善策的《筹济编》，另有《经进诗文钞》《诒砚斋文钞》等。杨家是常熟文化家族之一，有清一代出了六位举人，三位进士。何道生选拔提携杨景仁成这个文化家族第一位举人，与其文化家族的最终形成，意义不可谓不重大。

同成科举佳话的是，兄弟同榜进士的何元烺、何道生于乾隆五十九年(1794)，同为甲寅恩科顺天乡试同考官。此后，何元烺又充为嘉庆五年(1800)庚申恩科顺天乡试同考官。

两渡何家充为乡试同考官的还有：

十三世何辉绶，道光三年(1823)癸未科顺天乡试同考官。

十三世何耿绳，道光五年(1825)乙酉科陕西乡试同考官。

十四世何福咸，咸丰五年(1855)乙卯科、咸丰八年(1858)戊午科顺天乡试同考官。

十四世何福恩，咸丰八年(1858)戊午科浙江乡试同考官。

十三世何焕组，咸丰九年(1859)己未恩科江南乡试同考官。

嘉庆元年五月十一日(1796年6月16日)，何道生被嘉庆皇帝记名以御史用。在其第四次充为顺天乡试同考官之前，实授刑部都察院山东道监察御史(正四品)，是为两渡何家第一位御史。

监察御史职掌纠察内外百司之官吏有无违法失职之事，在内清查所属各衙门处理狱讼案件有无拖延枉曲，监视文武乡试会试，在外巡盐业、漕运、粮仓，还要提督学政，如遇皇帝在国子监"辟雍"讲经学，还要随侍皇帝左右，皇帝升殿朝会文武百官，也要参与，对那些有失仪态者纠参。监察御史之所以有"风宪"之称，意即为皇上的耳目之官耳。

嘉庆四年正月初三日（1799 年 2 月 7 日），太上皇乾隆帝崩，嘉庆皇帝开始亲政。亲政伊始，就以查办和珅腐败集团案拉开了惩治贪污的大幕，时称"咸与维新"。亲政之日起，嘉庆皇帝颁发谕旨，要求"凡九卿科道有奏事之责者，于用人行政一切事宜，皆得封章密奏，俾民隐得以上闻，庶事不致失理，用付集思广益至意。"意为"求治之道，必期明目达聪，广为谘诹，庶民隐得以周知"。何道生以《敬陈亲政四事疏》上奏，直指沉疴时弊：

陈请一："禁进献"。

乾隆皇帝后期，各省总督、巡抚除了接受下属的土特产外，还大肆收受古玩书画，何道生以为：总督、巡抚为封疆表率，最重要的就是廉洁。如果"进献"之路一开，一些不才、不贤，品行不好，没有操守的贪官污吏就会借口给京官和皇上身边的大臣送些礼品，索取知州知府，知府再索取知县，如此层层递取，必会摊派连累到民间。乾隆皇帝时对此曾加之戒饬，意至深远，但屡禁不止。所以他很担心嘉庆皇帝亲政伊始，总督、巡抚之中会有一些人，以各种名目进贡这些东西，不可不防其渐。于是恳求皇上申明圣训，晓谕诸臣，使众周知：一个吏治源清的朝代，绝不能把土特产和古玩书画当成正事，这些都是贻害社会的异物，诸臣惟当砥砺，养成不邪曲、不苟且的品性，洁清自好，立志不移，方能协助好皇上整治吏弊，正本清源。

陈请二："饬吏治"。

亲民之官,太守、县令为重。何道生认为:滋扰朝廷的川楚白莲教教乱,多由太守、县令不称职造成;太守、县令不称职,又多由总督、巡抚徇私包庇之过;太守、县令之贤不肖,自处如鼠,都是从总督、巡抚那儿学来的。如果总督、巡抚能整饬自身,做出榜样,为下属示范,洁己奉公、奉公守法的官吏必提拔,贪腐行劣的坏官必惩罚,那么一省之中,虽不能尽皆良吏,但上行下效,大法小廉,有所愧而自勉,作奸犯科之徒,便自无所容。今之总督、巡抚,不能整饬属员,半由于不能正己,半由于官官相护,避忌处分,惟无瑕者可以责人,己之不正,何能控制约束住属下?而太守、县令获罪,总督、巡抚下面的承宣布政使司、提刑按察使司、都指挥使司和布政使司的左右参政、左右参议,按察使司的副使、签事,俱有失察之咎,故隐忍不发。这些官吏,以观后效者有之,互相蒙蔽,苟图无事者有之;因循姑息,遂致酿成事端者亦有之。此为当今急务,不可不大为整饬。于是,他恳请皇上下令给部臣大员,嗣后各省太守、县令如有贪污案败露,或因六科给事中和都察院监察御史论劾,或因士庶控告者,必严究其上司各官徇私枉法、包庇之罪,以警醒官吏不要违法失职;至于该省总督、巡抚自行参奏者,其从前失察之过失,不妨稍恕。如此,或许地方大吏,皆知在任期内无所祖护,不敢庇护,吏治才可以整饬。

　　陈请三:"达民隐"。

　　民众的痛苦之所以不能上达,半因总督、巡抚的徇私庇护,不能整饬,半因上诉的案情不能追问到底。向来凡有上诉之案,或由钦差大臣质对讯向,或交该省总督、巡抚提审,而经钦差大臣质对讯问,总督、巡抚所办的案件,归罪于地方官吏的不过十之二三,归罪于原告的却有十之七八,往往糊涂了事,两败俱伤。推其缘故,皆由于外省回环保护的恶习牢不可破,而弥缝之术更是多种多样,防不胜防,故往往造成审问之人矢正矢公, 把原告折进大狱。而本省官吏一看到钦差询查冤枉之信,即将全案情形伪饰装点,不使稍留疏漏,所以查办之人很少有不受其蒙蔽的。至于钦差所过州县支应供给,其弊更有不可胜言之处。皇上所差大臣一二,带随员一二人而已,而大臣出差所带随员及家人,较之定额超过不止五倍! 所到之处假钦差之势,鞭挞州县办差人役,明目张胆索要钱财,简直到了贪得无厌的地步,闹得乡里不宁。更有甚者,还把所住公馆里的铺陈席卷一空,所讯之案尚无一点进展,而沿途已是不胜其扰。所以陈请:嗣后凡有上诉之案,其与总督、巡抚并无干涉者,即交该总督、巡抚据实审办;其牵涉到总督、巡抚的案子,恐致庇护获得者,立即提犯进京,交部臣秉公严厉审问,务期水落石出,以成证据确凿的判决;倘有必须亲至其地踏勘情形的案子,交邻省大员就近查勘,分别奏咨,归案办理。如此,或许驿站不至骚扰,而民众的痛苦才能上达。

陈请四:"厘驿政"。

国家设立驿站,凡马匹驿夫皆有定额,草料和雇募民夫的价格皆有奏销,原于平民百姓毫无扰累。可各省地方官奉行不善,借差使之名大开摊派钱款之路,把马价折成草豆让平民百姓纳捐。乡里一遇紧要差务,格外私派累民者有之,引兵拘捕犯人,让民间出行旅费,用骡头马匹充抵驿骑者有之。于是,有志于做个好官的候补官员,无不以交通频繁便捷的州县为畏途,而不肖者反以这些州县为肥缺。至于来到这些州县当官的知州知县,则无论好官坏官,皆以办差为要务,其精力和才干主要用于筹划安排派差和马夫上了——半用于奔走接待伺候，半用以从本州县走后下程的铺垫。而其间，敲诈勒索，应接不暇。有忠厚老实、奉公守法的官员，面对这种世道，唯有低首下心，以苟且免于赔累为幸，断不能尽心民事；其无能者又皆纵容传递文书的小官吏与差役，多方勒派地方之脂膏。盘剥愈深，奸人之囊获取的不正当利益愈厚，而贪诈者往往假托某一事由作为借口捞取，难以满足的贪欲，更不必言。陈请皇上敕令各省总督、巡抚，申明定例，转饬有驿站的州县，遇有差务，务照兵部所颁布的规定，勘合人马定数，支应如有不遵定例者，额外索要卡拿者，即可直接举报到兵部和各主管科吏。各总督、巡抚也要责成道府，不时稽查。所属州县如有借口办差派累百姓者，立即揭报参奏，倘若隐瞒不办，别经发觉，即将该上司一并严议。如此严切训谕，才能使之地方畏惧，不敢胡来，驿政才能清厘，而民无摊派捐款之忧。

何道生《敬陈亲政四事疏》上奏之后，嘉庆皇帝即宣谕严禁贡物：外省备办的各种贡物，"岂皆出自己资？必下而取之州县，而州县又必取之百姓。稍不足数，敲扑随之。以间阎有限之脂膏，供官吏无穷之朘削，民何以堪？况此等古玩，饥不可食，寒不可衣，朕视之直如粪土也。"同时下令免除年节呈进如意之例："年节王公大臣督抚等所进如意，取兆吉祥，殊觉无谓。诸臣以为如意，而朕观之转不如意也。"他警告诸臣，经此次严谕之后，"有将所禁之物呈进者，即以违制论，决不稍贷"。

下"禁献"谕后，嘉庆皇帝得悉由新疆叶尔羌采解的大块玉石，因为道路难行，难以按规定时间抵达京城，请准延期。即下令将"所解玉石，行至何处，即行抛弃，不必前解"。宫里采办的这么一块已运到半途的玉石，经工匠加工雕刻后即可成不知何等贵重的宝玉，就被嘉庆皇帝一句"行至何处,即行抛弃",抛弃在进献途中的荒山野外,实足显示了嘉庆皇帝禁进献,弃陈玩的决心。

嘉庆皇帝亲政后,掀起的这场"咸与维新"之风,语出《尚书·胤征》:"今予以尔有众奉将天罚。尔众士同力王室,尚弼予钦承天子威命。火炎昆冈,玉石俱焚;天吏逸德,烈于猛火;歼厥渠魁,胁从罔治;旧染污俗,咸与维新。"大意为:现在我率领你们众多将士,遵从上天的惩罚,你们应当为王室共同尽力,希望你们辅佐我恭敬地执行天子的威严旨意。大火焚烧着昆仑的山冈,美玉和顽石都要一起被焚毁。天子臣属的过错,其后果之猛烈远超猛火。要消灭的是首恶,从犯不予治罪,过去受到坏的影响的,都要一起走上自新之路。

太上皇帝乾隆帝驾崩后十五天,嘉庆帝就以一条白绫赐与和珅自尽。嘉庆四年(1799)下半年,嘉庆皇帝风闻前漕运总督富纲在任上滥取陋规,旋即对此展开调查。

清朝定都北京以后,为了满足京城皇室、六部衙门、八旗营军和民众对食粮的需要,每年要从山东、河南、江苏、浙江、安徽、江西、湖北和湖南八省征调四百万石米粮,这种米粮因沿大运河收运,故名曰"漕粮"。粮户将漕粮缴纳到州县的仓廒,由州县交兑给运送漕粮的运丁,交兑完毕后,运丁起程上路,运抵北京、通州两地太仓后,一年的漕运就此宣告结束。这项号称"天庚正供"的"南粮北调"工程,事关重大,所以清廷特设"漕运总督"一职,以总理鲁、豫、苏、徽、赣、浙、鄂、湘八省漕务。漕运总督衙门设在江苏淮安,时称"总漕部院衙门"。漕运总督属下有理漕参政、巡漕御史、郎中、监兑、理刑、主事等级别和职掌各不相同的属官对漕运进行管理:督催有御史、郎中,押运有参政,监兑,理刑管洪水、管船厂，管闸的有主事；还有左、中、右、城守和水师等七营兵将，是为"漕标"。按清代官场规矩，漕运总督尊称"漕台"，又因其领兵，故又尊称为"漕帅"。漕运总督的主要职责是节制八省漕粮卫、所，"凡收粮起运，过淮抵通，皆以时稽核催攒，而总其政令"。漕运的督粮道等各文武官员，亦在其管辖之下，是为肥缺，故有"漕为天下之大政，又为官吏之利薮"之说。

富纲（1737—1800），伊尔根觉罗氏，满洲正蓝旗人。初试礼部笔帖式，历官户部主事、郎中，陕西布政使，福建巡抚，云贵总督，闽浙总督，后降授吏部侍郎。嘉庆元年五月十一日（1796 年 6 月 16 日）改漕运总督。富纲索贿案，事出嘉庆三年六月（1798 年 7 月）间调离漕运总督，再度出任云贵总督之时。乾隆皇帝时曾制定了一项规定：官员在其任，凡亏空公项，一律由有关官员赔补和以钱代罚。漕督的俸禄和养廉银每年约有万两，按常理，足够应付一年的开销，但富纲用度糜费，任职三年，赔缴江宁藩库认罚养廉银三万九千多两。这些银子从哪儿来？只能以"赔垫不起"为借口，行索贿之实。其实这也是当时的一种陋规，大家心知肚明，许多离任官员都是这么干的，只不过没人揭发或因人品太坏传闻出来而已。嘉庆皇帝要推行"咸与维新"，要让有贪黩行为的封疆大吏和派出的大员有所收手，就拿富纲作一个典型，进行惩办。

经两江总督费淳初查，富纲为补巨亏，向江苏属下索贿确有此事。嘉庆四年十一月二十五日（1799 年 12 月 21 日），嘉庆皇帝将富纲革职查办，以为大员贪黩者戒。嘉庆皇帝认定，富纲在漕督任内被罚三万七千余两议罪银，仅凭江苏一省索取是远远不够的，归他节制的其他七省肯定也有伸手的劣迹。所以即调闽浙总督书麟接替富纲出任云贵总督,并负责查办富纲索贿案。一个月后,又命何道生巡视济宁漕务,一则暗查富纲在山东漕运所属衙门有无滥取陋规之事,一则实察漕务供张废弛问题,以期裁汰殆尽。

嘉庆皇帝是个不过春节的皇帝。戊午年正月初五日(1799年2月9日),王念孙等官员上疏要求弹劾和珅弄权舞弊。初八日(2月12日),嘉庆皇帝即宣布将和珅革职,逮捕入狱。此次钦命何道生巡视济宁漕务,时离庚申年春节只差三天(1800年1月22日)——皇帝不过节,臣宦何能过得!

何道生急急安排了一下家务,轻车从简,只带了门生郑锡琪一人匆匆上路。车到保定府新城,途遇大雪,仍急行,于己未年除夕之夜(1800年1月24日)赶到河间府。知府姚梁为何道生非常崇敬的前辈,号佃芝,浙江庆元人。姚梁留宿并陪何道生在府邸饮酒,辞旧迎新。文人就是文人,为了和自己敬仰的老前辈良晤,何道生连钦命王程也敢逗留。庚申年新年初一,何道生在风雪中又踏上了王命途次。正月初四日(1月28日)到达济宁后,何道生给姚梁回寄了三首别诗,其二写道:

圣主忧劳极,吾侪报称难。

拟将寸衷洁,剖与万人看。

风俗还淳亟,精神剔蠹殚。

相期在官日,总莫厌寒酸。

大意为:皇帝勤身极思忧劳兴国之策,我辈无论怎么积极努力地办好差事,以图报恩都很难。皇帝连春节都不过,把他"咸与维新"的由衷寸心剖与万人看。社会上的不正风气,虽亟待解决,但一下子归还到淳朴的境地,也不可能,先要从精神上把可能败坏朝政的想法极力剔除掉。希望尚在官位上的我辈之类,不要总觉自己没有得到好处,总嫌自己一副寒酸相,"诗礼家风"本是不怨贫的。

当时的济宁为直隶州,领嘉祥、鱼台、金乡三县。在济宁,何道生用了十天左右的时间查富纲索贿案,凡有其事者,均用驿政密报谳奏嘉庆皇帝。济宁涉嫌富纲案的人一一询审过后,何道生开始沿河巡视漕务。

嘉庆五年正月十五日(1800年2月8日),何道生查阅河漕至东昌,夜宿时为京杭运河九大商埠之一的东昌城内衙门客舍。何道生在客舍里,听到墙外闹元宵的笙歌笑语,如同水之沸,羹方熟一般,而自己的形影在油灯面前,好似冲了一盆凉水那样冰冷。深宵独坐,思想调查富纲索贿之事,有的已日日上奏,剩下的事自己也没有太多的办法和谋略,还不如早日回家的好。在万人欢度元宵节的这一夜,何道生真是想念在京都的家人了。

巡视漕务的钦差还在继续。二月初五日(2月28日),嘉庆皇帝下旨:"富纲在漕督任内,种种婪索情节,已经供认不讳。按律拟以绞决,但念其续任云贵总督时,尚知检束,而剿办猓黑(以彝族等为主的猓黑军,带有民族歧视性的称谓)一事,督率将弁,奋勇搜捕,亦有微劳。因于法无可贷之中,宽其一线,富纲著改为绞监候,秋后处决。"由云贵总督书麟负责审办的富纲案终于定谳,积压在何道生心头的郁闷之气一口而出,巡视漕务的步履也轻快了许多。

二月初九日(3月4日),何道生和郑锡琪来到泰安,恭谒岱庙。在

146

配天门西侧一块阙形方柱碑上,留下了前来恭谒岱庙的隶书题记:

> 嘉庆五年,青龙在涒滩升枋。建卯之月,日次壬辰,巡视济
> 宁漕务、山东道监察御史、灵石何道生以阅宗至泰安,恭谒岱
> 庙。同来者,靖江郑锡琪。

何道生这个恭谒岱庙的题记意思是说:来到岱庙,我看到配天门殿
内祭祀时正是代表东方的青龙在春天来临之际, 望着宋徽宗当年所立
《宣和碑》和明山东巡抚李戴、巡按吴龙征所题"万代瞻仰"四个大字,
深有所感(亦有嘉庆皇帝亲政,命我巡视济宁漕务,此时正看着我将此
事办得如何之意)。二月初九日,巡视济宁漕务、山东道监察御史、灵石
何道生以阅读泰山,恭谒岱庙有所见、有所思而题。同来者,靖江郑锡
琪。

游历完泰山,何道生沿泰安段运河由南北上,一路细查山东漕弊陋
规,磨费月余,五月初始返济宁。

在济宁,他收到早些时致书江苏华亭教谕王苣孙询问漕弊的回信,
内有许多耳闻目睹的潜规则——从州县、运军到仓院、粮厅,各级衙门
和"漕标"利用手中的权力,个个中饱私囊。运丁无不哀叹运一船漕米
要吐三次苦水:一开始承运粮食,就要受管运官吏的敲诈,各种名目的
勒索,每船少则银一二两,多则十余两,船未起航,已费五六十金,此为
"水次之苦";北上漕船经过淮河时,要向漕运总督衙门官吏们表示一
下,每船需交纳贿银五六十两,此为"过淮之苦";运丁到达通州后,为
检验合格,还要用银子来打点关节,此为"抵通之苦"。总之,一句话,从

头到尾都烂透了。在信的结尾,王芑孙还说,他已辞去华亭教谕一职,为稻粱谋,已往扬州仪征书院教书。如果可能,请何道生过扬州一晤。何道生看了王芑孙的信后,觉得与他沿河所巡情形大体上差不多,心情格外沉重,遂致书接任富纲为漕运总督的老朋友铁保,想就漕务问题互相谈谈;另回信给王芑孙,告他巡漕事已结束,待返京都时,会到扬州与他相见。

铁保(1752—1824),字冶亭,号梅庵,满洲正黄旗人。乾隆三十七年(1772)壬辰科进士。吏部主事、郎中、少詹事,侍读学士。乾隆五十三年(1788)授内阁学士,迁礼部侍郎,改吏部侍郎。富纲索贿案发,几乎与何道生巡视济宁漕务同时接任漕运总督。何道生与其有交集,实为其是满人中书法最好的一位,与成亲王永瑆、刘墉、翁方纲,被后人称为"四大书家"。何道生到达台儿庄水驿后,两人把手一握,哈哈一笑,信任与否都不用猜疑。何道生在此与铁保谈人事,谈漕运,谈朝政,谈诗谈书法,一谈就是数晨数夕,徘徊来徘徊去,你诗我酬,我诗你和,直到送何道生往扬州的船来,才依依惜别。

到达扬州,何道生即往王芑孙假馆的樗园。此园在扬州广储门内,由隘巷以入,曲折萧寂,门有古藤,庭列怪石杂卉,蒙茸纠结。丛桂较低,仅能隐人,最者是栢树。堂之东,一榆树盖能蔽堂半,榆树南有屋三楹。堂后有地一亩,种竹数百。何道生见到王芑孙,所说的第一句话便是:"吾兄所言极对,官这个东西真是不可为了!我在济宁巡漕时,曾以兄所告之情问过几位漕官,这些家伙们都说没有的事。可我沿路所闻所见,皆与兄所告吻合。官,实在是太多了,官多,则层层蒙蔽皇帝的事就多;官去,则耳目通达。""官在,则雍蔽多,官去,则耳目徹",这就是何道生对官场官吏的看法！王芑孙听何道生一席言，认为其自警如此，在"咸与维新"的新政下，以后擢升一个什么大官指日可待。何道生假道前来看望性命之友，正值王芑孙贫困最甚之时。何道生见状，心痛难掩，想赠些什么东西给王芑孙，但身无一文可予，最后只好把自己随身所带的四件丝绸衣服送给了王芑孙。王芑孙看出，如果何道生有钱，即使赠他万金也不会有什么犹豫。更令王芑孙感慨万千的是，何道生身为巡漕命官，假道前来，却是空手无余，只有自己的四件丝绸衣服可以相赠性命之友，其为官清廉可想而知。

何道生没有千金万贯，但有对性命之友的真情，也有性命之友对什么是"两袖清风"的理解。

巡漕回到京都还没有两天，嘉庆皇帝就命何道生出守九江知府。何道生对于基层官员之险之贪之瞒，在此次巡漕时已经领教，现在忽然有出守九江之命，他一万个不愿赴任，于是上奏嘉庆皇帝请求入对，以改京秩。嘉庆皇帝以悯其驰驱劳苦，回奏"入对免了，即行赴任"。何道生想见皇上将外放知府改为京官的最后一点希望也没有了，只能以诗慨叹："恩纶特闵驰驱苦，散木终期朴斫施"——我这种终不成器的散木，怎么能当成居百木之首的梓木来使用呢？

对于王命，何道生纵有万般无奈，也没有任何奈何，只能哀叹"人言作吏中年好"，"我真意外成俗吏"。嘉庆五年五月（1800年6月），宦游飘荡了一圈后，何道生又携家带口，踏上了他认为京官外放地方官，其实就是跨入"江湖"的征途。

来到九江，何道生当年所做的第一件事就是"达民隐"。当他接到众多商铺铺主的投诉，说九江市镇内有德化衙役伙同地痞和流民欺行霸市,强征保护费后,格外气愤:一个"三江之口,七省通衢"的繁华商市,居然有不法分子如此作恶,谁敢经商,又有谁敢前来进行买卖活动?但他又深知,九江凋弊,素称难治,一纸"严禁衙役吃拿卡要"的公文根本不管用,于是日日派府役和皂隶站在街市两头巡视,一旦发现有县役和不法之徒前来敲诈勒索,立即缉拿。经过两三个月的防范和治理,不但九江府治之地德化的社会治安大有好转,连带整个九江府域的地痞流民也纷纷落荒外迁。府民从此安枕无忧,商铺至此安心经营,以至于何道生离开九江后的多年,仍有不少商铺店主记得他的功德。

何道生对教育的重视程度也不流于形式和说教。他常到府学亲自授课,对生员的课业,也是亲批亲改。九江硕儒俊彦无不把他比作以《爱莲说》一文而名传千古的北宋理学家周敦颐。正当他准备将治吏更深入一步时,适值湖湘乱民滋扰九江,兵差络绎。何道生虽然不辞劳苦应差,但心力已大瘁;再加九江多瘴,四时不绝,尤以冬天为重。此时,瘴气已在何道生的皮肤上浸患,头痛恶寒,腰背强重,气浮于上,填塞心胸,胸满而闷,服药而吐,愈吐愈烈。不得已,何道生只能向嘉庆皇帝乞求病归。

回到京城治瘴养疴不及一年,严父何思钧于嘉庆六年九月十一日(1801年10月18日)辞世。何道生守制丁忧三年。

及服除,嘉庆十年三月(1805年4月),嘉庆皇帝旨派何道生出任宁夏府知府。何道生得到这个消息,于短暂的乍惊乍喜之后,忽然感到一介文弱书生,到那种以武将统治的边陲之地,根本不会有什么作为。思来想去,仗着愁闷酒后的胆子上书嘉庆皇帝,要求觐见召对,以求改为京官。这次上书,嘉庆皇帝没有拒绝。召对时,何道生说了几条自己当不好太守的理由,竭力恳求嘉庆皇帝能另派适合的候补官员前去,自己只想留在京城,作一个部曹,为皇上当差。嘉庆皇帝以《史记·汲郑列传》汉武帝派汲黯为淮阳郡太守,汲黯不肯前去为例说道:朕之所以派尔去守宁夏,与当年汉武帝顾念到淮阳郡这个地方官民相处得不融洽是同样的事理。朕只想借重尔是一介廉洁之士,更有清白之风的善名,去把宁夏治理好。当年汲黯到淮阳后,不出一年,就把淮阳郡的社会风气治理的大为改变,朕亦希望尔能像汲黯那样,到宁夏后政绩清明。何道生还想说什么,但欲言又止。嘉庆帝见状,再次申命:京秩就不必改了。尔曾作过御史,现在还未满四十,年纪轻轻,正宜为国宣力,为民布施泽惠,成为知府的表率。何道生本想敞开胸臆地对嘉庆皇帝说说自己不想任太守的种种,但在嘉庆帝的温旨劝行下,不得不当起一匹被嘉庆皇帝套在胸前的辕马,承命宁夏之旅。

何道生到宁夏履职消息在其朋友圈传开,朋友们无一不感伤。在朋友眼里,其温纯如其待人,其缜密如其行事,其豁达如其襟抱,其洒落缠绵如其酒酣耳热,这么难得的一位朋友就要到数千里之外的宁夏去了,他们只有以诗酒送别,勉力而为,理政之余,多用书信诗文唱和。从三月到四月间,告别活动延绵不断。三月二十八日(4月27日),何道生赴任前,法式善、杨芳灿、张问陶、伊秉绶、曹锡龄、查揆、钱楷、陶焕悦、张问安、汤藩这些名重一时的人物齐聚太平湖上查揆寓斋,或带来早已写好的送别诗轴,或当场洒泪为何道生题诗送别。还有因故没在京城的师友也以各种不同形式,作了送别诗。那一天送别诗会,尤其令何道生感动到哭出声来的是无话不可的法式善,不但写了四首五言律诗,还特别叮嘱他:君在京无日不画,无日不诗,更无时不酒,无事不忧。到了宁夏,前两项不用说也不一定有闲来做,后两项,君首要戒酒,次除忧愤……

面对这么多关心到细枝末节的高朋故旧,何道生一想到到了宁夏以后,哪里有如此个个学问高深的友人在一起诗书唱和,愈发泣不更声。真正的友人,等着他来最心急,看到他来最心喜,告别他时最不舍,此为友人相交相合之"三最"。何道生身为命官,改秩不允,辞官不能,只能怀着不停翻滚的五味杂陈往宁夏去了。

宁夏府,时为甘肃布政使司所领九府之一,府治在今银川,辖宁夏、宁朔、平罗、中卫及灵州四县一州,治所尚有宁夏和宁朔两县。何道生于五月下旬正式接任宁夏知府。刚开始掌印,他就到宁夏府库盘查有无亏短侵挪等情。不查不要紧,一查就发现库贮支付满营将卒的饷银不敷闰六月,急问府库管事为何短缺?府库告之,前知府因满营将军告知有红白恤赏银七百两急用,日后请领后再补缴府库。在此之前,前知府就以廉俸常添这种亏空,手头无余,情急之下,便取兵饷先垫支了。何道生真是一个纯粹的文人,既已查明库贮不敷支放,自应及早向布政使详禀,或预为筹备,或查明另外隐情,但他既悲怜前任知府,又不愿把此事弄到领银的武将头上,而是心存善良,心想先把闰六月的满营兵饷支付了,等报明下拨的夏季满营兵饷再垫回,这件事也就处理了。于是,他把自己的廉俸银两凑垫,还从嘉庆三年(1798)己未科顺天乡试出他房,荐而未售的静宁县知县潘洁处借银垫付若干。这七百两银子,因内中有小锭银一百五十两,何道生发给宁夏县知县李棠荫,请他转到钱铺易换成元宝三锭凑放,而正是这三绽银元宝为何道生召来了致命之患。

宁夏满营从宁夏府库将闰六月的兵饷解走之后，有将士发现其中的一绽元宝掺和了铅铁，将军兴奎、副都统双喜见状大气，当即传何道生到满营一同验看此绽元宝有无掺假。何道生到满营验看之后，也认为这绽元宝确实是掺和了铅铁，将原委向兴奎和双喜讲了一遍，反复说回去后，即查问知县李棠是怎么回事。但不等何道生查问清楚，兴奎和双喜就将此事向军机处奏参了上去。银元宝掺铅铁在清代是为大罪，尤其是给满营的兵饷出现掺假的银元宝更属罪加一等，奏折很快摆到嘉庆皇帝案前。六月二十九日（8月23日），嘉庆皇帝一看是何道生这个书呆子接任宁夏知府出的事，气就不打一处来，即谕："着倭什布派委明干道员即将宁夏府库逐一盘查验明，有无亏短侵挪，并存贮元宝是否尚有假银在内，据实禀报。知府何道生着先行解任，听候查办。知县李棠荫既经该府委令措款，何得反将掺和铅铁之银锭混合入充数，恐有别项情弊，着革职拿问。倭什布饬提经手人后，研记此项假银系来自何处，务期水落石出。如果该县有私行抵换等，即一并律定拟具奏。钦此。"

　　倭什布，满洲正红旗人，初任笔帖式衔，办理乌鲁木齐粮饷事务，后升四川松茂道道尹。乾隆五十八年（1793）授广东按察使，迁陕西布政使。嘉庆二年（1797）授山西巡抚，改河南巡抚。嘉庆四年（1799）迁湖广总督，嘉庆五年（1800）降湖北巡抚，一年后复迁湖广总督。因管理军需不善，多有贻误，于嘉庆六年五月（1801年6月）被革职。嘉庆七年（1802）十二月，迁山东巡抚，嘉庆八年（1803）迁两广总督，嘉庆九年（1804）改陕甘总督。

　　接到七月初六日（8月29日）吏部转来的上旨，倭什布即遵旨查办从宁夏府库支领夏季满营兵饷内元宝锭掺和铅铁案。先将何道生解任，宁夏知县李棠荫被革职提问。审讯李棠荫后，事情果同何道生前与兴奎将军所说的一致，问题恐怕出在宁夏银铺铺主张料寒在加工碎银上。于是，倭什布又檄调何道生到兰州，同时押归钱铺铺主张料寒，发藩、臬两司严加问讯。

九月，已被免职的何道生被檄调到兰州，接受"组织"调查。在关押他的兰州寓邸，何道生作有生前的最后两首诗：

兰州寓邸偶作二首

政拙原难剧郡膺，当场傀儡强教登。

形劳案牍嗟何益，气识金银愧未能。

官舍荒于无佛庙，客心冷似在家僧。

萍踪漂转浑常事，却使空囊累友朋。

旅邸惊心欲岁寒，直同漂泊向边关。

宦情似叶将辞树，诗思如云懒出山。

已遣穷鳞成误触，争教倦翼不思还。

平生豪气消磨尽，遮莫霜华染鬓斑。

兴奎于六月二十八日（8 月 22 日）参奏何道生案，四天之后就被时任山东道监察御史的何元烺得悉，他在当天致何道生的信札中说："前月廿八日，将军兴奎奏到闰六月兵饷有掺杂元宝一绽等语，细阅原奏，似与吾弟故意作对！可见世间未必尽系好人，不可托大也！而弟当下对

154

付之语,亦欠斟酌:饷银自系领自藩库,既有掺杂在内,外观旨交验督查办,自有公论,将日定有云开见日之时。而到任之初,即遭弹射,未免不顺气耳。"信中除了责备何道生应对兴奎语欠斟酌,还对他做好人好事,反而惹火烧身给予告诫:"可见世间未必尽系好人,不可托大也!"

倭什布很快将事情真相查明:何道生和李棠荫实无亏挪搀用情事,掺假元宝系由宁夏县银铺铺主张料寒所为。嘉庆十年十二月十三日(1806年2月1日),被宁夏将军兴奎原参何道生、李棠荫解任革职之处分,由吏部掌理藩院事务的大学士庆桂查销开复,官复原职。

何道生官复原职了,可问题又来了:他的儿女亲家刘大懿于一个月前升任甘肃按察使(正三品),何道生该回避在甘肃任何一个州府任职。按照出省就近的回避原则,倭什布上奏了一个对调方案:"宁夏府知府何道生与臬司刘大懿系属儿女姻亲,应行回避,照例于陕西知府内拣员对调,请于同州府知府洪范、凤翔府知府王骏猷、汉中府知府朱绂,三员内钦定一员,与何道生对调。"嘉庆皇帝一看倭什布的奏折就火了:"所奏殊属非是。外省有应行回避人员,在于总督兼辖省份对调者,该督抚应酌量缺分繁遴选合例之员,奏明请旨调补。即或该省可调人员内,多与例未符,无指明堪以对调之人,亦应于扣除各员之外,慎选一二人,出具切实考语,分别差等,奏明候朕闲用。今倭什布将洪范等三员笼统声叙,未注考语履历,并人地是否相宜之处,亦未据奏明,各直省从无如此办理者。倭什布原折着驳回。其宁夏府知府一缺,仍交该督等拣员奏请与何道生对调。"

封疆大吏与皇上扯皮之时,何道生郁郁寡欢更剧,日日以酒消愁,回复故旧的书信,不类平生,工整精细不在,粗恶粗糙有余;也不与京

有耕岩信来趙□次就此饭也王若□□□□有
尚敕雲南府而遺我此時如任兴末弦但是
陸擬脱年細束人生饭海昔□救好洗去
亲休答一切春如任運復信天□之年不可有心
趙迎转覺多子睡□西已衆寓合平寧三
和已拫捐目鶴劳不继想之□□□□也
周莉坝有南向饭雲州长其春人古任好假先饭
我别回校渠日有書茶不參怡佳俟復高□□
七月初言兄砚農書

告变稽替查办自有□□适将□空之有雪前兄日

之时而到任之□□适译射未免石顺气乎

黄七爷本能明面向伊出亲不远边道未

能兄美扬来资兄余晓计书至九月间□春

似考假彼时再空刀止为安延师子侯与时帕

旭峰语曰高之趣云饶□积高者有栋

似诗伊赴着之□此时赴面中而利有而

就卫年以将秋着各秋茑有一□动僭列面

之俱图来半廷札政方中迅古未授雾到必

嘉庆十年七月初三日，何元烺致何道生书札（十八世何引藏）

城和外放为官的朋友言说自己有病。嘉庆十一年七月十八日（1806年8月31日），以病骤亡于宁夏府任上。病亡时，无一亲人在其旁。"政拙原难剧郡膺，当场愧俪强教登"——一个好端端的循吏，就这么义愤填膺地气闷死了。

同年同月，倭什布终于选定了凤翔府知府王骏猷与何道生对调。此时，何道生已报病故。于是又请将王骏猷仍留本任，其宁夏知府缺，请以秦州直隶州知州王赐均升署。

同年十月，倭什布被嘉庆皇帝革职，四年后卒。

七　天才文士何道生

　　乾隆四十六年(1781)夏,经训学家顾九苞在天津病逝。就在他的灵柩将被运回江苏兴化之际,何道生写了《哭顾文子师二首并序》。这是一代经训大师逝世之后,最早的一篇悼文和悼诗。"并序"不足百字,却把顾九苞的生平和学术成就概述殆尽,另把为何刚中进士就要归乡及病逝的原因说得清清楚楚;而悼诗,没有多少回忆受业的情景,更多的是哀痛先师的命运不济和学问的无传。这一年,何道生仅仅十五岁。

　　　师讳九苞,文子,其字也,江南兴化人。博学,自力于经史,
　　诗、古文、词皆有原本。戊戌以选贡入都,庚子、辛丑连取科第,
　　然竟不得京秩。时朝廷开四库全书馆,当事以分校荐先生,以
　　太夫人年老辞不就,促装归,至天津,疡发于颈,月余竟卒。今
　　闻其旅梓将归,诗以志痛。

　　　啮指关心切,翛然别帝畿。
　　　谁知三载客,空见一棺归。

泪向羁途尽,魂依水驿飞。

遥怜依闾者,犹望舞斑衣。

藉甚通儒誉,希冯许继踪。

官迟才未展,名大福难容。

散佚诗千首,轮囷气一胸。

谁能传法乳,接武望超宗。

顾九苞(1738—1781),字文子,一字苟南,江苏兴化人,经训学家。注疏五经颇有心得,对毛诗的注疏最富成就,擅长辞赋,文风"典重古穆",为扬州学派代表人物之一。乾隆四十三年(1778)以拔贡入国子监读书,乾隆四十六年(1781)辛丑科会试连捷进士。因未如愿分发京官,借孝老母,辞四库全书馆分校职,匆促整理行装归乡。至天津颈后痈疮处破溃,急性化脓,不幸月余而逝。

何道生悼诗第一首是说:顾九苞一入京,便被其父何思钧请为他的受业师,有三年受知之恩。当顾九苞超脱地辞去馆职归乡时,他极为痛心。但令他没有想到的是,在匆匆回家的路上突生意外而卒,盼着他回家的亲人,盼来盼去,盼到的却是一具让人不知痛楚多久的棺材。这样的归途,旅榇的人会有多少悲伤的泪水洒落,而恩师的魂灵却在水路驿站上飞归。遥想恩师那可怜的母亲还在倚门而望,但恩师再也不能穿着彩衣,作婴儿戏耍,以娱您老了,这又是一件多么痛不欲生的事端。

第二首是说,顾九苞是位卓著的、学识渊博的儒学大家,是继南朝顾野王之后的又一位文字大师。可惜中进士太晚，通才未展，名气很大，福气却不相随。先师所作诗词歌赋千余首，也在天津失散，积聚了一生的学问尽数断绝。谁能再传这些哺育众生的学问呢？继承者只能指望有谢超宗那样稀少的天才人物了。

何道生在悼先师顾九苞的两首诗里，用了老养父母的孝亲典故。"老莱斑衣"语出南北朝至隋唐时著名书法家、文学家虞世南所编《北堂书钞·孝子传》，是说春秋晚期思想家老莱子年逾七十，父母健在，为博取父母的欢愉，他特意穿戴上婴孩的斑衣花帽，耍拨浪鼓，手舞足蹈，在父母面前嬉戏，装出孩童天真烂漫的活泼神态，使双亲在耄耋之年得到了欢乐。"希冯"为谁，恐怕就不是一般人所知的了：顾野王（519—581），原名顾体伦，因其仰慕西汉精通《诗经》的山西潞城人冯野王，遂更名为顾野王，取字希冯，寄寓着自己能与冯野王一样在经学上取得成就。顾野王后来果然编纂出我国第一部按部首分门别类的字典《玉篇》，成为南朝时的文字训诂学家、史学家。何道生以顾野王比喻顾九苞。而"超宗"一词，则出自《南史·谢超宗传》："超宗殊有凤毛。"

小小年纪，能用只有学问中人才知道的历史人物来比附先师，完全得益于顾九苞。何道生初受业时，性情拘谨而固执刚直，又不善应酬，只会读书写字。受业后，顾九苞循循善诱，诲人不倦，三年，竟识得籀篆和石鼓文九千！课余，时时苦吟到半夜三更，每得好句就向顾九苞得意地背诵，顾九苞听后，每每都说不错不错。待何道生诗作已成一卷时，顾九苞把何道生的这些诗辑为一集，雇请专事誊写抄书的小吏誊缮。一月之后，当抄书的小吏将砑纸红线、誊缮精良的诗集送来后，一些富豪都夸奖何道生，这么小的年纪，写出这么好的诗，太了不起了！

顾九苞辞官归乡前，拿上这本诗集，领上何道生到经学家、诗人程晋芳的"戴园"请拜受业，介绍何道生说：这是我的门生，荷花何，字立之，号兰士，属兔，经史书籍读得很多，文章华采飞扬，锦绣绚丽；有诗人的天才，开口即是高耸挺立的气派，往往有神句，老眼为之震眩。此子如果在您的门下引导扶植，激发鼓励，定会出类拔萃。

程晋芳（1718—1784），初名廷璜，字鱼门，号戴园，安徽歙县人。乾隆三十六年（1771）辛卯科进士，由内阁中书改授吏部主事，迁员外郎，纂修《四库全书》。藏书五万卷，著述颇丰，有《戴园诗》三十卷，《勉和斋文》十卷。听罢顾九苞的一番介绍，程晋芳启口张须，颇为激动地说：后生才艺胜人，我十分喜悦，收了。

开课头一天，程晋芳就令何道生放声吟哦诗文，读得正确、流畅，并读出了诗文的味道，程晋芳就不停地用手拍打着扇子，点头赞许之时忽又振臂叫好；读得不对，诗文味道软塌，他又突然间侧身想着哪里还可改进。批改课业时，凡错字、误字，程晋芳都用朱笔涂以雌黄，而整体的评量则细细批注于上。句子或好或坏，旁行批注若飞霰，卷尾则有指导意见数行或数十行。数年下来，程晋芳对何道生说：你的诗，思清笔炼，有南朝文学家萧子晖揄扬寓讽谏、沉着亦痛快的传统，你们山西有个吴莲洋，诗写得不错，如继续保持这种兴致，你可取代之。

吴雯（1644—1704），字天章，号莲洋。祖籍辽阳，寄籍山西永济。有《莲洋诗钞》九卷。王士禛称其"仙才者"，故声名大噪。为了让何道生成为山西诗坛的领军人物，程晋芳为他推荐了十二岁时已能咏诗，十五岁就帮文士吴友篁校订《七十二峰足徵集》的张埙为受业师。

张埙（1731—1789），字商言，号瘦铜，江苏吴县人。十余岁即能填词。乾隆三十年（1765）中举，乾隆三十四年（1769）以内阁中书入职四库全书馆充编校。诗才横厉，以清峭胜，有《竹叶庵集》三十三卷。在何道生的眼里，张埙个特殊、非凡的人，伉爽而谦抑。初与张埙习，先讲《诗经》的《雅》《颂》，以十篇为一什。张埙对何道生说，你的文笔甚超脱，辞汇聚集的也多，但逸气有余，深思则稍显不足。如果少加以厚重，再务求其妥帖就更好了。不能写了几卷诗就心满意得，要使"诗言志，歌咏言"的锐志长存，才能在这个天下皆诗人的乾嘉诗坛卓尔不群。我在你这个年龄时，诗才还不如你敏捷，但你到了我这个年龄，可能会有很多可以流传下来的诗卷。

顾九苞说何道生"诗才实天授"；十多年后，大学问家王芑孙在"诗课"上屡见何道生八韵诗脱手如弹丸，叹其"天才弗可及矣"！与过去和现在一写成功人士，都是什么"少年颖慧"、"勤学苦读"的虚套不一样，这些都是真实的历史记录。何道生确实也是个天才。其父何思钧买下的全套《四库全书》子集，他都看过，不但看得快，还能过目不忘。读书人能过目不忘，历来是被同为读书人赞羡的一种天分。两渡何家人读书人成百上千，但没有一个人能像何道生这样，过目不忘，而又很快默化为自己的文句出口成章，举步成诗。可如果没有上述三位高师的训导，尤其是张埙的劝勉和激励，他也不可能成为一个诗风长啸、诗格特立的大诗人。何道生对诗书人生的苦苦追求，故事很多，国子监祭酒法式善，他一生中最要好的友人所述其亲历，就属空谷足音一类。

乾隆五十五年（1790），何道生扈从乾隆皇帝驻跸承德避暑山庄。那时法式善是以讲官学士跟随而去的，还不认识何道生。法式善住在僧舍，夜不成寐时，常常就着瓦灯书写日间所得诗句。一日深夜，法式善书罢,正瞑目静坐,忽闻墙外有吟诵诗的声音飘来。他奇怪这是哪个诗痴? 于是爬到短墙头上一探究竟,只见何道生一人立在苇棚下诵读诗文。遂跳下墙头,互报姓名后开寺门请何道生进屋。两人相见恨晚,谈诗达旦。自此后,何道生和法式善晨夕必在一起。直惹得乾隆皇帝都有些奇怪:一个"诗龛"还不够,又拉上一个"诗性灵"……

"诗龛",是以法式善为盟主的北方诗坛盛行的"性情派";"诗性灵",是以袁枚为盟主的南方"性灵派"。法式善认为,诗歌是表达人的性情的,有情乃有诗,是以性情的有无真假作为衡量诗歌好坏的标准。而袁枚则主张,作诗最重要的是要有诗的风趣、性灵,两者都与天才相关;有风趣、有性灵,便自然有格调、格律;骨子里没有诗性的人,不必作诗。北方诗坛的活动中心在法式善的松树街寓所"诗龛",不远处即明文宗李东阳的故居,南方则在南京袁枚的"随园"。"诗龛"是何道生最常去的场所,"随园"则是离他诗心最近之地。

何道生一班诗人在雅集时,常常讨论诗学之事。有一次,法式善、王芑孙、张问陶、李如筠、杨芳灿、徐嵩在何道生的双藤书屋,为了唐诗和宋诗的孰好孰坏,几个人几乎到了卷袖动手的地步。

杨芳灿(1754—1816),字才叔,号蓉裳,江苏常州金匮人。乾隆四十三年(1778)应廷试,以拔贡一等用为知县,官伏羌知县,后以军功补灵州知州。嘉庆三年(1798)升平凉府权知。嘉庆四年(1799)改捐户部员外郎,广东司行走。嘉庆六年(1802),被举为《会典》纂修官,两年后升会典馆总纂修官。早年为袁枚受业弟子。著述颇富,诗词文兼善,骈文尤工,为乾嘉之际一大家,有《芙蓉山馆全集》传世。

徐嵩(1758—1802),字朗斋,号镜唐,后改名徐鑅庆,江苏金匮(今

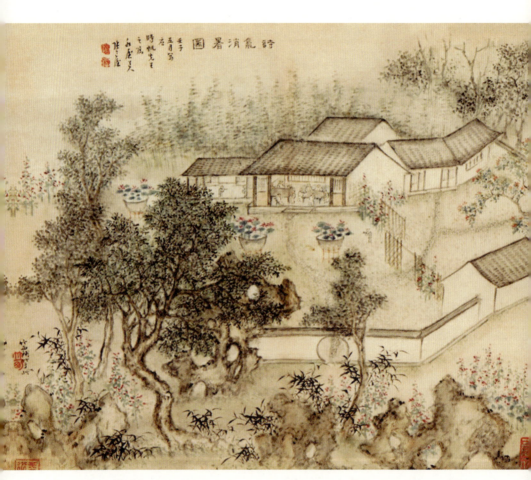

何道生藏张道渥绘《诗龛消暑图》（由十六世何泽瑛代表兄姊弟八人捐献苏州博物馆）

166

江苏无锡）人。少负异才，文笔高华，为诗雄健不拘。乾隆四十八年（1783）乡举，被主考官谢金圃赏识，定为第一，后因策试没到场而被取消资格。谢金圃把他的考卷刊出后，京师广为流传，被誉为"下第"的江南第一才子。乾隆五十一年（1786），再试丙午科乡试成举人，后官湖北蕲州知州。

何道生诗崇宋代的苏东坡和陆游。他说苏东坡是矫矫人中一条龙，一掀髯一吐气都是天空中的一道道长虹。陆放翁是一只诉说胸中抑塞的怒虎，一落笔就能惊哭天地，飒刺风雨。二公骨骼都是神，好诗字字常如新。黄庭坚的诗羞涩乏神骏，娇如《汉书·五行志》所描述的"河间姹女工数钱"，实在没有什么诗意。何道生说，我远攀李白、杜甫，近桃苏东坡和陆游，再看黄庭坚那几个江西诗派诗人的诗就不能双手捧着看了。文章自古就重在公众心目中所占据的地位，你们现在胡为议论，有的是重新评价，有的是反思，有的是回归什么害了几辈子人的学派，有的是重走不合时代潮流的江西派老路，对此我非常不满。宗唐桃宋，我要继承到像"三尺律"那样严格，句句计较，字字不易。

何道生他们争吵时，徐嵩只是听着，一言不发。争论没有个结果不行，于是争执双方请徐嵩给下一个结论。徐嵩只是仰天长叹，大家都问他为何叹息？他说："我只恨唐朝的李白比不上周朝的姬氏。倘若唐朝也像周朝那样可以存在八百年，那么宋、元、明三朝所作的诗，都该叫作唐诗了。我不知你们对这种事为什么还要争论不休？要知道，讨论诗的好坏，只能讨论精致和拙劣与否，而不要讨论朝代。譬如说，金玉宝物，在今日被挖掘出来，不能说不是宝物；破石烂瓦，即便是从上古传下来的，也不能说它是宝物。"争论双方听罢，都闭口不言，各回各家去了。

也许正因为才气太盛，不数年，徐嵩自缢于寓舍。身后由著作家、思想家，历官至体仁阁大学生的阮元为之刊行了《玉山阁集》。从此以后，何道生也不和人争辩什么诗崇苏东坡还是黄庭坚好了，而是继续以苏东坡的豪放和陆游的忧患进行着古今体皆备的诗歌创作。为此，他专门请了与两渡何家有着两世之交的董浩，书写了苏东坡《晚入飞英寺分韵得月明星稀四首》中的第二首，以示孤舟奋进的决心：

> 清风定何物，可爱不可名。
> 所至如君子，草木有嘉声。
> 我行本无事，孤舟任斜横。
> 中流自偃仰，适与风相迎。
> 举杯属浩渺，乐此两无情。
> 归来两溪间，云水夜自明。

与何思钧同住在烂面胡同，从小看着何道生长大的大诗人、大评论家王昶在他著名的《蒲褐山房诗话》中说："予曩在京师，与兰士比邻而居。尊人编修君思钧，朝夕过从，故自小识之。乾隆己酉，予由江西入京，始见其诗。风骨清苍，如千金战马腾溪注涧，无所不宜。山西自泽州相国以来，若莲洋居士，清妙则有余，排奡则不及也。十年来，与法侍讲式善、张检讨问陶、杨农曹芳灿诸君，互相唱和，而才锋之峻，则皆敛手避之。"

这则诗评是说，何道生的诗纯净透明，没有任何乱七八糟的东西混

168

清風定何物可愛不可名所至如君子草木有嘉聲我
行本無事孤舟任斜橫中流自偃仰適與風相近舉杯
屬浩渺樂此兩無情歸來兩黯間雪水夜自明

蘭士年學兄先生屬書　柘林董誥

東菑蒲禪亂青袍目斬渠

田種一刀社設師錢社賨

挽兮言整理鳳凰毛

吳震

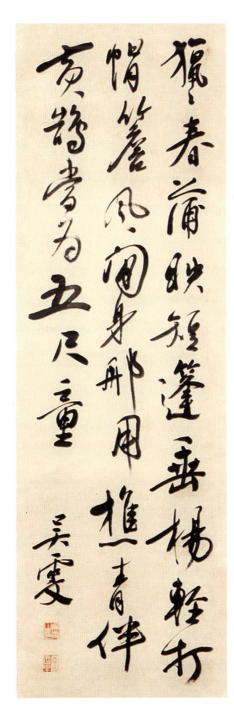

獵春蒲映短篷一桁楊柳行悄簷風囧身那用樵青伴賣韻書為五尺童
吴雯

何道生藏吴雯行书七绝诗轴（由十六世何泽瑛代表兄姊弟八人捐献苏州博物馆）

171

杂在内,如千金战马奔腾在河溪间,溅起的水花都是那么铿锵有力。山西诗坛自泽州陈廷敬之后,即使是吴雯,也是清妙有余,矫健无力。十年来,何道生与大学问家法式善、大诗人张问陶、杨芳灿诸君互相唱和,其诗才和诗锋之峻峭,令这几位好友都对他另眼相看。

王昶的诗评自是一家之言,何道生也并未因此而沾沾自喜,反倒对两位乡贤傅山和陈廷敬表示出了极大的崇敬之情。前者有他二十余岁时所作的题画诗《傅青主先生画竹》:

> 画师画竹爱画叶,先生画竹爱画节。
>
> 节节挺特不相让,苍于古松劲于铁。
>
> 老树着花不肯多,瘦叶萧萧只数撇。
>
> 先生之性竹与同,肯向画师谈笔诀。
>
> 肝肺槎枒醉后生,纵笔写来自横绝。
>
> 我法我用我即竹,宁与老可较优劣。
>
> 虚堂读画更题诗,瑟瑟秋声扫残热。

乾隆五十五年(1790),他为同年胡永焕所藏《傅山草书宋人绝句真迹》题诗中有充满爱意的诗句:"《霜红龛集》吾最爱,奇句突出无曹朋;复睹此书绝神妙,以指画肚喜不胜。"

后者有《读午亭文编》诗:

> 追论相业更诗名,海内堂堂一老成。
>
> 此日文章传后死,当时坛坫属先生。

河声岳色精神在,柳雅韩碑气象并。

识得风骚原本意,同时未合让新城。

　　《午亭文编》是陈廷敬的一部诗文集。何道生《读午亭文编》诗的前四句，盛赞陈廷敬巨大的宰相功业，并谓其在康熙朝文坛盟主的地位任谁也无可撼动。后四句是说，陈廷敬的文章既有柳宗元那般雄深雅健，又具韩愈所撰《平淮西碑》的那种叙议相兼的典雅气象。先生本来就追随屈原的《离骚》和宋玉的《楚辞》，所作诗的水准不比清初文坛盟主王士禛差！

　　嘉庆十年三月二十八日(1805 年 4 月 27 日)，几位友人聚集在都门太平湖上，为何道生赴宁夏府任送别。陶涣悦在何道生备下的尺寸统一的诗轴纸上书写下"画书诗各擅三长"之句。

　　陶涣悦，字观文，号怡云，自署自怡轩、墨禅上人，江苏上元(今南京)人，与清代文坛盟主袁枚有三世通家之好。陶涣悦是个典型的袁枚迷，古昔诗人的诗不怎么吟，惟读袁枚的诗。每成一篇，必到袁枚的小仓山房请教。后成《自怡轩初稿》，袁枚为其写了序。陶涣悦在京为官时，与何道生交游极多，极为推崇何道生的诗书画。

　　"画书诗各擅三长"，已是一个文人的最高评价了。

　　何道生诗，第一擅长的是古风。

　　金庸之高祖查揆赞何道生的古风简直是"瓢酌天浆，衣翻霓舞，遏云而拓，戛成吟闻，雷则倚柱，以啸海怀霞想。陵缅尘外之标鳌，掷鲸呿噏呟水上之响，此其才然也。

　　有"诗佛"之誉的吴嵩梁则评论说："灵石在太行以西，山川雄厚，

柔風撤日近清明　走馬揚鞭出帝城　自古循良多太守　及時霖雨
蔚蒼生諫垣直節人爭仰　水部丰標舊有名　坐見賀蘭山色好
俟春柳詩旁迤　宣書詩各檀三長　清慎勤勞片刻忘一代文章
傳海國四科　桃李別門牆　官遷好去陬鄉里才大終宜任外方好
水臣心窈面　奏黃河流邇　　聖恩長

蘭士先生　訓正

先生請訓時面
奏顧沒余職
怡雲陶渙悅呈稿

陶涣悦送别何道生诗轴（十八世何代安保存）

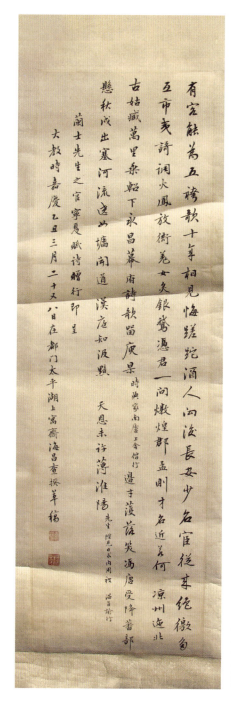

有宅能為五榜歌十年相見悔蹉跎酒人問渡長安少名宦従來絕微官

至市夷詩調火鳳放衛娥女矢銀鶯憑君一問燉煌郡孟則才名近苦何涼州逸北

古姑藏萬里乘舩下永昌幕府詩歌甾庾杲 時典寧南僑上金佪行 遣手護莅笑馮唐受降蕃部

懸秋戍出塞河流遠此壖南道漢庭知渡黠 天恩未許薄淮陽 先生隆見日最內用故 昌揆行

蘭士先生之官寧夏賦詩贈行印主

大教時嘉慶乙丑三月二十又八日在都門太平湖上寓齋海昌查揆草稿

何道生藏吴嵩梁行书五律四首诗轴（由十六世何泽瑛代表兄姊弟八人捐献苏州博物馆）

日暮白雲出飄然珠去還平湖三十頃瞭見畫眉山樹影參差火蟬聲斷續澗
誰知臨水容幽意最相關一雨先秋到湖天將練凉稻花村運里荷葉水亭香燈火
澄澄借冰衫選來嬌歸朱搖醉筆雷電更飛揚樓閣虛明裏斜陽萬御
條記异黄葉路曾過繡澗橋暮網看頵榔澗鵒久見招塵勞今十載對此三觀
鎖詩畫連三味西園旛蓮過身雲功德滿心月妙多道力山同定離情水欲波扁舟吾
已共歸理舊漁蓑

棠室思元主人風雨游園舊作為
舉秋書
蘭雪吳嵩梁

176

君得其气,以为诗磅礴浑灏,不名一体;其用笔之妙,如天马踏阵,奋迅独出,霜隼击秋,矫变异常;要能镕铸古人,以自抒性情非苟作也。"

在有清一代,有"古风"第一人之称的张问陶看了何道生《方雪斋诗集》稿本后题诗道:"同门何水部,诗卷定流传。如我有奇气,与君俱少年。应官公事急,避俗道必坚。不作文人想,挥毫自洒然。""同门"是指同师受业者。何道生乾隆五十二年(1787)会试中进士,出自同考官范鏊之门,张问陶于三年之后,也出范鏊之门,二人先后出范鏊之门,故张问陶题诗起句便是"同门何水部"。张问陶非常羡慕何道生诗中的奇气,笑说,如果我有你那天生的奇气,那我与你当是诗坛一对锐气四溢的少年了。

嘉庆九年(1804),王昶在苏州怀念近五十年来新知旧好,作《长夏怀人绝句》五十五首,其中把何道生和张问陶并列,这首仿杜甫《存殁口号二首》的《灵石何太守兰士、遂宁张检讨船山》后两句是:"此去东华坛坫上,何人诗笔配船山?""何人",就是说只有何道生才能配得上张问陶。

何道生第二擅长的是七言绝句。七言绝句向以神韵绵长为上佳。如江苏长洲李绳的"愁心怕见芜城柳,一路烟丝系夕阳";江苏丹徒李蟠根的"至今燕子无归处,只向秦淮贴水飞";江苏武进大画家恽南田的"寒禽未醒巢间梦,落月无声烟树西";江苏青浦廖古檀的"独倚危栏望秋色,半岩黄叶下夕阳";浙江钱塘施安的"归来更唱铜鞮曲,灯火荒街曳履行";江苏江宁周榘的"可怜黄叶随风起,一叶一声吟六朝",皆有不尽之致。但"诗龛"法式善却说:"吾友何兰士亦有《西风》绝句云:西风昨夜到轩楹,无赖寒蛩策策鸣。一树能添几黄叶,不堪一叶一秋声。

颇不愧诸公。"

何道生第三擅长的便是题书画诗了。他的题书题画诗往往能把在场作画写字的，以及观者的神情写得活灵活现；为友人所藏宋元明名画题诗时，又能把画家及其此画的主旨精神表达得清清楚楚。他的题书题画诗，一般都很长，性之所致，恣意挥洒，有起有收，有赏有赞。有清一代，很少有诗家像他这样在众多名家画作上题诗的了。如他为胡永焕同年所藏明弘治十五年（1502）状元《康海诗卷》、明《黄道周楷书诗册》，法式善所藏《山寺说诗图》《寒林雅集图》，王芑孙的《编年诗稿》，张问安的《海天秋泛图》，张问陶的《船山诗卷》《祭诗图》《雪中狂饮图》，曾燠所藏《西溪渔隐图》，罗聘所绘《金农小像》《岱宗图》《鬼趣图》《鬼关图》《鬼戏图》，吴嵩梁的《新田十忆图》，李鼎元和《登岱图》，钱载为曹慕堂所画《盘山五松图》，曹锡龄的《戒坛合祀图册》，王昶所藏《三泖渔庄图》，以及为自藏北宋画家崔白所画《鹑》，南宋画家陈居中所绘《饮中八仙》所题之诗，均是诗情胜过画意的绝妙之作。

嘉庆五年（1800），嘉庆皇帝钦命何道生巡视济宁漕务。到达济宁后何道生先与相别八年的金石学家、篆刻大师黄易相见。

黄易（1744—1802），字大易，号小松，晚号秋盦，浙江钱塘人。历官山东汶上县尹，阳谷主簿，东平州判，兖州、济宁运河同知。其父为诗人、金石学家黄树穀，其母梁孺人亦能诗，名"字字香"。黄易生而颖悟，又秉庭训，自儿童凛然如成人，即知向学。其父逝后，仰事俯育无所获，为俸养母亲，改习刑名之学，佐人于莲幕，藉藉有声。入幕时，又届兵差，文移鞅掌，能以诗筒铁笔与簿书律例迭进，仍不废其风雅。善古文词，嗜好金石文字，工诗善画，得五代南唐大画家董源，后梁画家关仝正法,所画梅笔意尤为苍秀。研究六书,刻印专师秦汉,曾问业书画家、篆刻家丁敬,遂精篆刻。擅长切刀法,为"浙派"篆刻的开山祖,"西泠八家"之一。著有《小蓬莱阁金石文字》《小蓬莱阁诗钞》《秋盦遗稿》等。早在乾隆五十八年(1793),黄易赴京,在翁方纲的"诗境轩"谈诗论画,翁师傅就请了何道生和王昶与黄易相识,何道生对黄易的"汲古得要领,识字有深功;余事擅书画,笔力善驰骋"非常佩服。

黄易以诗酒相酬数日后,于正月初九日陪同何道生到南旺巡漕。在巡视黄易所督工整治的南旺大运河段后,黄易又安排了一顿家庖酒肴。亲见黄易所督治的漕河工程,汶流畅且清,何道生觉得照的他须眉都绿了;亲尝了黄易家厨所做的隽味异凡俗的酒席,何道生连酒带菜吃得有点醉了。在微醉与尚未醉倒之际,应黄易之请,何道生当场写下了报谢黄易的诗作《小松司马于南旺途次枉馈酒肴诗报谢》:

> 我职河渠书,我志金石录。
>
> 何期遇双并,熊鱼兼所欲。
>
> 天幸已难斩,君意犹未足。
>
> 遗我一尊酒,清醇胜酿醁。
>
> 肴烝出家庖,隽味异凡俗。
>
> 举世尚苞苴,奇珍等酖毒。
>
> 岂我衣食易,爱君风义笃。
>
> 再拜而岂之,重比仁者粟。
>
> 独酌遂陶然,浑忘酒祸酷。
>
> 阅君督治工,照我须眉绿。

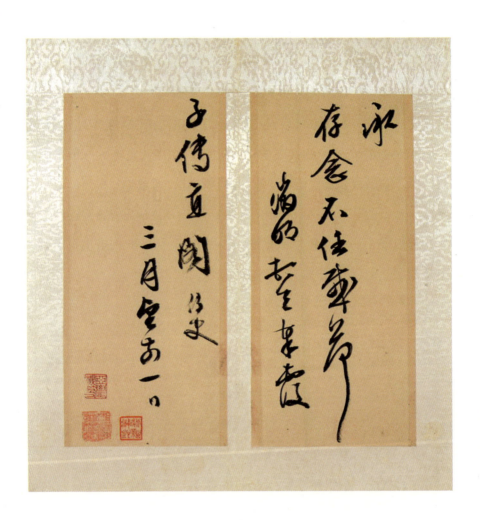

存念不住虔苦

子傅直閣候史

三月金石一口

180

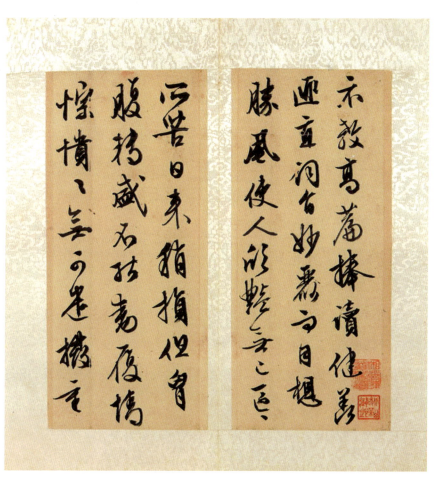

何道生藏文徵明致陆师道书札（由十六世何泽瑛代表兄姊弟八人捐献苏州博物馆）

汶流畅且清,虢虢漱寒玉。

缅维宋公绩,期君为继续。

　　大睡一觉醒来后,在往东昌巡视之前,何道生给已返回济宁的黄易写了一封便笺说,昨夜所作诗,书之草草,"殊不成字"云云。

　　东昌事毕,何道生返回济宁,又与黄易相逢过往数十日,其间还曾到其书斋"小蓬莱阁"观赏过所绘《岱岩览古廿四图》《小蓬莱阁观碑图》,所藏《冒巢民姬人金圆玉女史手制贴瓣梅花便面》,以及一种叫"妆域"的文玩。在黄易处,何道生为《岱岩览古廿四图》,题写了五古四十句;为《小蓬莱阁观碑图》题写了四十句的七言长歌;为其所藏《冒巢民姬人金圆玉女史手制贴瓣梅花便面》题写了三首七律;为珍品奇玩"妆域",不但写了释义"妆域"的文字,还记以五言二百字,是为千古绝唱。

　　何道生将往峄县、泰山,从黄易处借了厉鹗(1692—1752,字太鸿、雄飞,号樊榭,浙江钱塘人)《樊榭山房集》,赵昱(1689—1747,字谷林,浙江仁和人)《爱日堂集》和《泰山道里记》《泰山述记》等书四种,携带途次阅看。

　　何道生登泰山,有诗作《登岱二首》:

盘纡石磴迥凌空,直上飘然俨御风。

瀑练争飞深涧曲,松涛夹泻乱云中。

坪过御帐千峰合,迳指天门一线通。

到此心魂俱肃穆,维东谁不凛专雄。

到顶方知托体尊,举头直欲九天扪。

神威赫赫奔黔首,气象岩岩压厚坤。

大野苍茫归指掌,群山匍匐总儿孙。

填胸垒块森盘郁,却借层云一吐吞。

何道生将《登岱》诗寄给时任国子监祭酒的玉麟,请其指教。

玉麟(1766—1833),字振之、子振,号砚农、厚斋,满洲正黄旗,哈达纳喇氏。乾隆六十年(1795)乙卯科进士,翰林,编修,国子监祭酒。嘉庆五年(1800),授詹事迁内阁学士。嘉庆八年(1803)授礼部侍郎改吏部侍郎,督安徽、江苏学政。道光二年(1822)迁左都御史,后改礼部尚书。道光三年(1823)调兵部尚书、军机大臣。谥"文恭"。

玉麟为何道生撰写了一书幅,专论世人写《登岱》诗之优劣:

赵鹤《登岱》云:"山压星辰从下看,海浮天地自东迴。"胸中不知吞几许云梦也。按:陆次云有句云:"海吸长河远,天包大地圆。"对句极写岱宗之高,俯视一切,较之"海浮天地句"更高简。郭舟屋《登太华》诗云:"湖势欲浮双塔去,山形如拥五华来。"时以为佳句。按:对句尤胜,不减弇州"苍然万山色,忽拥岱宗来"之句。

玉麟论《登岱》诗中的赵鹤,字叔鸣,号具区,江苏江都人(今扬州)。明弘治九年(1496)丙辰科进士,历官户部主事,金华知府。有《书

趙鶴登岱云山礐星辰迸下看海浮天地自東迴胸中不知吞㡳許雲夢也按

陸次雲有句云海吸長河遠天乞大地圓對句極寫岱宗之高俯視一切較之海

浮天地句更高簡郭□屋登太華詩云湖勢欲浮雙塔去山形如搏五華

来時以為佳句摂對句尤縣小減全州蒼然若山气急排㟴宗来之句

蘭士二兄大人雅正

觀農愚弟玉麟

玉麟贈何道生论《登岱》诗书幅（十八世何引保存）

经会注》《五经考论》《具区集》等。"山压星辰从下看,海浮天地自东回"句,出自其《登岱四首》之第一首;陆次云,字云士,号北墅,浙江钱塘人(今杭州),拔贡生,康熙年间官河南郏县、江苏江阴知县。有《北墅绪言》《北墅奇书》《澄江集》《玉山词》《八纮绎史》等。"海吸长河远,天包大地圆"句,出自其著名诗篇《登岱》;郭舟屋,名文,字仲炳,号舟屋,明初昆明"布衣"诗人,有《舟屋集》;"弇州"即明代文学家、史学家王世贞(1526—1590),其字元美,号凤洲、弇州山人,江苏太仓人。嘉靖二十六年(1547)丁未科进士,历官山西、湖广按察使,广西布政使,郧阳巡抚,应天府尹,刑部尚书。有《弇州山人四部稿》《弇州山人续稿》《弇山堂别集》《全明诗话》等。"苍然万山色,忽拥岱宗来"句,出其诗《陪段侍御登灵岩绝顶》。

何道生从泰山返回济宁,由黄易组织发起,在济宁南池和太白楼组织了一场诗酒接连三日的文友胜会。

济宁南池,因《杜少陵集》有《与任城许主簿游南池》诗而得名,又称"小瀛洲",东偏小室中,有杜甫塑像,以许主簿配之。其上有一石桥,连接坐落在宣阜门城墙上太白楼,楼西南是宴客的"鸳鸯厅",前后共有两进五室,为乾隆时期和珅弟弟,工部尚书、巡漕御史和琳重建。在南池和太白楼与何道生嘉会的五位,除黄易为何道生故旧,其余均为黄易的朋友。

陆绳,字古愚,江苏吴江人。其父陆耀,字朗夫,曾任济南府知府,甘肃布政使,湖南巡抚。秉承家学,陆绳隶书极好,如同西汉人再世。喜金石碑刻,勤于搜求画像碑,曾骑蹇驴,遍游长清、历城山岩古刹,搜得神通寺造像十八种及灵岩寺诸小石记百余种。

钱泳,字立群,号台仙,江苏金匮人(今无锡)。诗词和篆隶书写得都很好,尤精镌碑版,同时还善书画,有《履园丛话》《履园谭诗》《兰林集》《梅溪诗钞》等著作,适由水路赴京,喜逢嘉会。

李东琪,字铁桥,济宁本籍人,金石收藏家。

刘镜古,寓居在济南的山西籍金石收藏家。

嘉会开始,黄易带来了何道生为他题诗的画作和金石藏品。大家观赏一番,皆以为诗情画意尽展,奇画好诗,各得其所。观完书画,品味题诗之后,就上太白楼畅饮。

第二日,李东琪带来了何道生在巡漕舟中为他所题诗的《得石图》。此图名为"汉胶东令王君庙门碑",为李东琪在二十五年前于济宁学宫松根下所得,后由黄易画了碑图并向何道生索题。虽在舟中,但何道生无心观赏两岸的景致,兴味全移目到这幅汉代的庙门碑上了,诗兴随之勃发——舟行碧波上,诗在画中游,一首长句跃然《得石图》。当众人看到题诗中写有李东琪所得"汉胶东令王君庙门碑"的那一年,何道生"时方十龄,识籀遗文究诅楚"时,皆惊讶不已。

第三日,陆绳带来了其父陆耀遗作《山水》一幅,《誓墓图》一幅,并出示其父示儿家书十三通,请何道生阅看并题诗。何道生在陆耀当年写泰山中天门山势和苍松的山水画上题了两首七律。其一有云:"岱岩我正忆跻攀,忽漫披图壮观还。仿佛支筇奇绝处,二天门上对松山。"在看陆耀的示儿家书时,何道生颇有些所思所想,所以在为陆耀的《誓墓图》题诗时,有所思的诗题是《朗夫先生誓墓图为令子古愚主簿绳题》;有所想的诗句在起首两句就呈现了出来:"读公示儿书,得公之行事。观公誓墓图,识公之所志……"写到陆耀的气节和所到之处的亲民事

何道生藏黄易篆书七言联：名花未落如相待　住客能来不费招（由十六世何泽瑛代表兄姊弟八人捐献苏州博物馆）

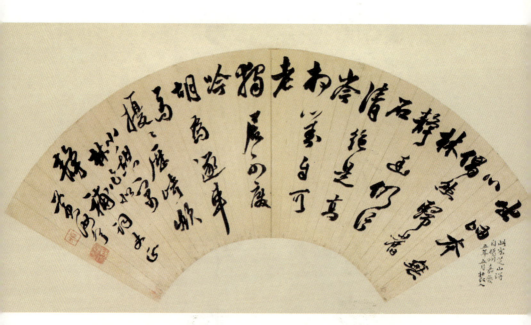

何道生藏黄易先人手泽扇页（由十六世何泽瑛代表兄姊弟八人捐献苏州博物馆）

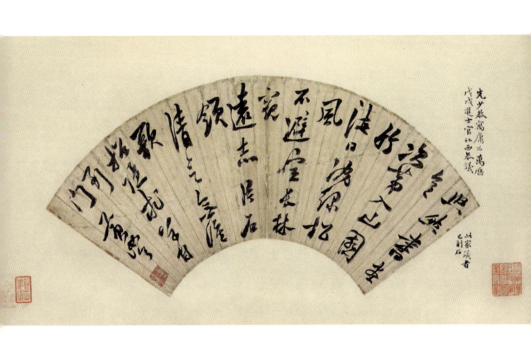

189

迹,在座者无不感慨万端,心情十分沉重,甚至有些气闷。为遣陆耀示儿家书所写官场为官的愁苦之情,何道生率众登上太白楼,吟唱了一首《登太白楼》:"我吟太白诗,缥缈凌云烟。我登太白楼,仿佛携谪仙……"大伙的热烈气氛瞬时又被调动了起来。

日日诗酒好,终有一别时。这场南池文友胜会,随着台庄水驿使差来报:漕务总督铁帅在台庄水驿恭候何御史……文友互道一声再会,随缘再聚,依依不舍散去。

许多人许多事,因没有时人记载,都成了历史烟云,而何道生与济宁文友的这次南池嘉会,却因钱泳在其后的名著《履园丛话》有所载,而被二百多年后的新一代文人引述不断。

乾隆五十六年(1791),何道生的诗名已传播到江南。大文豪袁枚通过早年结识的王友亮索要何道生的诗作,以看虚实,以定臧否。

王友亮(1742—1797),字景南,号葑亭,安徽婺源人(今属江西)。乾隆四十六年(1781)辛丑科进士,历官刑部主事、山东道监察御史、通政司参议、太仆寺少卿、通政司副使,有《双佩斋诗文集》十四卷。何道生看到袁枚写给王友亮的索诗书札后,非常吃惊袁枚何以知道他,并知道他的诗? 等王文亮向他解释了来龙去脉之后,何道生怀着比中进士还狂喜的心情,即录诗作若干篇并成四首七律奉寄爱才如命的袁枚。即成的四首诗中的第三首,何道生请求袁枚收他为"随园"弟子:"许署随园诗弟子,此生端不羡封侯。"何道生的诗,显然打动了袁枚,他老人家在《山右两贤歌兼寄法时帆学士》诗中说:"一贤何平叔,喷即成珠唾成玉。一贤刘子政,手持太乙神人镜。两贤身为随园生,随园心为两贤死。"诗题"兼寄法时帆",即法式善;"山右两贤",除了何道生之

乘栢陰之小院東廡籬點綴亂花紅

人間毒暑知多少淥在先生一

宦中疫癘踉蹌冒朔風枯毫魚

貌洒顏 紅玄冬詩龕消寒 水屋曾作圖

而今面目多塵

土著在圖中便不同

梧門前輩大人正題

侍鄰劉五

何道生藏刘锡五为法式善《诗龛消暑图》题七律诗幅（由十六世何泽瑛代表兄姊弟八人捐献苏州博物馆）

寄壽蘭齋先生八十初度六首

文章福命兩兼之造物於公若有私一世都驚前代
完子卻遲獻歲飛書劉送喜生朝詩總告存詩
家九重曾見少年時圍林久遂官原早婚嫁能
真靈位業舊諧天游戲人間八十年老尚耆花歡喜
佛員非絕俗大慈儂詩如白傳編長慶歌有紅兒伴
小眠齋品劇想隨園開宴日春風正放海棠顛
寰難四美一時并好折花枝當酒酦翌日風光劉上
己此星躔降本長庚堂前綠戲覺雛鳳廻外歌酬百
轉鶯紅東緗花知雖坐龍華會在石頭城
小住金陵五十秋不教王謝擅風流千場烟月尊前
過六代江山筆底收富神仙身現在美人才子拜
分頭東南後進争投贄道廣真堪繼太邱
曾從圖畫見容顏當日發絲驚未斑十里相思盟白
水一尊何日共青山雲烟供養廳長壽詩酒陶融即
大還安得扁舟渡江去清涼界裏叩花關
天教德耀尚森眉配此靈光一殿哥白前相將餘阿
姊紅顏環侍有諸姬如斯眷屬人間少大好聲名海

何道生寄寿袁枚八十初度诗手稿

192

外,还有刘锡五。

刘锡五(1758—1816),字受兹,号澄斋,山西介休人。乾隆四十六年(1781)辛丑科进士,翰林院庶吉士、编修、检讨,武昌知府,内阁侍读,著有《随侯书屋诗集》。

袁枚寄何道生《山右两贤歌》兼寄法式善的意思是,你看你门下的两位干将,都争当我的诗弟子了,还和我争诗坛霸主?颇有文人逗趣之乐。"一贤何平叔",是袁枚把何道生比附为魏晋玄学的代表人物何晏。何晏,字平叔,著有《论语集解》和《老子道德论》,魏诗收其五言诗《言志诗》,故袁枚有此一比。但何晏的诗并不怎么好,被誉为"百代诗话之祖"的钟嵘,在其名著《诗品》中只将何晏的诗列入中品:"平叔鸿鹄之篇,风规见矣。"为避误会,袁枚遂有赞美何道生诗的下句:"喷即成珠唾成玉。"此句用《庄子·秋水》"子不见夫唾者乎?喷则大者如珠,小者如雾"来形容何道生的诗句,像玉珠落玉盘那般清脆悦耳,文辞优美极了。

"从此一笺来,一札去,泰山黄河拦不住"。一年后,袁枚将何道生的诗笺和手札,选编进了一个同人集中。何道生在收到这部刊刻本的同时,还收到袁枚老人的一封信:"近日,老人无事,集本朝名流笔墨,上自公卿将相,下至文士布衣,或钦其功德,或爱其文章,或念其交谊,曾见面者若而人,未见面者若而人,将其零章断简,潢治而存之,得三十余册。如阁下及时帆(法式善)、澄斋(刘锡五)、船山(张问陶)诸君之诗笺手札,都与阮亭(王士祯)、牧仲(宋荦)、张、鄂两太傅连笺成编。此番阁下手书,尤为超绝当今。世世子孙孙,凿楹而藏。"除此之外,还惠赠给何道生一个青花文钟铭端砚,以及徽墨二十锭。被文坛公认为盟主的袁枚如此器重并隆重奖掖,有清一代的山西诗人是极少的。

嘉庆八年(1803),由王昶编选的《湖海诗传》刊刻出版。这是一部清中期最著名的诗歌和文章选本。所谓"诗传",实际上就是以诗传世的意思。这部"诗传"只收了两位山西诗人的诗作,一位是汾阳的曹锡龄,但只收录了一首《送述庵先生子告南归》,另一位即是何道生,共收录了十五首之多。

如果拜读袁枚《小仓山房诗文集》和何道生的《双藤书屋诗集》,并对比着阅看袁枚的《除夕告存戏作七绝句》,何道生的《和简斋先生辛亥除夕告存诗七首》;再读王昶的《春融堂集》《湖海诗传》,《法式善诗文集》,张问陶《船山诗草》,《洪亮吉集》所记与何道生唱和的那些诗篇,实在能涌起一种为今人所忽略了的大诗人何道生而感到痛惜的卧波。

何道生不仅诗好,古琴也弹得好。嘉庆二年十月五日(1797年11月22日),致休的县令积善(字庆亭)招法式善、周厚辕、洪亮吉、伊秉绶、赵怀玉和何道生到其"晚香精舍"别业看菊听琴。

周厚辕(1746—1809),字驭远,一字驾堂,号载轩,江西湖口人。乾隆三十六年(1771)连捷进士,翰林院编修,上书房行走,实录馆纂修,浙江、湖广、京畿道监察御史。

洪亮吉(1746—1809),字君直,一字稚存,号北江,江苏阳湖人(今常州武进)。乾隆五十五年(1790)庚戌科榜眼,翰林院编修,国史馆纂修。嘉庆二年(1797)奉旨在上书房行走,专教皇子奕纯。嘉庆四年八月二十四日(1799年9月23日),他写给成亲王的《乞假将归留别成亲王极言时政启》,内有"视朝太晏"、"小人荧惑"等语,嘉庆皇帝以为论及

不去汪也阿兄無他辛苦惟文字差緣日重

一日有凌大官而不能代者奈何、云冬搞

草纔寫寫回信甚難令阿順來說有娃

二宅者來廣作賣賣故寫此好好并將

草詩本加墨寫上我最愛某數鉤訂

云雖耐風波無味性也雖近上作渔翁此圖

歷世故見道之言敢不拳此言來盡其

保重自愛為望

兄松存

瑪无非應歎其年少婦女家無男人故也

我為之心驚肉戰親往三次一而告知府縣

北捕一而自帶銀錢以賞賜求坊快總甲一面差

楊克子每夜往宿敲鑼放鳥鎗才得新年

安穩免得兩小妞對我哭：啼：尚未知將

果能長久平安若但我現在又要往蘇楊一

走奈何：此閒新河薆親家已作古人汪親

家占姓親家為爭賠嫁銀大叫其曲在梅

香亭弟足下　去冬接　手書知身體平安

深慰懸念　惟廣東風景大異從前致有

自拔羅網之悔湖之聯珍來紉此時谷署

府州缺居以得益薄俸稍可支持望遠害

考來以慰合家懸念　我乃之姐大嬸三人

志健以脑兒女亦各平妥阿遮新娶悵怏

八月此兒不會讀書以會生子亦可配世若

冬除夕前三日歌姑反二少姻之家連日賊来

何道生藏袁枚尺牍（由十六世何泽瑛代表兄姊弟八人捐献苏州博物馆）

197

宫禁而震怒,即交军机大臣与刑部严审,以"大不敬"律发往新疆伊犁,交将军保宁严加管束。其中,还有"不准作诗不准饮酒"之条。嘉庆五年(1800),被嘉庆皇帝特旨释回。回都后,自觉死里逃生,几如隔世,遂晚号"更生居士"。此后十余年,致力于主讲书院,研究经史,修纂方志等事。洪亮吉的诗文气度入骨,常常有风雨浊酒之作。著述极多,尤以《北江诗话》和《卷施阁诗》著名。

伊秉绶(1754—1815),字组似,号墨卿,晚号默庵,福建汀州化县人。乾隆五十四年(1789)己酉科进士,刑部主事、员外郎。嘉庆四年(1799)出守广东惠州知府。嘉庆十年(1805)任扬州太守。为乾嘉时期著名碑学大家和隶书大师,八分书独步书坛。有《春草堂诗钞》和《墨庵集锦》。

赵怀玉(1747—1823),字亿孙,号味辛,江苏武进人。乾隆四十五年(1780)召试赐举人,授内阁中书,山东青州府海防同知,署登州、兖州知府,著有《亦有生斋文集》。

积善大令是个爱菊且识菊性的人,在京都爱花人中名声远播。他认为能识花性就能掌握菊花的荣枯。所以,何道生一见到他,就以《管子·国蓄》"五谷食米,民之司命"之意,给他封了一个"菊司命"的头衔。阴历的十月,清霜凛然,然而"秋堂"里的菊花却是密叶浓葩,长势十分繁盛。其中金球般的灼灼黄菊,在淡白深红的菊花映衬下,尤为奇绝。何道生问,你这金球黄菊是怎么养出来的?积善说:我这不是养,是艺,就是你那诗书画的艺。养菊谁都会,但艺菊的大概只我这独份。何道生有些想弄明白什么是艺菊,又追问积善。积善既像是自言自语,又像是回答何道生:"艺菊如治民,培溉精勤在功行;长养无过畅其机,护惜犹当祛厥病；精神不逐它好移，气力自与造物竞。"何道生听后恍然大悟，原来积善是以养花法开示善政之道——政绩堪比艺菊，要安善扶植，而不是一下种就盘算将来能卖多少。

何道生一行赏完菊，又随积善来到他的"十六友轩"。这个藏古琴之室，蓄唐琴三，其一即是南唐后主李煜"澄心堂"的旧物，其余十三为宋元明琴。何道生原本也有抱腹之好，但见了这些在乾隆盛世也足称豪奢的古琴，颇觉自己眼界太低了。他抱起李煜那把"澄心堂"唐琴，摩挲了一番，不禁拂拭起南唐遗音。虽然椎指不免有些生涩，古琴曲谱去古已远，但何道生所弹南唐古音却如枯木啼寒鸦，清越不哗，令积善和同行无不心醉。何道生用三十妙指法题襟后，积善老人也身容正直地弹奏了起来。只见"十指锵锵响寒玉，徽弦不遣毫厘差；乍听细涩唯咿哑，忽尔奔放难留遮"……接下来，何道生弹一曲，积善老人弹一曲，声愔愔，花袅袅，深巷不觉斜阳斜。

积善不但是爱琴兼赏琴的知音，还是颇能识人雅俗的高手。罢琴置酒，娱情移至诗书画，展纸砚墨请众人挥洒。菊花丛下，何道生酒杯从未离过口，羊毫之笔不去手，斜行醉墨秋堂飞，兴之所至随意挥——作长歌二首赠积善：前一首写艺菊，后一首书艺琴，每首长达三百字。从晚香精舍到唐琴古音，从艺菊要当汉阴翁，到无弦要学彭泽令，那个时代的文人，真是风雅相从，过今人甚远。

何道生所生活的乾嘉时期，时值援碑入帖的书法成绩斐然之期，碑学正以独到的贡献与成就取代以王羲之、王献之为主的帖学。碑碣实物的大量发掘与书风的大演变，让人眼花缭乱并激动不已。擅书者，数倍于前,名家辈出,项背相望,汉碑研究,风靡一时。何道生的友人翁方纲、黄易、桂馥、孙星衍于此均有著述。其中翁方纲的《两汉金石记》,可谓研究汉碑集大成的权威著作。

何道生的书法有三好:小楷、隶书和行书。他的书法好,一是在乾隆朝,科考重字轻文已是不二法则。乾隆二十五年(1760)遵旨议定:"殿试卷,除条对精详,楷法庄雅者,尽登上选外,其有缮写不能甚工,而援据典确,晓畅时务,即为有体而用之才,亦应列为上卷。若敷衍成文,全无根据,即书法可观,亦不得充选。"楷法遒美者,在阅卷官看来,就是以书法美善者优先取人之一法。为应考,何道生有奶功。二是他买过不少碑帖,也临过许多名碑帖,如《唐李靖碑》(初勘本)、《隋苏安公墓志铭》,这使得他的三体越发为工。无论是布白,还是用笔,或是法度谨严,或是郁郁芊芊,文气和神采都有遗意在字间。

何道生于嘉庆四年二月初五日(1799 年 3 月 10 日)节临赵孟頫的《闲邪公家传》,很能看出清代书法演变的脉络因子。

《闲邪公家传》,是元代书法大师赵孟頫流传于世的小楷"极品"。全文七十行,一千二百余字。闲邪公叫李秉彝,北京通州潞县人,其父李璃系金朝怀远大将军。何道生节临了其中的李氏行状三百字:

(公)幼而沉毅,见人倨坐辄色变,由是众异焉。颖悟好学,七岁诵书日千言,十岁能习古篆隶。年二十,余谒行省粘合公,即致公掾曹,未几迁都事,说粘合曰:"金亡人材无所附丽,天下初定,宜拔其尤者为朝廷用。"粘合用其说,首聘王先生磐,授子弟经。于是士大夫相继登粘合之门,实自公发之。参议王文统投书粘合,请立河南省,曰:"距河以持南北之势,聚财以结上下之交,可以成事。"公明其邪说,愿勿听。既而文统果败,迁员外郎。己未,世祖以潜藩伐宋,公从渡江,将士入鄂州孟少保家,争取金帛,公独收书万卷以还。中原兵火后,人家少藏书,至是远近学者诣公借读无虚日,文风渐起。中统壬戌迁中兴等处行省郎中,时浑都罕甫平,民艰食,公奉旨赈恤玉门以东,全活者无数。

此临本笔法稳健,匀整圆润,秀丽动人,几可乱真。

时为内阁学士的英和知悉何道生正临赵孟頫《闲邪公家传》,特将自己所临赵孟頫行草《二赞二图诗》(《太湖石赞》《萧子中真赞》《题董元溪岸图》《题洗马图》)中的《萧子中真赞》,赠送给何道生,以示同好:

> 瞿瞿萧子,乃我世交。
>
> 有之似之,德音孔胶。
>
> 环堵之宫,啸歌其中。
>
> 相彼逸民,可与同风。

英和(1771—1840),字树琴,号煦斋,索绰络氏,满洲正白旗。乾隆五十八年(1793)癸丑科进士,翰林院编修,侍读学士。嘉庆四年(1799)授詹事,迁内阁学士,礼部侍郎。嘉庆六年(1801)改户部侍郎,军机大臣。嘉庆十年(1805)降太仆寺卿。嘉庆十八年(1813)迁工部尚书,改吏部尚书兼步兵统领。道光二年(1822),授协办大学士,兼翰林院掌院学

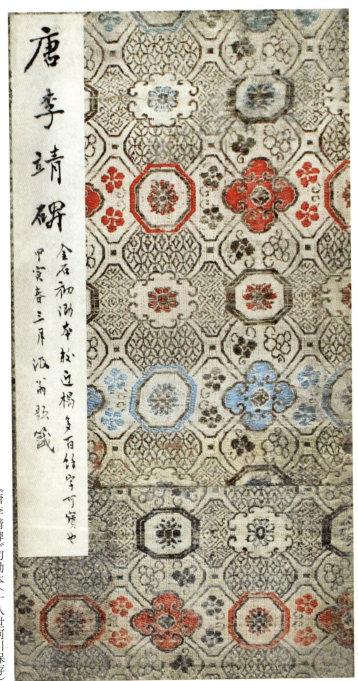

唐李靖碑

金石初湔泐本校近拓多百餘字可寶也

甲寅春三月沔翁題識

《唐李靖碑》初勘本（十八世何引保存）

隨蘇安公墓誌銘

《隋苏安公墓志铭》（十八世何引保存）

203

成事公明其邪說顧勿聽既而文統果歎遷貿
外郎己未世祖以潛藩伐宋公從渡江將士入
鄂州盆少保家爭取金帛公獨收書萬卷以還
中原兵火後人家少藏書至是遠近學者詣公
借讀無虚日文風漸起中統壬戌遷中興等慶
行省郎中時渾都甯甫平民艱食公奉旨賑恤
玉門以東全活者無數　節臨松雪翁小楷時
嘉慶四年歲在己未二月初五日蘭士道生

務而沈毅見人倨坐輒色變由是衆異焉穎悟

好學七歲誦書日十言十歲能習古篆辣年二

十餘謁行省粘合公即致公掾曹未幾遷都事

說粘合曰金亡人桃無所附麗天下初定宜撫

其尤者為朝廷用粘合用其說首聘王先生罃

授子弟經於是士大夫相繼登粘合之門實自

公敦之參議王父統投書粘合請立河南省曰

距河以持南北之勢聚財以結上下之交可以

耀耀蕭子乃我與交有之似之德者孔
朦朦環堵之宮嘯歌其中相彼逸民可
與同風　臨松雪先路
蘭士二兄先生正　楊吾申英和

英和贈何道生臨趙孟頫《蕭子中真贊》（十八世何引保存）

士。英和善书,与成哲亲王、刘墉并名当世。曾主持编纂《石渠宝笈》三编,嘉庆十年(1805)曾刊刻《松雪斋帖》六卷。著有《恩福堂诗集笔记》《恩庆堂集》《卜魁集纪略》等。

因崇拜苏东坡,何道生小楷也多以苏东坡论书题跋研习。由十八世何引保存的先祖楷书苏东坡《萧子云书》,可见其书史心迹。

萧子云(487—549),字景齐,南兰陵人,南朝梁史学家、书法家。少有文采,二十六岁著《晋书》,三十岁任秘书郎,累官至吏部长史兼侍中。萧子云效钟繇、王羲之,笔力骏劲。曾日停不停地挥毫三日,书三十纸给慕名而来的百济国使者,成为书法史上的一段佳话。唐太宗曾评萧子云书曰:"行行如纤春蚓,字字若绾秋蛇。"

> 萧子云尝答敕云:"臣昔不能赏拔,随时所贵,规模子敬,多历年所,年二十六著《晋史》,至二王列传,欲作论草隶,言不尽意,遂不能成,略指论飞白一事而已。十许年乃见敕旨《论书》一卷,商略笔法,洞彻字体,始变子敬,全范元常。逮迩以来,自觉功进,又见《齐书本传》,今阁下法帖十卷,中有卫夫人与一僧书,班班取子云此文,其伪妄无疑也。又有王逸少帖,其辞曰:"爽鸠习而扬武,伯赵鸣而戒晨"云云,此乃张说文又可笑也。

好友戴衢亨知何道生最爱东坡,亦将自己所临天下第三行书——苏轼《寒食帖》黄庭坚的题跋送给他:"东坡此诗似李太白,犹恐太白有未到处。此书兼颜鲁公(颜真卿)、杨少师(杨凝式)、李西台(李建中)笔

元常逯逼以来自覺功進又見齊書
本傳令閣下法帖十卷中有衛夫人
與一僧書班、取子雲此文其偽妄
無疑也又有王逸少帖其辭曰癸鴆
習而揚武伯趙鳴而戒晨云、此乃
張說文又可哂也　何道生

何道生楷书《萧子云书》（十八世何引保存）

蕭子雲嘗答敕云臣昔不能賞拔隨

時所貴規撫子敬多歷年所年二十

六著晉史至二王列傳欲作論草隸

言不盡意遂不能成略指論飛白一

事而已十許年乃見敕旨論書一卷

商略筆法洞徹字體始變子敬全範

東坡此詩似李太白猶恐太白有未到處
此書兼顏魯公楊少師李西臺筆意試
使東坡復為之未必及此它日東坡或見此書
應笑我於無佛處稱尊也 戴衢亨

210

意。试使东坡复为之,未必及此。它日东坡或见此书,应笑我于无佛处称尊也。"

戴衢亨(1755—1811),字荷之,号莲士,江西大庾人。乾隆四十三年(1778)戊戌科状元。历山西、广东学政,侍讲学士,少詹事。嘉庆七年(1802)授内阁学士,迁礼部侍郎,改户部侍郎。一年后改工部、户部尚书。嘉庆十二年(1807)授协办大学士。嘉庆十四年(1809)晋太子少师。嘉庆十五年(1810)迁体仁阁大学士。谥"文端"。有《震无咎斋诗稿》和《毗陵画徵录》《知鱼堂书画录》。

何道生的隶书娴熟灵动,舒展飘逸,布局紧凑,典丽俊美,是隶书大家中的逸品。他在嘉庆八年六月初三日(1803年7月21日)所临《曹景完碑》(即《曹全碑》初拓本),颇为典型地表现出临名碑时不束缚、不驰骤,波磔处仍有飞扬之态,真是漂亮非凡。

《曹全碑》在汉碑中极负盛誉,对后世的影响也大,临习者甚多。何道生当年节临初拓本,原文和释文为:

君童龀好学,甄极毖纬,无文不综。贤孝之性,根生于心,收养季祖母,并事继母,先意承志,存亡之敬,礼无遗阙,是以乡人为之谚曰:"重亲致欢曹景完。"易世载德,不陨其名。及其从政,清拟夷齐,直慕史鱼,历郡右职,上计掾史,仍辟凉州,常为治中别驾。纪纲万里,朱紫不谬。出典诸郡,弹枉纠邪,贪暴洗心,同僚服德,远近惮威。建宁二年,举孝廉,除郎中,拜西域戊部司马。时疏勒国王和德,不供职贡,君兴师征讨,有吮脓之仁,分醪之惠。攻城野战,谋若涌泉。

曹全儿时就好学,能鉴别谶纬经学,无书不看,并能综合贯通。孝敬前辈的仁爱,已在心中生根,收养了叔祖母,又孝敬继母,能事先知晓长辈的心意,遵从其心愿。不管父母存亡,其尊敬和礼仪都十分周全。所以乡人有谚语说:"重亲致欢曹景完。"他的道德和美名,历代相传,永不陨没。从政以后,其清廉可比春秋战国时的伯夷、叔齐,其耿直不让史鱼。多次担任郡职,曾任上计掾史,又到凉州任治中、别驾等职,所到之处,皆能纲纪鲜明、尊卑有序。弹劾枉法者,纠正邪恶事,使贪暴者革面洗心,同僚们都佩服其德行,其声威震慑四方。东汉建宁二年(169),曹全被举荐为孝廉,授郎中,拜西域戊部司马。当时疏勒国国王和德,不向中央贡税述职,曹全于是兴师问罪。他像战国名将吴起那样为士兵吮脓毒,有酒大家分享。在攻城和野战时,谋略如泉涌。

十八世何引保存的何道生为锦堂老先生所书隶字八言联"左对青山右临澄水,户华冬桂庭芳夏兰",以及自隶七言联"雅度春风披玉树,清神秋水映冰壶",用笔顿挫分明,纯洁高古,苍劲浑厚中带有文士的隽秀飘逸,端庄规矩中透露出一种流畅和潇洒,墨稠如漆,神采焕然;而联语,又是风雅清秀。可以说,何道生的隶书无一不佳,不愧为清中期书坛的大家。

何道生尚与同时代的两位书法大家交游。除了黄易,另一位便是训诂学家、名重于世的诗书画大家桂馥。

桂馥(1736—1805),字冬卉,号未谷,山东曲阜人。乾隆五十五年(1790)庚戌科进士,年过花甲授云南永平知县。自幼博涉群书,嗜古

何道生临《曹景完碑》初拓本（十八世何引保存）

君童齔好學甄極玆緯無文不綜賢孝之性根生於心收養李
祖母供事繼母先意承志夙夜之敬禮無遺闕是以鄉人為之
謠曰重親致歡曹景完易世載德不隱辟涼其名及其從政清撝
齊宣史魚庭郡右職上計掾史仍辟涼州常為治中別駕夷
緇萬里未嘗不謀出典諸郡彈枉糾邪貪暴洗心同時疏勒遠
近煇威建寧二年舉孝廉除郎中拜西域戊部司馬時疏勒國
王和德不供職貢君興師討有兗膿之仁分醪之惠攻城野
戰謀若涌泉

嘉慶癸亥六月下浣節臨曹景完碑初榻本於方雪齋蘭士何道生

左對青山右臨澄水

戶華冬桂庭芳夏蘭

錦堂老先生正隸

靈石弟何道生

何道生隸书八言联：左对青山右临澄水　户华冬桂庭芳夏兰（十八世何引保存）

214

何道生隶书七言联：雅度春风披玉树 清神秋水映冰壶（十八世何引保存）

蘭士道生

俭以处家存古道
富于为学有新功

啓垣三兄大人清鑑

蘭士弟何道生

何道生隶书七言联：俭以处家存古道　富于为学有新功（由十六世何泽瑛代表兄姊弟八人捐献苏州博物馆）

学,以为读书必先识字,叹近世小学多被忽略,因而研究大篆、小篆、刻符、虫书、摹印、署书、殳书、隶书等八体源流,同时留心象形、指事、会意、形声、转注、假借六书,取许慎《说文》与诸经之义相疏证,成《说文义证》。后又辗转推论,征引赅博,作《说文统系图》。博采秦汉以下官印二千余字,辑为《缪篆分韵》,此为中国最早的一部缪篆文字字典。缪篆是王莽时期所定六书(古文、奇字、小篆、佐书、缪篆、鸟虫)之一,为汉初沿袭秦书八体之一的"摹印",故又名摹印篆。自此书出,以缪篆概称所有汉魏印章便成滥觞。

乾隆、嘉庆时期的书家的作品为何好?道光、咸丰、同治三代帝师、山西寿阳祁寯藻曾在道光十年七月(1860 年 8 月)得观湖南学政、介休白恩佑于书肆所得何道生逝后散出的名人书札十通,计姚鼐三,程瑶田一,吴锡麒二,法式善一,张问陶一,伊秉绶一,王芑孙一,其在观后记中写道:"何氏科名尤盛,五世绵延。此十札偶然流传,亦足见当时朝野闲暇,四方无事,士大夫得以从容翰墨,其书固自不同也。"朝野闲暇,四方无事,士大夫才能从容翰墨,其书其艺,与乱世急迫的书风,绝然不同。祁寯藻观何道生所藏乾隆、嘉庆年间名人书札,所得出的这种书艺结论,确实有从时代大局着眼的另一种视野。

何道生在嘉庆朝,虽不是大名于时的一位画家,但收藏甚富,画名亦不小。尤善山水,次之人物,三有文气,是灵石两渡何家后辈喜文弄墨、爱好收藏的始祖。

何道生专事绘画较晚,约在嘉庆六年(1801),丁父忧期间。十八世何引藏有先祖一幅作于嘉庆八年(1803)仿董其昌山水轴。董其昌这幅

仿香光居士本

癸亥秋日 蘭士

四川幸明雪豆求妍藏本也墨注海潤為超夫成當為書室得家立筆金僅時英逸平能仿於此乃用茅山閒有心驗目前旧拓昔政前溪田印有山腊之半與盧奥一十曾之蘭士識

何道生仿董其昌山水（十八世何引保存）

218

"墨法淹润,秀韵天成,当为香光得意之笔"的画作,是同年胡永焕的藏本。何道生借来临摹了好几幅,但都不满意,直到他的另一位同年茅豫(字少山,浙江山阴人)赠送他一批好的纸墨,才在秋日时节临成了较为满意的这一幅。

乾隆晚年、嘉庆初年,京师画坛有"三朱"非常出名,依齿序分别为:

朱鹤年(1760—1834),字野云,号诗龛,江苏泰州人,侨寓北京。山水任意挥洒,不规矩于古人畦径;花卉、竹石,意趣闲远;士女人物,不染时习,笔法简练细劲,线条流畅。性喜结纳,与何道生、法式善、张问陶相交至深。朝鲜人最喜其画,且重其品,有悬其像而拜之者。主要画作有《万卷书楼图》《时帆诗意图》《仿大痴山水》《仿元人山水》。

朱本(1761—1819),号素人,江苏扬州江都人。山水以墨晕胜,兼善花鸟人物,细密清隽,无甜熟气,所画荷花点色幽澹,神采欲流。性孤傲,不谐于俗。

朱昂之(1764—1840),字青立,江苏武进阳湖人。善山水,行草,间写清逸花卉竹石。

嘉庆三年(1798),何道生与同年马履泰、朱鹤年等一起为法式善合作《诗龛图》,画好之后,法式善笑说:"何郎学画晚,画笔生从诗,诗工画不工。"何道生顿受刺激,反驳道:"与其苍老而有霸气,何如秀弱而存士气?"从此以后,天天到朱鹤年处学画,时时去朱本、朱昂之家里以丹黄摇笔。

嘉庆七年(1802)一天,何道生手持自己的一册画页,请法式善写诗题画。法式善一看大吃一惊:原说"何郎诗工画不工",哪知"三年不见

何道生临文杰《琵琶行图》白面扇（由十六世何泽瑛代表兄姊弟八人捐献苏州博物馆）

神鬼通！"画册张张都有晚明前清没骨画开山始祖恽南田的笔法，并参以元代大画家倪瓒笔简意远、幽秀旷逸的清润，每翻看一页，就觉咫尺秋风生，一页有元代大画家王蒙的笔意，一页又有元代另一位大画家黄公望的古风，翻看到尾页，眼前简直就是一片水墨浅绛山了。又过两年，何道生寄兴的丹青，已是"岭烟溪雨春溟濛，笔所到处愁能空"的逸品一级画作了。

嘉庆六年至十年间（1801—1805），何道生还临摹过一幅明人所绘明代著名画家、书法家、文学家文徵明遗像。立轴诗堂处有明嘉靖十七年（1538）戊戌科进士，江苏长洲人（今苏州），后请辞归乡成为文徵明"五大弟子"之一的陆师道（1511—1574，字子传）原题跋及"灵石何道生摹"款识：

位不称德，官曰待诏。信翰林之多才，肖先生者何少。千金可却，千帧不休，维八法与注法而二妙，高大耄之大年，曾何心倚市门之巧笑。遗像经进，躬洒宸翰而题，玉音煌宛奏九韶，委宛之颠，偓佺之嶍，小子安敢挢操皇芩之野调。

衡山遗像　陆师道拜题　灵石何道生摹

文徵明（1470—1559），初名壁，字徵明，后以字行，改字徵仲。江苏长洲人（今苏州），因祖籍衡山，又号"衡山"。二十八岁时，就与祝允明、唐寅、徐祯卿号为"吴中四才子"，三十六岁便以诗书画盛名于吴中，与沈周、唐寅、仇英并称"吴门四大家"。其书法重视法度、讲究规矩、崇尚严谨不苟的精神，有着人品与书品的统一，对后世影响绵远。嘉靖二年

（1523），未经考试而依"例贡"举为贡生。同年，经工部尚书李充嗣推荐，参加吏部考试，被授翰林院待诏，参与《武宗实录》《宪皇帝实录》的编纂。翰林待诏官秩为从九品，系翰林院最低微的职位。尽管博学多才，人品端正，但因不是正途进士出身，文徵明受到了一些进士、翰林的不屑和羞辱。嘉靖五年（1526）十月，藉《武宗实录》《宪皇帝实录》编竣，文徵明乞休南归。回到长洲后，在宅院东筑"玉馨山房"，作诗吟诗，写字绘画统，设帐授徒。《明史·文苑传》称：其为人和而介。四方乞诗文书画者接踵于道，而富贵人不得片楮，尤不肯与王府及中人，曰"此法所禁也。"终年九十岁。有《甫田集》。

何道生摹衡山遗像，无论是脸形、面部，还是衣冠，均与流失到美国、后被香港近墨堂书法研究基金会收藏的纸本"文待诏小像"大不同——面部描绘处处逼真，文徵明于沉思默想中目光如炬，"立言则文章之大家，居身则儒林之名世"的儒者风貌，令人难忘。很难得的是，何道生摹本可以看到文徵的手，与其身量相比，这双能作文人诗、能书书法名篇，能画传世佳作的手，却显得又瘦又小，似乎不成比例。不知原本就是如此，还是临摹有所失真。在那幅明人原作没有被发现之前，何道生的这个摹本，可视为最接近文徵明本人相貌和气质精神的一幅画像。

十八世何引至今保存着一幅文徵明七十八岁时行书七言古风《秋兴诗》卷：

　　　　银河垂空秋耿耿，碧瓦飞霜夜堂冷。

　　　　幽人无眠月窥户，一唤临轩酒初醒。

庭空无人万籁沉，惟有碧树交清阴。

褰衣径起踏流水，拄杖举确惊栖禽。

风檐瓦鼎燃湘竹，夜久香浮乳花熟。

银杯和月泻金波，洗我胸中尘百斛。

更阑斗转天苍然，满庭夜色霏寒烟。

蓬莱何处亿万里，紫云飞堕阑干前。

无人为唤李谪仙，明月万古人千年。

人千年□月犹昔，

　　此句缺字处应为文徵明避皇帝及被皇帝追赠的祖宗、皇后、皇太子
以及外戚之名讳而采用的空字法。

赏心且对樽前客。

愿得常闲似此时，不愁明月无今夕。

嘉靖丁未八月廿日

徵明

.

何引所藏此幅文徵明行书《秋兴诗》卷（见插页六—七），作于嘉靖
二十六年（1547）秋。

早在十五年前，即嘉靖十一年（1532）秋，文徵明在其"玉馨山房"
与客小醉，三更时分醒来，将所作七言古风《秋兴诗》书写下来，借以纪
兴。何道生所藏这幅，只比前书省略了"壬辰秋夕与客小醉，步月中庭
时，碧桐萧疏，留影在地，四顾寂寥人境俱静。命僮子煮茗啜之，不觉遂
至丙夜，赋此纪兴"一段题记。而文徵明二次书写《秋兴诗》卷，无疑表
明了所作众多"秋兴诗"，最满意的就是这首了。诗书人生，对酒当歌，

文徵明和何道生大概对此体会的远较他人深切，所以一个一而再地书，一个见了就收藏，收诗卷仍觉不够，还要收遗像，进而拜摹遗像以表敬重。

何道生逝去七十余年后，中国画理论家秦祖永在其名著《桐阴论画》，将何道生的画作列为"逸品"，同时品评道：

> 何兰士道生，笔墨清雅，文秀之气扑人眉宇。余见横披小幅，简淡萧疏，丘壑恬静，笔端秀润荒率之致，文人本色。
>
> 文秀本乎天成，习尚由于性近。此中雅俗，人所共知，不在工拙论也。

文人画，由名士论评才能有品。前人云：看画如入山中，看山如入画中，便佳。诗书画，诗书画，诗作得好，字写得好，画画得好，方是文士，方可胜会品评。单是诗人，不会书；单是书，不会画；单是画，不会诗，绝然不是文士，不可胜会品赏。诗书画都为逸品，这就是乾嘉间天才诗人何道生的品级。

八　不堕家声不自亏——何熙绩

　　嘉庆十二年(1807)春季,何元烺长子何荣绪和次子何炳彝从广西太平府回京,前者准备参加秋季的丁卯科顺天乡试,后者准备参加次年春季的会试。何道生长子何熙绩见到堂兄,悲喜交集地说:四年前你们兄弟不远万里跟随伯父去广西,如今又不远万里从广西回来。才短短几年啊,你们就"瘴烟携满袖,蛮语相惊猜"了,真是不敢让人相信。说起父亲何道生的英年早逝,何熙绩悲哀哽咽:失去严父的日子,真是生不如死。每当忆起当年父亲的凶耗传来,便觉肝肠寸断,五内崩摧。当我们兄弟几人顶着朔风,披麻戴孝,扶着父亲的棺椁归家时,就连梁间的燕子都眼睛突出地望视我们:你们的栋梁都塌了,依靠什么生存呢?为父亲守丧的日子,家计确实更加艰难,更可怜更累的是母亲,在父亲丧后还要侍奉奶奶。父亲的遗书遗画遗稿满满一箱,每当拜读他老的这些亲笔之作,其音容笑貌总会浮现在我的面前,他老人家的才学,我们兄弟是永远难以追上的。

　　何道生次子何耿绳没像他兄长惟陷悲绵,在《鸿瀿春舟两兄入都夜话感赋四首》,他写下了"麻衣如雪涕汍澜","河挟芦关怒未平"的诗句。他说:穿着洁白如雪的孝衣,我泪水疾流;延河和陕甘的芦子关且对被冤死的父亲愤怒不平,何况我呢!兄弟四人一会儿说"同心两三人,中道成乖离";一会又说"此会一何幸,此会一何悲"?心情逐渐平静下来,何荣绪将其父何元烺给两位侄儿的手书交给何熙绩。这封致侄儿的信谆谆说道:我与你们的父亲,从小到大从无猜疑。如今忽然少了一个,想起荆树当户的那般兄弟情义,不禁面向北望,热泪涕涟而下。有幸的是,他有你们两个好儿子,一想起你们,我万里之远的悲思,就能得到几丝宽慰。你们父亲好读书,穷究经籍义理是他传留给你们的不朽精神。你们如果不自立,他在九泉之下也会极度伤心的。你们的父亲是从古至今的一代廉吏,一生的清白,是实实在在遗留在人间的。你们如果得过且过,不求进取,败坏了何家的好名声,那你们就气机逆乱、升降失常,不但自己亏下自己,而且也了亏下了你们父亲对你们的不泯期望。

何熙绩、何耿绳兄弟拜读完伯父的手书,一下跪在父亲的神主牌位前,泪落如缏縻……

因守制期未满,何熙绩、何耿绳兄弟不能应考当年的乡试;何荣绪参加当年顺天乡试不中,何炳彝参加次年的会试亦落第。

何荣绪,字绍臧,号鸿淑,生于乾隆四十八年七月三十日(1783年8月27日),卒于道光七年七月二十九日(1827年9月19日)。嘉庆十五年(1810)庚午科顺天乡试中举,嘉庆十九年(1814)甲戌科会试三甲第二十一名进士,官内阁中书,协办侍读。与祁寯藻同年。

何荣绪有一子二女。子何福寿,字子源,号菊泉,生于道光元年二月二十四日(1821年3月27日),卒于光绪二年六月初一日(1876年7月21日)。太学生,咸丰三年(1858)恩诏考职,以州目吏选用。娶二叔何道生房师、顺天大兴范鏊曾孙女、范承典长女为妻。

范鏊,字叔度,乾隆四十五年(1780)庚子恩科进士,翰林。官刑部湖广司主事,陕西司员外郎,浙江司郎中,陕西道监察御史,鸿胪寺正卿,通政司副使,光禄寺正卿,军机处行走,刑部律例馆、四库全书馆提调,总办秋审处,湖南学正。范承典,道光二十年(1840)庚子科进士,翰林院编修,掌山东河南道监察御史,署兵科掌印给事中,光禄寺少卿。

何荣绪长女嫁山西代州科举世族冯清骋长子冯樾。冯清骋,嘉庆十三年(1808)戊辰科进士,翰林,官户部浙江司主事,直隶司员外郎,河南司郎中,军机处行走,京察一等,山东道监察御史,浙江绍兴府知府,署宁绍台道。次女嫁河南夏邑县李奕畴次子李铭皖。李奕畴,字书年,乾隆四十五年(1789)庚子科联捷进士,历官翰林院检讨,国史馆纂修,礼部仪制司郎中,山西宁武、平阳府知府,山东按察使,安徽按察使、布政使,兵部侍郎,都察院右副都御史,浙江巡抚,漕运总督,守护昌陵尚书,封太子少保。李铭皖,道光二十年(1840)庚子科进士,刑部四川司主事,福建直隶司员外郎,充秋审处坐办,山东司郎中,充律例馆提调,江苏松江府知府,调补苏州府知府,护理按察使兼护苏松粮道。

何福寿子何厚惠,字兰秋,号小泉,生于道光二十二年十二月十五日(1842年1月15日),卒于光绪三年三月二十九日(1877年5月12日)。娶乾隆三十年(1765)乙酉科举人韩理孙女、附贡生韩敬女为妻。何厚惠病故无子,妻韩氏屡次三番要求从堂兄何厚吾将其次子何泽贤过继为子,遂由其父何福荃做主,于光绪四年五月十六日(1878年6月

16日）正式将四岁的何泽贤过继给何厚惠为嗣。何泽贤后改名何艮，字景齐，一字痴如，号菊孙。韩氏因节孝，诰封宜人，旌表节孝，奉旨建坊，入节孝祠。

何元烺次子何炳彝，字用邠，号春舟，生于乾隆四十九年十一月二十六日（1785年1月6日），卒于道光二十四年十一月初一日（1844年12月10日）。嘉庆九年（1804）甲子科顺天乡试中举。嘉庆十六年（1811）辛未科会试三甲第七十二名进士，翰林院庶吉士。嘉庆十九年（1814年4月）散馆，改兵部职方清吏司主事。与林则徐同年。令人惋惜的是，正当仕途指日可待之时，他却犯了一件失职案：嘉庆二十四年八月二十八日（1819年10月16日），嘉庆皇帝秋围，随营携带的"行在之印"在巴克什营地方遗失。兵部与其他五部相同，例有两枚关防，一枚为衙门平日所用的"堂印"，一枚为随驾出巡时使用的"行在之印"。"行在之印"有钤发火票，调动军队，批发军需之权。大印丢失之后，看印的书吏不是紧急报告，而是在回京后用备匣加封顶充，并贿赂兵部堂书鲍干含混接收。而当月兵部司官之一的何炳彝并未开匣验视就入库存放。半年后事发，嘉庆二十五年四月二十六日（1820年6月6日）何炳彝被革职，五天后，发遣吉林，效力赎罪。

看着堂兄堂弟接连中举人，成进士，何熙绩和何耿绳兄弟不甘没经正途而通籍，虽然连考三科乡试都没中，但仍以祖何世钧、父何道生所刻《灵石何氏试艺》中的范文为取士之格，穷经通义，毫不动摇地向着士子功名的高层攀登。

失怙十二年之后，何熙绩终中嘉庆二十三年（1818）戊寅科顺天乡

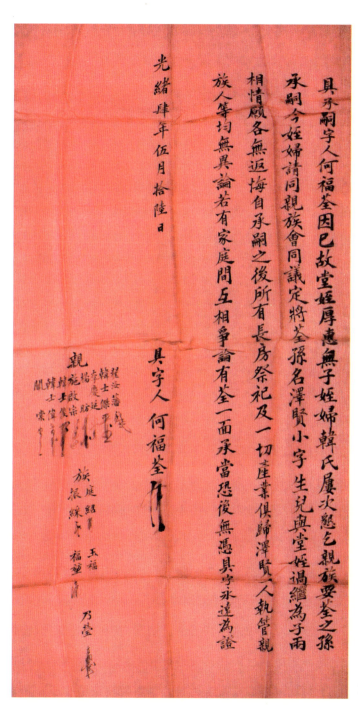

具承嗣字人何福荃因已故堂姪厚惠無子姪婦韓氏屢次懇乞親族要荃之孫

承嗣今姪婦請同親族會同議定將荃孫名澤賢小字生兒與堂姪過繼為子兩

相情願各無返悔自承嗣之後所有長房祭祀及一切產業俱歸澤賢一人執管親

族人等均無異論若有家庭間互相爭論有荃一面承當恐後無憑具字永遠為證

光緒肆年伍月拾陸日

其字人何福荃

親族

翟女蕃
韓士傑　平生
李慶廷
楊禎坊
韓施墩
韓俊宗
闕士偉　棠　　族庭紹　玉福
　　　　　　　族根綵　福鍾喬
　　　　　　　　　　　乃瑩

何泽贤过继给何厚惠为嗣立据

229

试第五十五名举人，何耿绳也于一年之后高中己卯恩科顺天乡试经魁。嘉庆皇帝死后的第二年，在道光二年（1822）壬午恩科会试中，兄弟二人通关进阶，成同榜进士：何熙绩为三甲第三十三名，何耿绳为二甲第二十名，终于圆了父亲何道生和伯父何元烺的希冀，克继了父辈兄弟同榜进士的科举美名。

何熙绩生于乾隆五十一年九月二十五日（1786 年 11 月 15 日），字亮臣，号春民。成进士后，官顺天文安、直隶肃宁知县。任内勤勉公事，清风两袖，以至于常常哀叹俸禄和养廉银不足以养家：

乞得七品禄，原期养老亲。

那知从宦拙，更比在家贫。

在文安知县任上，何熙绩办了一件先让道光皇帝震怒，后又情有可原的案子。

道光四年七月（1824 年 8 月），乡民王吕氏来到文安县衙，状告一名叫高扶格的奸人强奸了她十一岁的幼女。何熙绩接了这个案子，就叫县衙里的女役查验了受害者。还未及将高扶格押关大牢，文安县就发生了大面积的蝗灾。扑蝗，在清代是地方官员的头等大事，他便先放下这起强奸幼女案，亲赴蝗虫最多的乡里，指挥灭蝗。二十多天后，蝗灾减少到最低程度，他回到县衙，即遣差人，传令王吕氏等到县衙"复行审验"。根据复验，高扶格强奸王吕氏幼女，实属强奸未遂，按律应发配烟瘴之地充军。但王吕氏和其夫王敏和不服，认为这里面有行贿受贿的隐情，于是到帝京都察院告御状。都察院将案情拟了一个奏折上奏给道光皇帝。七月十八日（9 月 10 日），道光皇帝看后震怒，认为这很有可能是知县何熙绩在徇私枉法——这起强奸幼女案，有县衙女役的"供单"证词，如果严加审问，应该不难定罪，然而何熙绩却迟迟不肯定案，这"其中显有别情"。遂下旨，叫军机大臣蒋攸铦立即提取犯罪证据证词，"秉公严审"，知县何熙绩如有徇私枉法，一定据实严厉参奏，不可稍加回护。

道光皇帝震怒当事知县何熙绩，以及何熙绩当初和扑蝗后不敢怠慢这个案子，缘于《大清律例》中的规定：强奸者绞监候，即判处绞刑，秋后再审，决定是否执行。强奸有已成，有未成，未成者，则杖一百，流放三千。强奸幼女是令人发指的罪行，更要处以重罚。

蒋攸铦（1766—1830），字颖芳，号砺堂，辽宁襄平人，隶汉军镶红旗。乾隆四十九年（1784）甲辰科进士，官云南布政使，江苏巡抚，两广总督，四川总督，刑部尚书，直隶总督。有《绝梐斋集》《绳梐斋集》，与何道生有交集。奉旨查办这起惊动了皇帝的案子，蒋攸铦自然不敢以有无世交论事，只能秉公查办。结果事由非常清楚，他也如实上奏：该知县并非无故延迟，为案犯遮掩，实因捕蝗耽误了审案，应免置议。道光皇帝看到奏折，转怒为安，遂将此案移交刑部审办。

道光六年（1826），何熙绩转官直隶河间府肃宁知县。肃宁是一个历史悠久的古县，战国时燕国即置武垣城，汉为武垣县地，隋唐改名河间，遂为河间县地。宋景德二年（1005），取靖宁地方之义，改名肃宁。肃宁出过很是有名的一正一反历史人物：一是明东厂头头魏忠贤。明万历时为赌债所逼，自阉入宫做事。明天启元年（1621），明朝第十五位皇帝朱由校即位，魏忠贤任司礼秉笔太监，后又兼掌东厂，与客氏勾结，

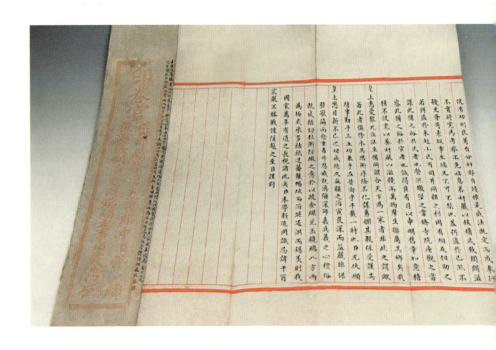

何熙绩、何耿绳道光壬午科会试硃卷

會試硃卷　道光壬午
恩科
中式第一百十三名何熙績嶺山西直隸霍州靈石縣監生民籍
同考官　　奏人帶主事加一級紀錄十二次魏　　閎
大總裁　禮部左侍郎加三級李　　　　　　萬　　　取　　批
大總裁　經筵講官户部尚書　　　　　　　　　　　取　　又批　　秀骨天成
大總裁　經筵講官户部尚書　　　　　　　　　　又取　　又批　　陳言務去
大總裁　經筵講官禮部尚書　　　　　　　　　　又取　　中批　　漪光大來
大總裁　經筵講官署禮部尚書　　　　　　　　又取　　中批　　筆鋒犀利

會武硃卷　壬午
恩科
一

232

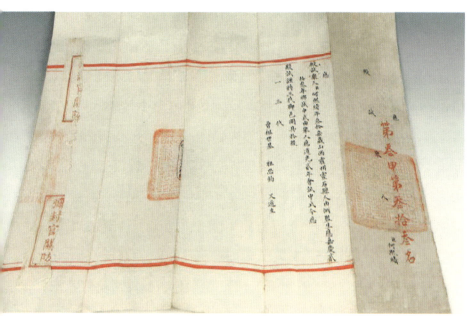

何耿绳道光二年壬午科会试硃卷

何熙绩、何耿绳道光壬午科会试硃卷履历

何耿绳印章

233

专断国政,制造了"乙丑诏狱"、"丙寅诏狱"等让知识分子痛恨万年的残酷迫害东林党人冤案。明思宗朱由检即位后,革其职,赐魏忠贤自缢。一是"末代状元"刘春霖。刘春霖(1872—1944),字润琴,号石云。光绪三十年(1904)中状元,授翰林院修撰。后奉派到日本法政大学留学。历任资政院议员、直隶高等学堂提调、大总统府内史秘书等职。为官不善逢迎,性喜园林。1937年"七七"事变,日人拉拢出任"伪满洲国教育部长"、"伪北平市长"等伪职,始终保持晚节,坚辞不就。喜藏书,善书法,其小楷笔力清秀刚劲,深得世人推崇。时有"大楷学颜(颜真卿),小楷学刘(刘春霖)"之誉。除了历史名人,肃宁在道光年间,还发现过一种叫"君子砖"的汉砖,颇为文人雅士追捧。

道光二年九月(1822年10月),何熙绩刚任文安知县那一年秋天,秀才苗夔到肃宁武垣故城访古,拾得一块古砖,砖上依稀有"君子"字样。经研究,苗夔觉得这块偶然拾得的砖头,该是汉景帝二年(前155年)刘启封其第二子刘德为河间王在肃宁所筑"君子馆"之遗物,所以他初定此砖为"君子砖"或"君子馆砖"。何熙绩从文安转到肃宁当知县后的第二年秋,苗夔拿着这块"君子砖"给何熙绩看,并请确定是否当年河间王刘德在肃宁"君子馆"的遗砖?何熙绩对《诗经》烂熟,对毛苌在河间国传授"毛诗",使《诗经》得以流传的事迹焉能不知?看到实物,他激动万分,一面拓下了这块"君子砖"砖文,一面为苗夔的好古发现题写了长句并序。

何熙绩当年给苗夔所作《河间献王君子馆砖为肃宁苗仙露茂才赋》,对断定"君子馆"到底是在河间府哪个县极为重要。遗憾的是,现在河北河间、献县和肃宁的有关人士,或没有看到,或没有认真研究何熙绩的这首诗作,为"君子馆"在何处,争"毛诗"的发祥地而笔战不止。

何熙绩"序"说:

《金史·地理志》河间县有君子馆,今郡城西北三十里,尚存遗址,《县志》称"汉毛公设教处"。邑人因建毛公祠于此,其毗连之村,即以"诗经"为名。肃邑诸生苗仙露学植,谓毛公为河间献王博士,君子馆当即王所筑。丁亥秋,以一砖示予,上镌"君子"二字,云得之垣城南,定为君子馆之所遗。按,垣城村为秦武垣故城,去君子馆五十余里,或故馆残砖,经士人辗转移运至此,亦事之所有。且字体与今所传汉碑波磔无异,砖质亦厚重浑坚,定为汉物。因拓其文,并题长句。

何熙绩首先说,据《金史·地理志》记载,河间县有君子馆,离肃宁县秦代所置武垣故城的西北有三十里远。《县志》(没有明确是《肃宁县志》还是《河间县志》)说,这里曾是汉毛苌讲授《诗经》之处,当地人因此建了毛公祠以纪念他。与其毗连的村庄,即以"诗经"为名。

接着说:肃宁县的生员苗夔(字学植,号仙露)说,毛苌是河间献王刘德的博士,刘德为了让他传授《诗经》而在此筑建了君子馆。

最后说,道光七年(1827)秋,苗夔拿着这块"君子砖"前来请我看,上面镌有"君子"二字,说得之于武垣故垣城南,并确定为当年君子馆的遗物。肃宁县垣城本为秦代武垣故城,离君子馆五十余里,怎么会在肃宁又出现一座君子馆?我推测或许是当年的君子馆坍塌后,有人把这些残砖辗转移运到肃宁武垣故城,才有了"君子馆砖"。而且字体与现今所传的"左撇曰波，右捺曰磔之说"完全一致，砖质亦厚重浑坚，定为汉物是没有问题的。

何熙绩为苗夔所得"君子砖"所作长句，并没有过多纠缠于当年就有争论的君子馆到底是在河间还是在肃宁，而是多发思古之幽情：

　　贤王好古兼好士，宏开大厦延诸生。

　　诸生者谁毛与贯，搜罗正义传莚经。

　　当时筑馆号君子，于于雅雅来群英。

　　此馆于今在何许？ 剩有瓴甓镌其名。

　　石渠之阁白虎观，同此湮没难追寻。

　　苗君示我砖上字，令我顿发思古之幽情。

　　未央宫殿高嶙峋，铜雀台址临漳滨。

　　时有瓦当出诸土，遗迹得自耕夫耕。

　　延年长生与毋极，献谀贡媚徒纷纷。

　　何如此砖并此字，万古不磨君子称。

　　君子不见见此物，汤盘孔鼎应同珍。

　　苗君得此好藏弆，勿令过眼如烟云。

何熙绩起首就赞河间献王刘德是个贤王，他不但广搜天下古籍，而且还珍视有文化的士人，建筑了宏大的教馆和学宫招揽他们前来。在这些有文化的士人之中有两位最值得称道，一个是传播《诗经》的毛苌，一个是疏理《左氏春秋》的贯公，他们两位皆是搜集焚书坑儒后文化经典的杰出人士。当时河间献王刘德所筑的学宫就叫君子馆，开馆后,许多文化人驾车前来,威仪整肃地学习《诗经》和《左传》。"君子馆"现在究竟在何处?只剩下一些砖块上面刻载着其名了。君子馆旁边的石渠阁内另有白虎观,同样也湮没在历史的烟云之中难以追寻了。看到苗燮示我"君子砖"上的文字,令我顿时生发出思古之幽情:昔日由汉相萧何负责监造的未央宫殿多么高突耸立;三国时,曹操击败袁绍后在邯郸临漳修建了铜雀、金虎、冰井三台,这些当年雄伟壮阔的宫殿遗址,哪一处不是由农民耕地耕出来的呢?而被耕民发现的那些瓦当,哪一块上面不是镌刻着"长乐未央延年永寿昌"、"长生无极"、"与天毋极"等等这些徒劳纷纷的文字呢?而这些文字恰恰是那些奉承阿谀、献媚取宠者所为。为何这块"君子砖"上并无那些阿谀献媚的字眼,反而被士人珍视?这是因为万古磨不掉的是传递文化的"君子",是以"君子"相称的士人,才是文化典籍和真正的文化流传者。现在已经见不到当年那些在"君子馆"传授中华文化典籍的君子们了,但能见到这些君子的器物,也应该与《礼记·大学》所记"汤之盘铭曰:'苟日新,日日新,又日新'"和《左传·昭公七年》所考孔子先祖鼎铭"'一命而偻,再命而伛,三命而俯,循墙而走,亦莫余敢侮'"同等珍贵。《礼记·大学》商汤盘铭说:如果能每天更新,就天天更新,每天不间断地更新。汤是以人之洗濯其心以去恶,如沐浴其身以去垢。故铭其盘,言诚能一日有以涤其旧染之污而自新,则当因其已新者而日日新之,又日新之,不可略有间断也。孔子的七世祖正考父,在他的庙中鼎铭上写道:当大夫时,走路低着头;当正卿时,走路躬着身;而当上卿时,走路深深弯下腰。顺着墙根快步走,也没有人敢欺负我。苗燮君得到了这么一件好藏品,切不可令它如过眼烟云,定要好好收藏,传之久远。

何熙绩不但鼓励苗夔对"君子砖"、"君子馆"好好进行研究,还把"君子砖"拓本寄给其弟何耿绳进行欣赏并有所鉴别。何耿绳回信给他并附了一首七律《汉河间献王君子砖拓本》:

灰劫茫茫杳汉藩,犹闻遗甓出荒垣。

一堂君子簪缨集,百代经师道艺尊。

镌字已非文具尚,筑宫欲返炬余魂。

好将瓴甋珍球璧,鼓吹江滨那足论。

何耿绳的诗意是说:被兵火毁坏的西汉燕、齐、赵等藩国故城残迹太渺茫遥远了,现在忽然看到赵国的遗砖从荒垣中被人寻找出来,真如看到了西汉藩国的故城那样令人高兴。那些为传递汉文化的君子们仿佛齐聚一堂,讲授经书、传播儒家学术,至今已有百代传承。"君子砖"上的镌字已经不仅仅是"君子"两字的意思了,"君子馆"当年被付之一炬的惨状,好像焚烧我的魂魄。好好把这块"君子砖"当作珍宝吧,那些被人鼓吹立庙江滨的祠宇,都不足与"君子馆"相提并论。

道光八年(1728)秋,苗夔入帝都参加顺天乡试,何熙绩抱病写了一首《送苗仙露茂才入都应京兆试》的诗,可见爱才之心:

君卿甘寂寞,长日闭门居。

不入宰官室,谁知处士庐。

案头君子甓,床上古人书。

咫尺衡相望,何缘踪迹疏。

这首诗的大意是说苗夔长期甘心寂寞，闭户不出，这是好的，但你不中举，不成进士，不被有学问的官员看中，谁知道你是一个有才德的人啊。你的几案放着"君子砖"，床上堆满了研究典籍的古书，你我住处相望不远，不会因你远去而交情疏远。

送苗夔入都参加京兆乡试后，由于肃宁地僻，事又偏杂，何熙绩心劳神伤，病了一场。为了宽慰母亲，勉强起身后，竟觉原先所穿的衣服都长了很多。他给何耿绳寄了一封信，并附诗《寄玉民弟渭南》：

> 每逢渭南使，说尔好声名。
> 折狱无留牍，安民本至诚。
> 当今重儒术，努力继家声。
> 上考何须计，行看政绩成。

> 笑余亦绾绶，蕞尔此舆图。
> 土瘠年无稔，民穷赋屡逋。
> 要期编户足，敢惜一身臞。
> 守拙安吾分，从人说腐儒。

> 少长京华住，晨昏不暂离。
> 那堪千里别，已及五年期。
> 子有添孙喜，书来慰母慈。
> 团圆定何日，共奉北堂卮。

何熙绩旧藏东汉永和五年"吉富贵"砖砚（由十六世何泽瑛代表兄姊弟八人捐献苏州博物馆）

第一首是说，每逢碰到渭南奉命办事的人前来，都说你有好名声。判决诉讼的案件从来没有积压过，安民爱民之事也是端出心来办，极为诚恳真切。当今是重儒术的时代，这是努力继传我们两渡何氏家声的大好时光，吏部三年对外官进行的一次"大计"密考，以及布政使、按察使二司对县令的考核评语不必过多计较，重要的是你为民所办的事情摆在那里，百姓受惠就成。

第二首自谦地说，我虽然也是被赐进士出身、有印绶分发外官之人，但肃宁这个地方太小了。土地贫瘠，一年也没什么收成，百姓贫穷，拖欠下官府钱粮，不得不外逃躲债。要想把逃散在外的农户遣返回来，实足征收赋税和徭役，那是要敢于舍出一身肉来的人才能做得到的事。我既不是隐居不仕的儒者，也不愿强逼民众赋税，不管别人如何说我是个只知读书，不通世事的腐儒，只要守住我的这种笨拙之性情，安分守己，本本分分，也就可以了。

第三首言手足之情，盼团圆日早点到来。我俩从小及少就在京都生，帝城长，从早到晚很少分离。哪里想到科名有了，仕途却把我们分隔在千里之外，长达五年之久。你有信来，说又有添孙之喜，慈母听说后非常快慰。团圆的日子要等待到何时？盼望我们能一起在母亲的居室，奉卮酒为她老人家祝寿。

何熙绩给何耿绳的诗信寄出后，苗夔入都参加顺天乡试报罢，返回肃宁后连吃饭糊口都发生了困难，何熙绩听闻后，向他伸出了援助之手——拿出部分自己的薄俸赠送给苗夔：

弦歌我愧言游宰，剥啄谁敲子羽门。

薄俸助君聊度岁，不须乞米向平原。

何熙绩对苗夔说：我很惭愧不能像孔子的学生子游任武城宰时那样，以弦歌为教民之具，也很愧疚自己就像孔子当年对他的弟子子羽不看好，没有叩敲你的门，帮你增长学问。现在只能以自己的这点薄俸，暂时助你度过这一年，使你不必为无米流落到向侯门去乞食。

这是何熙绩生前最后一首诗作——道光九年（1828）初冬，何熙绩卒于肃宁知县任。

何耿绳在兄长病逝后，前来肃宁办理丧事，接母亲刘太夫人及大嫂、幼弱侄儿至他所官的渭南，仰事俯育，孝友笃至。一年后，编其先兄《月波舫遗稿》诗作时，仍旧是手持先兄的这一卷诗而不能看，一看就伤心不已：

读其病中吟，身世忧茫茫。
再读寄我作，别离苦久长。
一读一欷歔，读竟摧肝肠。
毋烦颂棠棣，泪洒沾衣裳。

这是缅怀兄弟亲情的泣然之作，亦是悲兄英年早逝的断肠诗篇。

道光九年十月十一日（1829 年 11 月 7 日），何耿绳请姚鼐长子姚景衡为先兄《月波舫遗稿》作序。姚景衡在序中说："《月波舫遗稿》者，何兰士先生长子春民作也。春民既卒肃宁县任，之次年其弟玉民辑以相示，盖余与春民昆季交已阅三世矣……道光八年，余来玉民官舍，与通信问，盖不相见者已二十年。旋闻其病且剧，俄而凶问遽至，年四十有五焉耳。悲夫！春民以贵介少年沉潜经籍，不堕其家学，又能以慈仁廉洁持其躬导吏民，谓非何氏之佳子弟乎哉？"一句他与何氏兄弟相交已阅三世，一句感慨何熙绩为"何氏之佳子弟"，道尽了两渡何家子弟为人为官的品格。

何熙绩先娶灵石人、湖南兴宁县知县陈德濂女，继娶浙江衢县文化望族余本敦女。

余本敦，嘉庆四年（1799）己未科进士。历官吏部主事、员外郎、郎中，吏科给事中，钦命巡视济宁漕务，嘉庆二十三年（1818）戊寅恩科湖北乡试正考官。有《礼记直解》《周官说节》《郎山诗集》。

何熙绩内兄余凤喈，字鸣雎，号梧冈，嘉庆十九年（1814）甲戌科进士，翰林，官户部江南司员外郎，著有《梧冈剩草》。

何熙绩有子二：长子何福谦，太学生。次子何福咸，字吉辅，号受山，生于道光五年六月初六日（1825年7月21日）。1846年丙午科（道光二十六年）顺天乡试第二百五十九名举人。道光三十年（1850）庚戌科会试，成二甲第十二名进士，入翰林，后官翰林院编修，文渊阁校理，国史馆、功臣馆纂修，江南道掌贵州道，协理京畿道，转掌京畿道监察御史，兵科给事中，工科掌印给事中，甘肃甘凉、云南迤西兵备道。何福咸为何思钧曾孙，至此，两渡何家便成为中国科举史上"累代甲科"的门第而被记载下来。所谓"累代甲科"，即"举一家人成进士逾三世以外而世系直接者"。清人朱彭寿在其史料笔记类著作《旧典备征》卷四"科名佳话"中载有："山西灵石何思钧（乾隆乙未）、思钧子道生（乾隆丁未）、道生子熙绩（道光壬午）、熙绩子福咸（道光庚戌）。"

何福咸娶直隶高阳贾正谊女为妻。

贾正谊，嘉庆四年（1799）己未科进士，云南普洱府知府，署迤南道。

被何熙绩寄予厚望的肃宁士人苗夔虽屡试不中，但他撰述不辍，有《说文声订》《说文声读表》《毛诗韵订》《建首字读》等语言学著作。最可贵的是，他不忘何熙绩的嘱托，没有使"君子砖"如过眼烟云，将又得到的六块"君子砖"拓印成册，遍请名家硕儒题诗。先后为《六君子砖拓本》题诗题记的有济宁金石学家李联榜，湖南道州书法大家何绍基，山东潍县金石学家、收藏大家陈介祺，山西寿阳三代帝师祁寯藻，山西平定杰出学者、历史地理学家张穆，山东日照金石学家许瀚，江西宜黄文学家黄爵滋，贵州独山金石学家、"西南巨儒"莫有芝，晚清"中兴四大名臣"之一曾国藩。

民国二十二年（1933），山东宁津李浚之将上述名士为"君子砖"题写的诗文汇辑成册，题书名为《君子留真谱》拓印出版，"君子砖"遂成金石学名砖，并由此衍生出的汉代"君子馆"到底在哪儿的讨论。而当年给予"君子砖"的第一个发现者苗夔极大帮助，并首先对"君子砖"做出初步鉴定的何熙绩，却被人遗忘久矣。

九 "学治一得"在县令——何耿绳

何耿绳，生于乾隆五十三年十一月二十四日（1788 年 12 月 21 日），字正甫，号玉民。得功名晚，结婚早。

岳父刘大懿（1756—1823），字苇间，号坚雅，山西洪洞人。乾隆四十二年（1777）丁酉科举人。历官刑部云南司员外郎，贵州司郎中，总办秋审处，充宝源局监督。乾隆六十年（1795），由福建盐法道调任福建按察使衔，分巡台湾兵备道，为此期台湾的地方长官。嘉庆十一年初（1806 年 2 月），任甘肃按察使司按察使、甘凉兵备道。其卒，林则徐有挽联："梓里阴慈灵，携鹤归来，烟水鉴湖方啸傲；兰陔娱爱日，骖鸾仙去，庭阶玉树正敷荣。"

刘大懿共有子十二，女二。

长子刘肇书，两淮候补盐运司经历。

次子刘肇绅，字子同，号默园，历官浙江平湖、诸暨知县，杭州府西防同知，宁波知府，湖北盐道。

三子刘肇翰，湖北候补州同。

四子刘师陆（1784—1850），字子敬，号青园。少年时随父居兰州。一

自賞春光攜桂酒

細評佳致築松楹

林則徐

246

日在兰州甘凉兵备道官廨习射，一役为其拾矢，忽出腰间挂悬的一枚泉币相示，刘师陆一看，竟是新莽之错刀环币，形制稍大，面平无郭，甚异，一刀二金字殊精，当即买下。在兰州，刘师陆收到的另一枚古钱是"大泉五十"，背文围列小篆十五字："予人大利宜子孙，十月十日日中时作"，也是奇品。由这两枚古钱开端，刘师陆染上集泉雅好，并开始考释古泉及古文字，有《女直字碑考》和《女直字碑续考》《虞夏赎金释文》之作，为研究金石学的名著。中年后，收藏古钱、钟鼎、彝器，金石文字图籍七千余种，系清中叶山西著名收藏家。嘉庆二十五年（1820）庚辰科会试，成二甲第三十七名进士，入翰林。道光十八年（1838），出任粤东清远知县，后官四川保宁太守，湖北荆南巡道，卒于任。

何耿绳妻为刘师陆胞妹。其下还有八个弟弟，分别叫刘鼎来、刘同文、刘震亨、刘履坦、刘蒙吉、刘升阶、刘益谟、刘颐年。

刘师陆在刘家行四，所以何家兄弟都昵称其"刘四"。当年寓京时住在烂面胡同大理寺胡宅，与何家兄弟朝夕过往，诗酒唱和不绝。何熙绩的《月波舫遗稿》，就有多首情义甚笃的诗作。如《醉歌行送刘四青园》："前年逢君腊嘉平，我初释服君成名；去年把手重阳夜，君上春宫我报罢。""嘉平"是腊月的别称——嘉庆十三年（1808），何熙绩、何耿绳兄弟刚刚守制期满，刘师陆已中举人。嘉庆十四年（1809），刘师陆首次参加会试，何熙绩、何耿绳兄弟却在乡试中败下阵来。

嘉庆十五年（1810）秋，何耿绳和"刘四"一起回太原。他参加庚午科山西乡试，刘师陆则准备参加次年嘉庆皇帝在五台山的召试，赴省会考。在晋阳书院，何耿绳与时年十八岁的祁寯藻相识，加之盂县名士田嵩年，内兄刘师陆，四人结为文字之交。

田嵩年(1788—1836),字季高,号梦琴,嘉庆十五年(1810)庚午科乡试未中,但以优贡考充八旗官学教习。嘉庆二十五年(1820),成庚辰科会试进士,翰林院庶吉士,散馆授翰林院编修。道光三年(1823),任南书房行走。道光十三年(1833),授翰林院侍讲学士。又一年,任奉天府丞兼学政,后升任顺天府尹,有《梦琴轩诗》。

当年在晋阳书院结为文字之交的四位乡党,何耿绳的试帖屡被时任山西学政的黄钺奖许。

黄钺(1750—1841),字左田,号壹斋,安徽当涂人。乾隆朝,成进士,授户部主事;嘉庆朝,任山西、山东学政,迁侍讲学士,擢内阁学士,升户部侍郎,礼部尚书,太子少保;道光朝,官军机大臣,户部尚书。工诗文、书画,山水尤精,与董诰齐名。精鉴赏,清宫内的名画,鉴定诸多,著有《壹斋集》《壹斋诗集》《画友录》《二十四画品》等。嘉庆十五年(1810)庚午科山西乡试,"四友"之中虽然只有祁寯藻中式,但黄钺与祁寯藻和"报罢"的刘师陆、田嵩年、何耿绳却保持着非常好的亦师亦友关系,时时雅集。

嘉庆二十四年(1819),何耿绳中己卯恩科顺天乡试第九名举人。同年底,祁寯藻继娶江西名门望族陈用光女。

陈用光(1768—1835),字石士,号实思,江西新城人。嘉庆六年(1801)辛酉恩科进士,翰林院编修,侍讲学士,詹事府詹事,内阁学士兼礼部右侍郎,福建、浙江学政,为桐城派在江西的主要传承人,著有《太乙舟文集》《太乙舟诗集》。陈用光于嘉庆九年(1804)在帝都与何道生结交,以诗文过从。何道生出任宁夏府,诸友为其作送别诗,陈用光亦有诗作。其次子娶刘大懿次女,与何耿绳为僚婿。祁寯藻继娶陈用光女,便与刘师陆、何耿绳有了姻亲之缘。

嘉庆二十五年六月二十九日(1820 年 8 月 7 日),刘师陆、祁寯藻、何耿绳、田嵩年"四友"陪黄钺到崇效寺纳凉,黄钺重展前次雅集时出示的《青松红杏画卷》,"四友"依次用黄钺诗原韵、原字作了和诗。祁寯藻得知何耿绳即将陪同黄钺扈从嘉庆皇帝到木兰围场巡幸,极为高兴,又作《送何玉民耿绳从左田师秋扈木兰》:

兰塞风高拥翠微,周陆遥指十三围。

羡君骑马秋山路,红叶丛中看雪飞。

拜赐天庖尽举杯,重阳时节六龙回。

青城风雨皇姑塔,便作行人戏马台。

草香泉冷漾澄虚,山色玲珑画不如。

塞上归来说风味,梨花春酒柳根鱼。

闻道浮屠剩旧基,苔痕半截雨离披。

猎场恐有镌功字,好向荒城觅断碑。

祁寯藻送何耿绳从左田师秋扈木兰诗中的"周陆",本指围猎的栏圈。"天庖",代指皇帝的御膳房。而"六龙回",是用古代神话中羲和乘着太阳神驾着的六龙车,在空中行走的传说,寓意这一年的重阳节,何耿绳陪同左田师随扈天子的銮驾乘兴而回。"柳根鱼"为拉氏秽鱼、湖秽鱼和真秽鱼的统称,是木兰围场有名的美食。祁寯藻祝愿何耿绳能在陪同左田师随扈木兰时,在狩猎场被皇帝刻石记功,秋扈回来后,听其讲述此次塞上行的轶事。

是年冬日,刘师陆和何耿绳到黄钺的"井西书屋"雅集"消寒会",黄钺之子黄初民画了一幅雪景图,何耿绳用苏东坡《江上值雪效欧阳体限不以盐玉鹤鹭絮蝶飞舞之》原韵题了一首长歌。

在黄钺的"井西书屋",何耿绳见恩师此时已患足疾,且用了元代大画家黄公望元至正元年(1341)遍游山水的一柄手杖,感慨五百年之物至今仍然坚硬有光,遂作《黄之久杖为左田师赋》。前四句,何耿绳形容了黄公望当年的这只手杖是用赤苍藤木精制而成,七尺长,五百年的遗物,至今看来表面还是那么莹然鲜亮。最可贵的是,手杖上还有黄公望所作"隐居铭",落款用的是他的号"一峰",而所作年月也镌刻其上,为"元至正年月"。接下来四句,何耿绳描述了黄公望挂此手杖游走在秀水和雄山之巅,一生饱看富春江,画出了中国十大传世名画之一的《望富春山居图》,又几番杖筴策听虞山泉,画出不朽山水《虞山图》。何耿绳说,黄公望就是倚仗着这柄珍品手杖做开路先锋,把看到眼里的万壑千丘,浮岚暖翠,纷纷收入绢素,变成纸上云烟。后半段,何耿绳诗笔一转,将其师黄钺得此名杖和画品进行了出神入化的描述:

神物未向葛陂化,先生得之五百年。

山林旧侣伴廊庙,今昔际遇殊天渊。

更看泼墨超古法,画品咏继司空编。

师著画品十二咏,以俪表圣诗品。

图成每邀一人赏,下笔定许千秋传。

雅合此君作清供,神游与结烟霞缘。

黃子久杖為左田師賦

瑩然七尺蒼藤鮮厭制綢直澤月堅貞居銘為一峰作惟留至

正年月鐫憶昔子久拄此杖徧游水涘山之巔一生飽看富春

景幾回策聽虞山泉萬鑿千卽盡到眼浮嵐暖翠紛來前但憑

筇竹作先路收入絹素成雲煙我聞公年當九十碧瞳丹頰仙

乎仙虎跑雲霧候騰去靑龍何不騎蜿蜒神物未向葛陂化先

生得之五百年山林舊侶伴廊廟今昔際遇殊天淵更看潑墨

超古法畫品詠繼司空編（師著畫品十二詠）以儷表聖詩品圖成每邀

一人賞下筆定許千秋傳雅合此君作清供神游與結煙霞緣

卄西杖歸卄西屋其中妙合非言詮私祝惟願健腰腳扶持四

何耿繩《退學詩齋詩集·黃子久杖為左田師賦》

井西杖归井西屋，其中妙合非言诠。

私祝惟愿健腰脚，扶持四海跻中天。

　　他说，非常幸运的是，黄公望五百年前的这只神物手杖，并没有像葛洪当年所说的费长房骑竹杖，到家后就丢弃在葛陂，而是神奇地流传到了您的手里。您现在是朝廷的重臣，但仍然没有忘记我们这些山林旧友和学生，我们能遇上这么好的时运，与昔日相比，真有高天和深渊之别。更好的是您的泼墨山水写意画，已经超过古法，而所著《画品十二咏》，是继晚唐诗论家司空图（字表圣）所作《二十四诗品》之后的又一经典著作。每成一图，您便邀请一人前来欣赏，题诗于上，这样的图咏，定会传之千秋万代。您以此杖作为观赏的物件，与黄公望同样，结缘神游于山水胜景之中。您仰慕黄公望，用他晚年的号"井西老人"，将他的手杖命名为"井西杖"，又将您的书屋名为"井西书屋"，其中的妙合已不是我所能用言语来解说的了。唯一祝愿您的，就是愿您腰直脚健，辅佐皇帝治理国家，升到"如日中天万象看"的高位。

　　何耿绳的书法中规中矩，一如其人。十八世何引保存着其先祖一副书联：

客到异书縡帐底

花开禊帖在床头

　　两年后，何耿绳和其兄何熙绩成同榜进士，时为户部尚书的黄钺最为高兴——他当年在晋阳书院很是看好的门生，终于进士及第，怎能不

客到異書縑帳底

花開禊帖在林頭

玉民何耿繩

何耿繩行书七言联（十八世何引保存）

253

高兴！于是何家宗祠就有了经筵讲官、太子少保、尚书房翰林、军机大臣、户部尚书，当涂黄钺所题的"两代兄弟同榜进士"匾额。

何耿绳成进士后，签仕陕西襄城知县。光道三年（1823），赴陕西襄城知县任时，他带了二内兄刘默园送给他的自撰抄本《拟禀五则》《养捕比捕章程》和一把"东汉虑虒铜尺"。这把铜尺是在十年前，请金石学家、书法家叶志诜仿制的。

正面：虑虒铜尺　建初六年八月十五日

背面：嘉庆壬申叶志诜仿作　何耿绳藏

盒盖：汉建初铜尺

叶志诜（1779—1863），字东卿，号遂翁，湖北汉阳人，贡生，国子监典簿，兵部武选司郎中。其子叶名琛为晚清著名封疆大吏。叶志诜稽古博学，考订金石极精，能辨其源流，剖析毫芒，善书，藏书亦富，有《咏古录》《识字录》《稽古录》《平安馆诗文集》《平安馆碑目》。因在京城时游于翁方纲、刘墉门下，何耿绳与之交游。

清李斗在《扬州画舫录》说："虑虒铜尺，建初六年八月十五日造。虑虒乃太原邑，建初则东汉章帝年号也。考章帝时，冷道舜祠下，得玉律，以为尺，与周尺同，因铸为铜尺颁郡国，谓之汉官尺。"

何耿绳当年仿制这把东汉铜尺，既是怀念其父何道生曾在工部都水营缮司所用铜尺的纪念物，也是为自己将后步入仕途所立的一杆清正为官、按律判案的标尺。而对其父在宁夏知府任上被诬陷，冤结而亡，何耿绳一直愤愤不平，遂开始研习律学、吏治诸书，以期引以为戒。唐诗人贾岛是"十年磨一剑，霜刃未曾试"，而何耿绳十年前仿制的这把"虑虒铜尺"，却成为他首任县令的"法器"。

铜尺正面   铜尺背面   铜尺铭文

叶志诜仿作、何耿绳藏东汉建初铜尺（十七世何吉庆保存）

褒城为陕西汉中府所辖八县之一。隋仁寿元年（601）改褒内县置。治所在今汉中市西北打钟寺。南宋嘉定十二年（1219），迁治所至勉县褒城（今红庙乡）。甫一接任，何耿绳便先给随同前来的"长随"（即"官之仆隶"，俗称"家丁"或"家人"）规定了二十条县衙署内条规。

何谓"长随"？在清代，知县大都由外省籍进士、举人或贡生出任，而县衙内的书吏和衙役却是本地人。这些书吏和衙役任期一般为五年，而知县三年就要一轮转。对于当地情况知之甚少的新任知县来说，既不能相信其乡其土的这些书吏和衙役，也不能不依靠他们履行日常的行政事务。于是，由他雇用的，从他俸银中支给养家糊口钱的，与他有着私人依附关系的"长随"，便成为基层官场的一个职业群体。这些人的主要职能是用来督察书吏和衙役的。一般而言，一个新知县上任，都会带一两个负责把门的"门丁"（亦称"管门"），一个负责文书签转的"签押"或"稿案"，一两个"管仓"，一个"管厨"，还有若干"跟班"。此外，还有在公堂值勤的"值堂"，负责通讯的"书差"，掌管印信的"用印"，管税收的"钱粮"，用于驿站的"管号"和应付杂税的"税务"。如此算下来，一个新任知县至少需要聘用十个或二十个"长随"。这些"家人"虽"无官之责"，但"有官之权"，所以要对他们的行为进行约束。

何耿绳对"家人"的开场白是：本知县是诗书门第，世代恪守儒家风范，从来不敢越过哪怕一点纲常名教和大清律例，自蹈罪过。本知县初出仕做官，倍加敬业，从无假手你们倚为心腹，纵令在外勾结，进行索诈撞骗等事。今先将我临事谨饬、御下严整的真诚而质朴之本意，敞开胸怀宣示给你们，并开明署内条规，使你们先束身心，再图温饱，屏绝诡诈之念，专存赞助我做个好县官。总的期望是主仆之间能安贴相依。你们随我服役,原为糊口之计,如果能遵奉我所制定的规条,认真出力,自必从厚给赏。你们或贤或愚,或勤或惰,本知县断不致一律视之。稍后会将署规二十条发给你们,望各自恪守,倘有违犯,不稍姑容。你们细阅之后,或去或留,其自酌量,无须勉强。

何耿绳给"家人"制定的署规,按类别分为五大类:

一、分清你我,赏罚分明。如:"阖署家人各照派定执事,谨慎管办。熟谙者,愈当勤谨细致;初学者,先求明白安详。无论公私大小事件,俱不准由尔等做主,必须立时禀明请示,是非行止,由我决断。我系初任州县,倘所见有不当之处,尔等晓事者不妨各陈所见,请示商定,以期妥协,免致错误。但不得隐瞒丝毫,任尔等草率行事。其谨记之,毋致久而擅专,自取咎戾。"再如:"无论新旧家人,俱系量才器使,并非偏向好恶。其中间有一二未能深悉之人,随时察看好丑,自必随时更换,断不稍事将就。所有每节应给赏钱文,由门上经手,存贮登记录簿,按三节结总呈阅,由我开单派分,不得任意争闹。"

二、对生活作风和作息时间的要求。如:"阖署家人吃饭睡宿,各有派定处所,不准任意搬移,互相争占。厨房饭菜,原不能十分丰美,亦以日用有常,理宜节俭,即衣服靴帽,只需整洁朴实,不失本分为佳。如尔等不甘淡泊,务即及早辞去,断不准任意奢华,大肆割烹,讲究穿着。倘有此种习气,纵使能事,亦必不用。尔等有则改之,无亦留意。"再如:"阖署家人并各项人等,俱不准三五成群饮酒赌博,或高声谈笑,或吵骂打架,或吹弹歌唱,或放肆多言。倘有违犯,立时查逐。尤不准吸食鸦片烟,如有其人,照例究办。"

作息时间的要求是:"春冬二季,每日寅正三刻发头梆,卯正三刻

257

发二梆,申初三刻发晚梆,酉正三刻宅门上锁。夏秋二季,寅初三刻发头梆,卯初一刻发二梆,申正三刻发晚梆,戌初三刻宅门上锁。管门家人派有专司启闭者,照此办理,不准参差。"

县衙每天的作息时间是以敲击一种厚木挖空的木梆(或竹筒)和一个小铁棒("点"或"云板")来开始或结束的。何耿绳规定:春冬二季,每日凌晨四点三刻发头梆,在内衙,即县官宅邸敲云板七遍,外衙敲梆一遍,衙门大门打开,厨房烧水,茶房煎茶,各家人此时俱须净脸,书吏、衙役、长随到岗,案牍分给书吏,衙门职员开始办公。五点三刻,敲云板五遍,竹梆二遍,何耿绳开始主持"早堂",门上查点本日案件数目,传唤书差饬齐各案人证,伺候听审;接受并分派案牍,听取衙门职员们所进行的口头报告,讯验捕捉的犯罪嫌疑人或将要解送到别的衙门的囚犯,并接受各种诉讼。这些事情办妥之后,何耿绳回到他的办公室——签押房,在那里接受或签批文书,包括当日将要听审的与案件相关的书状。下午三点三刻,云板敲七遍,竹梆敲一遍,公堂就要准备关门下值。文书案牍都须从书吏手中收回,送到何耿绳的签押房。何耿绳特别规定:"每日头梆,二梆以后,如本日案件较多,晚梆以后亦如早梆伺候。"这就是说,如果当日的案件和文书多得审不完,签不完,那么他就要加班加点开"晚堂"。"晚堂"结束的时间是下午六点三刻。宅门上锁时,书吏、衙役和被差派的值夜守卫的监狱、钱库和粮仓的壮丁都要点名报到。

夏秋二季,何耿绳规定凌晨三点三刻发头梆,五点一刻发二梆,下午四点三刻发晚梆,晚上七点三刻宅门上锁。

"发梆传点",不仅仅是作息的讯号,同时也是何耿绳办事效率的一种表现。所谓不存积案，如果没有"晚梆以后亦如早梆伺候"，那是办不完的。而"伺候"，并不是摆什么县太爷的谱气，而是一种"仪威"。如开"晚堂"时，他必须穿戴好朝服，吏、户、礼、兵、刑、工房的书吏和皂班、快班、捕班的衙役都要齐集排衙，以壮威严之势。

三、对门丁所司之事的规定。如："每早晚所收公文并各处书信，俱须随投随送，候我亲自拆封，不准家人擅自先行拆看。"另如："署内家人及各色人等，每日如有出署者，管门家人必须问明往何处去，作何事，买何物，何时回来，将其姓名并出入时刻，登记水牌，每晚录簿送阅。其进署之人，如系绅士，须著柬房问明官职、住址，即时传帖请示，或请会，或有事不能请会，须照谕柬房在外登答，仍将门簿逐晚送阅，不许遗漏草率。即书差人等不奉呼唤，亦不准擅入宅门。至杂项人等，须着把门人问明来历，回明后，准否进署，尔等候谕传出，不准擅先令其进署。如有故违，惟管门人是问。"

四、对书吏的防范，共九条。

（一）"凡有调取案卷以及催办查覆等事，管公事家人只需将我所发衙条送交门上，转发该承，不准越次径与书差交接。设或事关重大情节周折，自必将该书并家人唤齐，候我当面谕话。如有命尔等传谕公事，必须照话传谕，不准私自增减，致有舛错。倘吩咐听未甚明，不妨两次三番请示详细，再行传宣。勿恐厌烦，但求安贴。"

（二）"每日所收呈词，标日阅后，先行登号，再行分别送批。俟我核批后，先将副状过批对明，一面即传该房进署录写状榜，送阅过朱后发帖，暂将副状存内，等正状过批登号后，正副状互对无讹，再行分别发房。所以先将副状存署者，专为状榜迅速、免人久候之办法也。所有呈词，仍立收呈批。呈内号簿，每日录批，每晚随同各簿送标，不得舛漏。"

（三）"每日审过案件，无论已结未结，管公事家人于收回卷宗时，务须眼同承行该房理清各卷内供词、结状件数，以免日久遗失，致有推诿，并防该书等窃取抽换之弊。"

（四）"每日除办理堂事外，所有判稿核批，寻常日行事件，管公事家人须按时依次送阅，不得延搁惰误。其紧要之件，随有随送，不在此例。"

（五）"署内家人自以安静勤慎者为最佳。倘有串通书差，瞒官舞弊，或偷卖粮串差票，或暗受原被贿嘱，以致抽换供结等事，一经发觉，定行认真究办，断不袒护姑容。尔等其慎之又慎，各家人等许令互相查察，如有弊窦，立即密禀，以凭查明处治。"

（六）"管仓家人，如冲途管号办差，家人向系在署外吃饭住宿，尤须安分办公，不得在外舞弊多事，或勾串书差诈骗以及嫖赌，或赴庙看戏，上街闲游等事，有犯必惩，不稍宽纵。奉差出署者亦然。"

（七）"每逢公出，所有随带各项人役，著门上预期开单，听候点派，不得擅由书差私派。如查有单内无名之人暗地随往，惟门上家人是问。"

（八）"署内各色人等，无故不得在办公事家人房中闲坐，如有不遵，许管公事家人指禀。"

（九）"署中家人不准与书差人等交接往来，或彼此请酒换帖，或彼此邀留戏博，如有违犯，定行从严究治。"

何耿绳为何对书吏进行如此严密的防范？这是因为他已知道了书吏常用的几种贪赃手段。如，当被告向书吏行贿后，案件的开审可能被故意推迟。或者，负责记录被告供述的书吏会在笔录上作某些改动。再者，在传唤名单上将县官已经划去的名字予以恢复，等等。还有的书吏通常会搞到一张盖有印信的白票，然后填制成官府的令状去对百姓进行勒索。书吏们还常常在文书案牍上做手脚，甚至把原始文书从案卷中抽走，将假文书塞进顶替。在征粮赋税时，书吏们常在送收据盖印时，故意将几份收据编号重复，以便将征得的税金纳入私囊。书吏们贪赃征粮税的通常作法还有一种，即与税户私下达成交易协议，书吏们不催逼税户交税纳粮，甚至逃避纳税，而税户则须向书吏分别纳贿。

五、对跟班的约束。如："跟班人等跟随下乡，不准私向差役需索。如有人给送食物，必须当下回明请示，不得擅行取用，违者照索诈例究办。"再如："家人出差他往，无论道路远近，盘费多寡，销差时俱须开呈细账，不得以少报多，尤不准头物孝敬。"又如："跟班中每日派二人伺候，会客及坐堂一应内事，派二人伺候。遣往署外差事，并跟随出门等事，如冲途护送要犯及饷鞘，或遇下乡勘验等事，随从家人临时点派。"

对"家人"——署规后，何耿绳即对"六房"进行接收。

在户房，对所有库项，照前任移交存库银钱及赃罚杂款册簿，逐一细查检验。并饬该房书吏查开前任在任若干年月，每年应征地丁正耗，旗租银各若干两，除已征若干两余，余即民欠实数。再查历年经征地丁正耗，旗租银若干两，除各本年坐支应扣若干两（如坛庙祭祀，官员廉俸，各役工食，驿马草料之类，俱在钱粮耗羡项下坐支），已批解司库银若干两，现存贮库银若干两，余即官亏实数。查明即饬户房书吏，具结开明某任实在并无亏短，或实在亏短地丁正耗、旗租银若干两，如有隐漏，情愿认赔，甘结画押存内。杂税项下，亦照此办理。

在仓房,何耿绳饬该房查开本县应存仓谷若干石,除某任某年奉文某项支发若干石,某任某年报明买补若干石,仍应存仓若干石,除现存若干石,余即官亏实数。如某任报买未买,现存谷价在库,亦可作抵,查明确数,即饬该房具结开明某任实在并无亏短,或实在亏短仓谷若干石,如有隐漏,情愿认赔,甘结画押存内。

在账房(库房、财物室),何耿绳令该房书吏查开经管院司道府各衙门按年按季按月应摊捐某项银若干两,每年共应摊捐银若干两,某任某年已解银若干两,查明确数,即饬该管各房公具某任内实在欠解摊捐银两,逐款开明共若干两,如有隐漏,情愿认赔,甘结画押存内。再令各房将每年某衙门某项应摊捐银两,逐细开单,如某项每年应摊银三百六十两,则每季应摊九十两,每月应摊三十两,每日应摊一两之类,并将每年共应摊捐银若干两,亦按每季月日分晰开明。如每年统共应摊捐银一千二百两,则每季三百,每月一百,每日三两三钱三分之类,在任若干月日应摊若干,举目可稽,无须卸事后查款核算,致淆乱不清。又饬该房书吏查开本县每年应征地粮正耗银两若干,向例或收银,或收钱,或银钱两便,或因大户小户分收(如三钱以上收银,三钱以下收钱之类),如系收钱,每两正耗共收大钱若干,所有倾镕火价平解费统共若干,按市价扣足银价,是否敷解,俱令逐细开出,以凭核对。

对于征收钱粮事宜,何耿绳要求库吏拆封宜勤,或三日或五日,照流水核算,征存在柜。或银或钱,核明正耗实数,饬该管吏役小心看守,或有应支各款或批解司库,应行动用之时照领照批。开库支发,或先提半年,支款存内,支发另簿存记,以免开库烦琐,但勿牵混私用,致款项不清。另要求支发教职、捕厅俸银,生员廪银,俱按季据领支发,平色须

262

足;至各役工食等项,查照向例发给,但不可按季全发,务多留有余,以备重案远差陆续借支之用。之所以如此办理,实因此项款子,如额外垫发,一旦后任不认,恐成事端。另外,捕厅多有因案停俸者,也须查明,以防倘有冒领者开入支款,后任亦不认之事发生。支发各款,也不得据领即发,先令该管房查卷送阅,看前任如何支发,照例办理,才不致有冒领浮支之弊。何耿绳还要求:摊捐款中有急需批解者,或解一季,或解半年,另簿存记。如属可缓且可不解,倘奉文催,或先中复即日筹款批解亦可断,不可动正项。

何耿绳认为,账房为银钱出入总汇之地,最要综理得人:款项要清,存库银钱有簿,提库批解银钱有簿,支发俸工有簿,支发一切杂款有簿,至私项出入亦分类登记,而统入流水。总入总出,每日有数,则有余有亏按簿可稽。所以他令管账人于每日总结后,将账送他逐项复看,于总结处戳用图记发还,倘出入有应商之处,或标签,或面商,从长核实也可。

何耿绳虽初任县官,但两渡何家及姻亲做县官者已多,他们的心得是:"做官只办事、理财二端。办事难而理财易,而难盖办事在用心,心用而无穷。理财在用钱,钱用而有尽,稍一疏忽则亏缺立见矣。须合一年之入筹,一年之出某项,应用若干,某项应用若干,通盘计算,不敷则设法樽节,以期足用。由年而分之月,由月而分之日,先为之极而不使过,则章程定矣。然后日有日总,月有月总,年有年总,有余无余,有亏无亏,随时可按簿而稽,即不至有余或可无亏,即不免有亏亦不至大累。今之亏缺累累者,由于先不自知非不知也,知其入而不知其出也,既亏而悔,已无及矣。此理财之所以难也。"何耿绳与账房各条,都是他学习并汲取清廉为官者的经验所得。

在刑房，何耿绳饬该房书吏查开移交监禁人犯若干名，捕班看管贼犯若干名，各班外保候讯人证若干名，每人名下开明案由，亲临点查。如有私押私放，即将该管吏役重责示警。监犯中如有案未报及已报未经招解者，查明限期、宽紧次第，审拟报解。贼犯有案情轻微而冻饿不堪者，勿令在押待毙，宜速传亲属，由地方保领管束，或系邻封关到者，备文递回，取保至外押。人犯有案关重大者，仍押令候讯。其无关紧要者，即传案讯释，或一时不能传集，即取具连环保候传。之所以如此办理，实因无辜被押倘因暴病，或他故致毙，或另滋事端，会给县衙带来诸多麻烦。此三处，他均另派亲信家人，每晚按簿查点，勿令人数多寡不符。

在招房（供证室），何耿绳要求放告收呈送幕拟批，除命盗及有旧案者准理外，其情节支离者，批驳不准。至户婚、田土、钱债等细小的案件，斟酌其情，同姓者或先批族长亲邻查复，异姓者或先批约地及呈内中证查复，其中处息必多，可免拖累。如果幕友意见不合，不妨悬商，如自信真确，而幕友拘执，只可我用我法，至堂上审断，又当随机应变，不必拘泥前批，执定成见。

在兵房，何耿绳令书吏对于自尽命案无关罪名者，即尸亲输服，亦须限内详报，以防日后翻控。幕友往往偷懒，不肯即详，他令务须随时稽查催办。

对皂班头领，何耿绳要求坐堂审理词讼案时，刑杖最宜检点。舞弊书差及滋事棍徒，强横贼犯，宜用头号重责，以警凶顽。至寻常发落，只用二号示戒而已；衣冠人士、老实乡民，勿轻易用刑，以全廉耻。再，行杖时，皂役下手轻重不一，有"得"则轻，不遂则重。他说，从本县官起，你们对犯人行杖时，不要拘泥杖数，重者减，而轻者加，是加是减，临时与我斟酌。

到任后，何耿绳还亲身查看了衙署大门内外。发现便门有缺口，就令衙役堵塞；看见临街矮墙，便命务须筑高。此举不但是防止外人进入，同时也是严防内人溜出署内。他还令管门（司阍），凡署内家人，非官差不许任意出入。如有阻之不听者，回明逐出。即使是我的亲戚幕友出门拜客，也须问明禀知后再放出。盖衙署随处有弊，无内应则不行。即茶房门子非坐堂会客，也不可令入宅门。亲信家人问他，何缘如此严厉？他说："书差往往以茶房为耳目，官幕之一言一动，外人无不周知，撞骗招摇多由于此，不可不慎择而严防之也。""书差为官之爪牙，一日不可无，一事不可少。然欲如指臂应使，非严以驭之不可。盖此辈止知为利，不知感恩，官宽则纵欲而行，官严则畏威而止。机在到任之初，察其有心玩误者，重责以示警，必责以示信，则众心震慑，不敢以身试法矣。"

整顿好家人和书吏、衙役后，何耿绳开始"下乡调研"。让他非常吃惊的是，一个历史悠久的老县，居然向无县志也无舆图。于是，他的那把"虑虒铜尺"就派上了大用场——连同招聘来的一名绘制地籍图的"里书"，开始查勘褒城地方情形。

据何耿绳实测：褒城县治东西狭而南北长，东界南郑县，西界沔县，北则与留坝、城固县老林相接，南则与四川南江、广元县毗连。东西相距七十五里，南北相距二百二十里，东南距西北三百二十里，东北距西南四百二十里。统计四乡，山居十分之七，东西乡山原相间，北乡栈

265

道跬步皆山，南乡自县城至长寨平原二十里，自此以南二百余里皆崇山峻岭。其中尚有未辟老林，箐密林深，相连蜀界，且山中樵牧细径，处处可通土人履行，只如平坦，但此路也为逋逃渊薮，是一邑边界扼要之地。

种植：东西乡平原种谷麦，山地种苞谷；北乡山地瘠薄，不产它谷，则悉种苞谷；南乡自汉江以南，至流渐河，其中百余里绣壤相错，多水田，悉种稻。虽堰田、渠田、山田、塘田肥瘠不一，而陇接塍连，特为一邑膏腴之地。据何耿绳统计，褒城当时有水田八万余亩，旱潦不齐，丰歉牵算，约收市斗稻米十一二万石，麦收约八九万石，黄豆、菜籽并杂粮二三万石，苞谷十八九万石，每年约可得粮四十三、四万石。

人口：四乡原住民及寄籍、流寓的客民和烟户共二万五千八百余户，男女大小共十五万九千余口。原住民仅十之四五，客民以四川、湖北为最多，广东、云南和贵州者次之，江西、安徽、西安又次之。

供需：大小口一齐计算，每口一年需粮二石五斗，共需口粮四十余万石，故褒城丰岁所收，仅能敷日食，而不能有储藏。所幸的是，有外省流徙工作贸易之人，十分中可余粮一分；再加山内有洋芋、蕨粉等类，合苞谷、小麦磨粉亦可疗饥。所以无论年岁丰歉，山民皆以为食，又可省出谷粮枭钱，以供油盐布疋、人情费用之需。

民风和社会治安：民风俱为淳朴，原住民蠢愚而知畏法，客民间虽有桀骜健讼者，但可以理谕。惟距四川较近处，往往有匪徒出没其间，或赌博绺窃，或酗酒打降。有称为红签黑签者，若遇歉年，甚至勒索酒食，占借强刁，滋扰殆甚。如果稽查不密，惩治不严，这些人皆视褒城为乐土安居，源源而来，而本土平民百姓则受害无穷。

在视察褒城地方情形时,何耿绳发现褒邑地气卑湿,而农民在粮食收割后因袭于积习,不懂得储备来年的粮食。田地多的人家也是按人口留下一年的粮食之后,其余的粮食都拿到粮市卖掉。这样一来,如果遇上歉收之年,即有谷贵之虞。何耿绳在查验官仓时看到,粮仓贮谷有万余,有的已经存放了七八年而不坏。所以不是谷物不可积,而是农民不善积。他来褒城的头一年,恒雨为患,秋天收获的粮食仅及往年一半,民饥已不可支,曾解自囊与赒饥贫。而他到后的第二三年,旸雨年年应时,秋禾大熟。他怕农民又袭过去的做法,把丰收后多余的粮食全都卖掉,故作了一首《劳农歌》,以诗劝民积谷,未雨绸缪,防患于未然。

劳农歌,歌劳农,劳尔终年作息勤农功。

尔农学稼老陇亩,请听我歌尔鼓缶。

老农老农尔来前,贺尔今年年大有。

自我莅褒城,闾里称清平。

三载观刈获,两见禾黍盈。

为忆前年值秋潦,霪霖半没田间稻。

谷贵较今两倍余,十户穷民九不保。

我惭格例不得申,解囊曾与赒饥贫。

区区小惠但涓滴,安能枯瘠皆回春。

而今痛定犹思痛,眼前何幸丰年颂。

老农尔莫乐,今年记取前年如作梦。

劝尔粜谷留有余,勿谓卑湿难为储。

一石所入一斗积,有时备作无时需。

三年耕有一年蓄,古训明明人尽读。

老农尔或不知书,积谷防饥俗语俗。

尔不见,置仓贮粟费绸缪,官谷原防歉岁忧。

当思宵旰廑农计,尔有仓箱曷早谋。

在褒城,何耿绳轻徭役,革牲畜税,捐粟赈饥,躬履四乡,问民疾苦。

汉滨多争渠水案,何耿绳访得旧碑《泄水章程》,勒石示之,众咸悦服。

到任三个月,即有清官之颂褒。

道光五年(1825),何耿绳任乙酉科陕西乡试同考官。时在褒城县衙设帐,督何耿绳之子何福宇课读的陕西洋县考生李正仪出其房。喜见李正仪获隽,何耿绳口占长句寄贺:

唱到君名听倍真,文章遇合信如神。

苔岑窃喜论交旧,沆瀣重看结契新。

桂岭枝攀明月影,杏林香透隔年春。

私心嘱取金针巧,度与门墙问字人。

唱榜时听到你的名字倍感真切,没想到我指导你重点复习的文章竟然会出现在乡试的考题中。本乡本土的人高兴地议论着交旧,臭味相投的人在一起订交为友。现在你已是桂榜举人了,山岭上的桂枝攀满了明月的影子,举人还不够,应该像杏林香透那样,在明年春季的会试中成进士。我把中举的秘诀私下传授给了人,这个人是谁呢?就是拜我为师,向我问学的那个人。

李正仪,字云阶,次年会试没中。但在何耿绳的鼓励下,连试七科,终在道光十八年(1838)戊戌科成进士,榜名李正艳。后为山东聊城知县,为官与何耿绳同样勤勉。

道光六年(1826)冬,何耿绳调任渭南县。临行之前,他给僚婿丈陈用光写了一封信,告知将任渭南知县,并寄思念祁寯藻诗四首请转。陈用光接信后,即将诗作送给祁寯藻阅看。祁寯藻亦作《石士夫子以何玉民耿绳寄诗见示,次韵奉寄四首》:

> 十七年来聚散频,二千里外宦游身。
> 忆从汾曲逢今雨,同向燕台踏软尘。
> 载酒城南联句夜,停车舍北看花春。
> 而今凫舄飞何处,石栈天梯有部民。

> 闻道行春向武关,非缘酩酊不知还。
> 千畦绿满秧抽水,一径红深树隐山。
> 竹马有声民气乐,蒲鞭无事讼庭闲。
> 遥思官阁梅花发,几许清吟绕坐间。

> 劳农一曲念穷乡,苦为茅檐计稻粱。
> 诗到春陵能感众,花如潘县漫成行。

共知考绩因循吏，谁议传家有义方。

闻道褒斜诸父老，攀留真欲卧车旁。

汉江官柳系人思，渭水轻尘又一时。君时发褒城调渭南。

回忆钓鳌看海阔，莫因栖凤怨枝卑。

门墙此日容多士，保障如君实有为。

尺素殷勤凭驿使，作诗还望报微之。

　　从十七年前的晋阳书院相识到现在，我们聚散无常，现在我只能在心目中看见你在二千里外的陕西为官。当年我们一起游晋祠看"鱼沼飞梁"的汾水曲流，后来又一同为入仕在顺天的飞扬尘土中赶考。在帝京城南的烂面胡同，我们一块饮酒联句，入夜都乐而不归，还经常因春意盎然而随时停下车来，在你家的北面观赏嫣然之花。而今你到秦蜀栈道之地当统属人众的部民去了，但一回忆起这些情形，仍然历历在目。

　　听说你春日出巡关中通往江汉的要道武关，沉醉在乡间的美景之中，迷迷糊糊，不想回返。万余亩田间都是绿油油的秧苗，只有一条小路把你为民操劳的身影像树一样隐藏在山里。迎来能给民众带来欢声笑语的"竹马"官，即使是刑罚宽仁的蒲鞭也派不上用场，褒城人民是多么快乐啊。我在遥远的京城想着你馆阁里的梅花正在怒放，什么时候我们才能坐在一起，清吟雅诵？

　　《劳农歌》是一曲苦念穷乡的盼富歌，苦就苦在不是为自己谋，而是为那些贫户的生计谋。《劳农歌》像当年班固的《西都赋》那样，一传到四乡就感动了无数民众,也像潘岳为河阳县令时,广种桃李花木,被人号为"河阳一县花"。京城的旧故都知道你因治吏亲民,被陕西巡抚卢坤先生计以循吏,热议你是多么出色能干,但是有谁知道你的这些政绩取得是与家传家教有关呢?听说你将要离开褒城,穿越秦岭山间大道的褒斜道上,站满了不舍你调离的父老乡亲,而在你车旁,则有许多不想让你走的善良民众攀留良久。

发源于陕西秦岭的汉江河堤上的官柳,此时此刻真是让人怀念,八百里秦川最宽阔的渭南县,此时又将来迎来一位"轻尘一任上乌云"的好官。我们一起抒发"龙伯钓鳌"般的海阔豪情,但你从来没有因落到梧桐树上而自卑。渭南富庶,你的衙署从此也该多培养一些饱学之士,用以保障你更加有为地进行一县的治理。虽然彼此怀念的书信往来很勤,驿使传递很慢,但还是希望你能多作诗,最好把你的隐行也写出来,让我知晓,以便分享。

渭南地大物博,东西为驿站冲途,商贾行旅络绎不绝,逃窜匪类往往混迹其中;渭河以北与大荔等县接壤,汉回杂处,向不设立卡房;南乡一带,百余里深山僻谷,加以种地客户十居其五,治安情形相当严重,窃偷之案不时发生,拦路抢夺之事屡屡得手。何耿绳到任后,即将四乡捕役之中的衰庸奸猾及无能者革除了数十名,另选年轻精壮、缉捕勤能者,共八十余名分派于东西南北四乡,不时巡逻。一有命盗案件,随时给予盘费,悬立赏格,上紧查拿。在隆冬季节窃案高发之时,于十月初一日起,次年正月底止,东西两乡各派勤干捕班头役一名,散役四名;南北两乡各派头役二名,散役八名,每名每日酌其路途远近发给盘费三百或二百文不等，饬令分赴各乡在腹里边界处，会同乡约地保往来梭巡，不让盗贼及形迹可疑之人有停留藏匿之处。

渭南四乡村镇，在何耿绳上任之前，名册上均有专为稽查弹压而设的乡约地保。待他上任逐一点查，发现间有日久裁撤，未经补报者，漫无约束。又发现数村乡约地保才有一人，一旦出现盗案等案情，鞭长莫及。何耿绳当即出示晓谕，令各该村镇认真选举公正殷实之人充当乡约地保，每村二人，不许一村不设；村镇辽阔，或户口众多之区，皆酌量添设乡保一二人。数月之后，又亲加点验所设乡保人员，并面饬各自按交界认真巡查，凡有面生可疑、行踪诡异之人，即时盘诘驱逐。

在聚赌包娼的案件中，何耿绳发现聚赌包娼者多为盗贼所勾引，于是下令严行禁止。那些在城乡四处游荡的游手好闲之人，也一一抓来，经出具认保各状在案后，才予放出。

他还不时密差老成快壮四出访查。所有派出之捕役以及乡保人等，因有三百文的奖励机制，都能奉行不息。各村保坐夜值更，防守亦极严密，整个隆冬季节下来，平民百姓甚感安静。

在何耿绳任渭南知县之前的道光五年六年两年之中，共发生窃案二十四起，到他上任后的道光七年八年两年之内，共报窃案十一起，下降一半还多。在渭南，娼赌凶殴之风向来最炽，经何耿绳严行查禁惩治，其风亦觉少息。一时之间，渭南四境宵小无容身之地，匪徒不至漏网，良善之民得以安居。

陕西巡抚卢坤对何耿绳消除匪盗之方甚感兴趣，请他把如何弭盗，怎么清盗的经验奏上呈览。

卢坤（1772—1835），字静之，号厚山，顺天涿州人，嘉庆四年（1799）

272

己未科进士,翰林,历官兵部郎中,湖北按察使,甘肃布政使,广西、陕西、山东、山西、广东巡抚,湖广、两广总督。卢坤器识凝重,注重经世之学,身体力行,所莅皆有显绩。为陕西巡抚时,甄别试用诸员,曾有言:"亲民之官,其在贫廉;而系乎民生休戚者,尤在勤惰、明昧、宽严之别。"此言正值何耿绳初任襄城知县的道光三年(1823)六月,何耿绳的清正廉洁和勤政明理的实效,很为卢坤赏识。遇上这样求贤若渴、求治尽责的上司,何耿绳自然敢以自己的经验奉谕敬陈:

　　一、弭盗之方,职以为首在严缉捕,而尤在于未比捕、先养捕。盖凡充当捕役之人,大半家无恒产,衣食不周,亦有匪类畏罪悔过,改业投充者,其平日无事随班听差,所领定例工食,只可敷衍口食,一经报案,奉票出缉,则工食断不敷用。若不量为调剂,而一味绳之以法,不特于公事无益,其弊必至卖放贼人,庇养窝家。揆厥由来,实以不能枵腹办公之故。是在各州县,平时除将应领工食按季给发,毋短毋迟外,及遇报案票差,缉拿须计其道路之远近,差限之迟速,量给盘费,复按赃数之多寡,案情之大小,酌立赏格,使其当事无枵腹之虞,获案有格外之赏。如此再不依限报获,则严刑以比之,夫亦何惮不为本官出力而甘心犯法,庇贼受刑听比耶?惟赏捕之资,例无报销,必须捐廉办理,统计盘费、赏项以及冬月长巡口食所需缺繁,案多者每年约需银七八百两,两次者五六百两,再次者三四百两,似亦敷用。州县身任牧令,每年用度正复不少,若能于一身之车马、衣服、饮馔少加节省,署内之亲宾、幕友、侍从量为裁减,以所省无益之浮费,贴补有用之公役,庶期获案日多,报案日少,闾阎蒙福,行旅获安,似亦牧令力所能办,心所乐为者。故弭盗之方,要在养捕也。

二、清盗之源,职以为要在查保甲,而尤要在慎用查保甲之人。盖窃盗之根,总在窝家,而与其拿窝家,于破案之后,不如慎用乡保,严查保甲。除窝家于无案之先,缘久惯窝盗之人藏匿乡村,其党羽既众,耳目必多,一经获贼到案,窝家非闻风远扬,即寄赃灭迹。不惟窝家查拿不到,并已获贼人之真赃确证,亦不可得,反致犯供易翻,案情难定,于公事实无裨益。各州县向立牌甲,原为稽查户口,使匪徒不得匿迹而设,若不慎选得力乡保认真稽查,仅于地方官道途所经勘验所临之地偶一点验抽查,往往官来则虚应故事,官去则置之高阁,仍属于事无济。是必须慎选得力之乡保,专责以稽查户口,盘诘往来,使窝匪无聚集之区,宵小失逋逃之薮,方为于事有裨。但此等苦累招怨之役,又系公正殷实者所不愿充,是在地方官剀切晓谕城乡绅士商贾临事为议,办公赀斧不令耗其己产,事后为之主持公道,不令受人欺侮。地方官亦只任以稽查盘诘之劳,而不苦以奔走下贱之役,彼亦何惮而不应选趋公乎?如此慎择得人,则遇事必能破除情面,拒绝贿赂,不致有徇隐袒庇之弊,使之驱逐窝屯绝盗之根,禁止娼赌断盗之媒,总可期其得力地方官。再于其因公来城之日,随时传见,或公务之暇,各按乡镇轮流呼唤来署,每日或两三起,或四五起,约计一岁之间可以传唤周遍,识认熟悉。每见则询以地方之有无凶盗事端,匪徒之有无出没窝藏,以及年岁之丰歉,风俗之俭奢,和颜悦色,开诚布公,使之有爱戴之意,而无畏缩之情。是盖推地方官一人之心置于乡保千百人之腹,聚乡保千百人之见闻,为地方官一人之耳目。近搜远访,旁勾互稽,何患窃案之不破,贼窝之不除也哉! 故清盗之源,要在查保甲得人也。

以上二条,谨就管见所及,冒昧具陈。抑职尚有议者,从来有治法,尤贵有治人。兴一利,即思防一弊。盖官为众人瞩目之身,胥役乃时刻近官之人,凡有举动,其间把持多端,情伪百出,临事稍不留意,或任情偏执,或心有游移。一为若辈所窥测,则逢迎欺骗,无所不至。在州县费尽心力,原为地方兴利除弊起见,行之不善,反为若辈开一营私肥己之门,岂不可惜?是在有心者,随人随事体察防闲,既须气静神恬,不为奸猾所惑,尤须通权达变,不为迂执所拘,所谓神而明之存乎其人。如此则捕役乡保皆可为我所用,不至为彼所愚。驾驭之道,鲜有不收其效者。弭盗之方,清盗之源,是否在此,尚望大人切加指示,不胜惶悚,企仰之至。

何耿绳认为,"弭盗之方"的关键在于"养捕",并提出了"养捕"的具体方法:首先要按季发给工食,派发盘费,设立赏格。因为"养捕"的费用向无官署拨款, 他的做法是把个人的生活费用节约一些, 减少雇佣"亲宾幕友",将节省出来这笔费用补贴到捕役手里。只有这样,才能达到"获案曰多,报案曰少,闾阎蒙福,行旅获安"的理想效果。

对于"清盗之源",何耿绳认为要害在"查保甲得人"。不但要慎用乡保,还要严查保甲。要想使乡保为大伙的事效力,还必须"剀切晓谕城乡绅士商贾",事后"主持公道"。

何耿绳最后特别强调:"从来有治法,尤贵有治人。"地方官要懂得驭人之道,"随人随事,体察防闲",使捕役、乡保为己所用,而不被他们所愚。若不然,地方兴利除弊这件好事,行之不善的话,反而为那些贪腐之人开了一扇营私肥己之门。

渭南豪族众多,凡起争论,动不动就到县衙诉讼,而一构讼,则以行贿求之于知县。何耿绳对于豪族的这一套,自律甚严,无论可以拒绝掉的,还是豪族认为他肯定拒绝不掉的贿金,一概却之。并以讲述所禁革陋规诸条之机,将前来行贿者讽刺一通。

为清讼源事,何耿绳给渭南全县军民发出一份告示:

> 为剀切晓谕,以清讼源事。本县莅任以来,凡遇民间词讼,随到随审,向无积压。但查所控呈词,多因口角微嫌,肇端构讼。尔等愚民只知逞一时之愤,不知一纸入公门,官则据情出票差,则藉票需索。迨至当堂审结,原被已受累无穷。本县即日勤堂事,与尔百姓剖断是非,总难保无书差朦弊,至有暗中延搁之件。更有一种刁徒,只图准状,不图审结,藉以遂其拖累被证之计,甚至经旬累月票传不到,尤堪痛恨。皆由尔百姓平日不知教化,一味自逞乡愚,遂至奸伪百出,无所忌惮。为此,示阖县军民人等知悉:
>
> 凡人处一家之中,宜孝敬尊长,慈爱卑幼,见义必为,见利必让。如我之伯叔是父母之手足,我之兄弟是我自己之手足,

告伯叔者如伤父母之手足一样，告兄弟者如伤自己之手足一样。试思人即至愚，岂有自己肯伤坏自己手足之人?如此一想，可见家庭构讼，大是不祥之事。至本家同族，当念先人一本之谊，相处以礼让为先，一切交涉事件须秉公同议，勿有偏私，以至争竞。推至三党亲戚，皆系休戚相关之人，勿轻易便伤和气，致启争端。即同村邻里，皆朝夕见面之人，亦当加意和睦，遇事提携，偶有争执，总要从容解释，能让一步，能忍一分，自然便可无事。本县念尔百姓与其兴讼守候，不如无事安闲，贫者宜习于勤劳，毋藉端图赖;富者宜居心宽厚，勿刻薄待人。各守本分，乐业安居，此本县所日望于尔百姓者。倘有前项习徒希图拖累之人，经本县访闻或案经审实，定当尽法惩治，决不稍宽尔百姓其曲体。本县保护尔等，不过恐尔百姓身受扰累，不得各安生业，流为不肖之意。自示之后，尔百姓果能互相告诫，从此洗心涤虑，勉为盛世良民，自然上召天和，下徵人瑞。本县与尔百姓休养生息，同乐太平，庶不负此谆谆训戒之意尔。特示。仰四乡绅士、生童以及乡保等凡通晓文义之人，将此示互相传解，务使山僻居民咸与闻知，毋得视为具文，置之高搁。

此示一出，渭南民间构讼案件聚减。绅民更以"明通公溥"四字大匾，悬诸县堂。

道光八年(1828)初，西域张格尔叛乱军被伊犁将军长龄平定，张格尔被擒，平叛大军凯旋，兵差络绎至渭南。按例，兵差费用向由民捐，县衙只为会计收发，何耿绳说:"这种办法只能滋长吏胥侵吞之。"遂请绅

277

士董理此捐,民众大服。附近各县,如有致讼,往往援渭南为证,由是清操益闻,立登卓荐。

清军平息西域张格尔叛乱后,渭南社会更为安定。有感于县志失修五十余年,何耿绳请来姚鼐长子姚景衡编纂《重辑渭南县志》。该志于当年底完成,次年二月刊刻。《重辑渭南县志》的编纂刊刻印行,令何耿绳十分快慰,不但弥补了在襄城想编纂《襄城县志》而未成的遗憾,也将渭南近五十余年发生的大事和科举人物一一记载入志。诚如他所说:"漫道一官封百里,凭将何术齐斯民?"一县之任,没有修纂一部经得起时间检验的地方志书,总是读书人为官一任的憾事。

《重辑渭南县志》刊行的这年冬天,何耿绳慈亲去世。去年胞兄离世,今年亲慈又故。每当想起慈亲在父亲去世后,艰难困苦地抚育他们兄弟五人,但三个弟弟佩臣、素臣、殿臣最终还是夭折,何耿绳便哀毁备至:"大漠霜华点碧芜,雁声嘹唳出菰蒲。"每望飞在天空的雁阵,他就觉得这是"雁序九原伤断影",领头雁和排在雁阵后面的三个弟弟没有了,父母也没有了,"命薄何如斯,慨我滞秦关"。这不是"千古伤心辞",还能是什么?悲痛渐平,何耿绳回两渡营葬母亲,开始丁母忧。

道光十二年(1832)服阕,何耿绳谒选直隶定兴知县。定兴为七省冲途,疲于供给,何耿绳到任后大减差徭,假资从事,由是自己负债益重。

道光十三年(1833)调永年知县。何耿绳勤听断,减科派,一如历任。

道光十四年(1834)夏,擢大兴知县,与宛平知县彭玉雯成为莫逆之交。

彭玉雯(1781—1861),字云墀,号晚香,江西南昌人。嘉庆二十四年

(1819)己卯科举人。历官直隶丰润、博野、永平、宁津、宛平、清苑知县,永丰、保定知府,天津、大名道员,长芦盐运使,后擢为按察使,颇多建树。著有《复瓿馀草》。同官畿辅,朝夕过从,诗词唱和颇多。每有商榷,何耿绳无不虚心以纳,以至彭玉雯感叹"其德量尤不可及"。

道光十五年二月二十一日(1835年3月19日),时任国子监祭酒的翁心存前来大兴访十余年未见面的同年何耿绳。两人相谈甚剧,直到天色已晚,翁心存方回。

翁心存(1791—1862),字二铭,号邃庵,闻名海内的文化世族——常熟翁家承前启后的关键人物。其子翁同龢,其孙翁曾源状元及第;其本人与其子翁同龢入阁拜相,贵为帝师。常熟翁家与两渡何家自翁心存起,历三世而延绵,相交相契,关念如天。

道光十五年(1835),光绪皇帝的结发之妻孝穆皇后和第二任妻孝慎皇后的陵寝在易县西陵龙泉峪建成,沿途各路均接到承办孝穆皇后、孝慎皇后梓宫奉移的"西陵大差"。这一年,何耿绳承办"西陵大差"共两次:八月二十日(10月11日)是孝穆皇后梓宫奉移;十二月十一日(1836年1月28日),是慎皇后梓宫奉移。大兴至宛平道段各有疆址,地盘支应向不画一。何耿强以彭玉雯应事敏捷,自称不逮,惟彭玉雯所言是从。两个月后,"西陵大差"办理完成,而何耿绳小箱子中的钱悉数用尽,函驰取夫人陪嫁的食物付之质库,仍不足,彭玉雯感动莫名,特赠何耿绳数百金才把这笔办"大差"的赔累完全偿还。

道光十五年(1835),何耿绳擢京县知县(正六品)。京县疲难,倍于他邑,何耿绳任事数载,治理裕如。近城太平仓有男子尸,批状指挥官吏以意外前倾跌落死亡报案,何耿绳验状有异。刑部派员讯问、查究,

之次余既件繫公事復系以銘銘

曰

圭璋其品溫潤與身克昌厥後以

利與嗣人

賜進士出身

勅授文林郎直隸大興縣知縣加

三級愚甥何耿繩頓首拜書

中孚公女繼娶余女次桂升太學
生兵選布政司經歷娶王氏太學
生鄉飲介賓諱佐運公女繼娶余
族兄世昌女孫男十一鈺書漢翼
福海福全福壽錫書寶書韻書雲
書鸞書麟書孫女六令卜于十五
年九月十六日酉時葬公於祖塋

縣訓導娶梁氏戊午科舉人江西
樂平縣知縣諱甲芳公女次柄謙
出嗣澤亭公後壬午科舉人娶梁
氏中憲大夫諱中簡公女繼娶王
氏太學生諱景行公女次梅鼎辛
己科舉人乙未挑選教諭娶梁氏
癸酉科舉人安徽宣城縣知縣諱

處事接物無不具慎重周詳忠厚
愷悌之意嗚乎公之行誼良足法
巳公生于乾隆三十二年八月初
五日戌時辛于道光十二年正月
二十日巳時壽六十有六元配梁
孺人先公卒無出繼配王孺人子
四長叙鴻癸酉科舉人題補汾西

来告者悉伏助之無吝容亦無德
色督課子弟必以通經術植品行
為要務偶值餘閒手録詩文並先
指格言示諸子讀而藏之著有仰
山堂制藝秋漁詩草兼精岐黃間
病者無不應手治以故遠近稱長
者公一生孝友篤誠出于天性至

城訓導時與諸生講學忘倦暇則

彈琴詠詩以自娛與志趣之高如

此辛未閏三月 上幸臺山公以

河東商接蒙恩賜宴欽賞

貢緞貂皮荷包苹物國家曠典公

親遇之咸以爲異數云居恒勤儉

自飭待人以誠御下以寬有因之

邮祖子壯贈中憲大夫考思賢府

同知封朝議大夫朝議公有丈夫

子人公居三公天資謹厚簡淡

寡營尤篤于倫紀早歲補博士弟

子負笈食餼先後從名宿攻舉子

業屢躓秋闈恬如也嘉慶己未援

例就教諭職甲子庚辰署臨汾翼

道光壬辰春陳公考終於里第越今
年乙未葬有日其嗣以狀來乞
余銘余家與公爲世好又諦婣誼
知公最稔烏容辭公姓陳氏諱德
澐字潤千號秋漁世居靈石蒜峪

何耿绳为灵石蒜峪陈德沄撰写《陈公秋渔墓志》（十八世何引保存）

何耿绳陈述了自己的推理和疑问,刑部官员不采,仍以推跌死亡定案。没过旬日,京营捉获一名凶犯,该犯交代,太平仓的那件人命案,是他所做。至此,刑部官员才叹服何耿绳断案如有神助。

夏季,京县境内出现蝗虫。何耿绳认为,过去以官捕蝗的做法,缓不济急,改为捐资买蝗,出示公告三日后而蝗尽。

道光十六年(1836),何耿绳升顺天府东路厅同知。东路厅同知治所在通州,领通州、蓟县二州和三河、武清、宝坻、宁河、香河五县。

在东路同知厅,何耿绳为海防转饷铸炮,修营房炮台,经理逾岁,节费数千。

在同知任上,何耿绳发现民间秘密结社活动有愈来愈众之势,如不及时禁绝,恐以后对国泰民安是极大的隐患。于是,他连同莅任采访舆情所得民间易犯科条二十二,一同告示东路二州五县军民:

> 为申明定例,谆切晓谕事。照得小民犯法,由于不知律例;而不知律例,由于未经见闻。顺属州县为首善之区,民情本属淳厚,但其中亦有良莠不齐者。良者心能向善,自必恪守王章;莠者妄逞无知,每致轻罹法网。本厅莅任以来,采访舆情,往往有无识愚民废耕废贾,聚赌宿娼,既无恒心,亦无恒业,日久习为无赖,因而尚气打降,酿成人命;并有鼠窃狗偷,流于盗贼,通奸诱拐,竟成匪徒;更有因口角细故,听信讼棍挑唆,讦告无休,甚至干名犯义,殴詈尊长,以及惑于邪教,拜师传徒。凡此风俗人心之害,殊堪痛恨。第不教而杀有所未忍,兹特摘列律法数十条遍示晓谕,以儆刁顽,而正人心。为此示。仰军民人等

知悉。此后务须安分守法,革面洗心,勿犯尊长,勿习邪教,勿效盗贼讼棍,勿萌凶念奸心。父训其子,兄勉其弟,贤者导愚,善者化恶,俾人人均为良民,本厅有厚望焉。倘敢愍不畏法,肆意妄为,律条具在,国法难逃,各宜凛之,毋贻后悔。特示:

一、子孙骂祖父母、父母并绞,妻妾有犯,罪同。如骂缌麻,以至期亲尊长,分别问拟杖徒。

二、子孙殴祖父母、父母,皆斩杀者,凌迟处死;妻妾有犯,罪同。如殴期亲尊长,分别折伤、刃伤、笃疾,问拟杖、徒流、绞。其缌麻,以至大功亦有由杖罪加至绞罪之条。如殴尊长致死,又有斩决凌迟之律。

三、传习各项邪教,如有谋逆重情,不分首从,皆凌迟处死,正犯亲属男丁斩决,妇女缘坐,财产入官。

四、传习白莲、白阳、八卦等邪教,习念荒诞不经咒语,拜师傅传徒,惑众为首,拟绞立决,为从发遣充军。其红阳教及各项教会名目并无传习咒语,但供有飘高老祖及拜师授徒者,罪应发遣,即虽未传徒或曾供奉邪神及收藏经卷,罪充军。坐功运气,亦拟杖,罪至真空家乡,无生父母。从前林清教案,因此坐问重罪,尤不可犯。

五、军民僧道人等,妄称谙晓扶鸾祷圣,书符咒水,或烧香聚徒,夜集晓散,并捏造经咒、邪教,传徒敛钱,一切左道异端,煽惑人民,首犯拟绞,为从发遣。并军民人等,寺观住持,不问来历,窝藏接引,容留披剃冠簪至十人以上者,罪应充军,邻甲知情不举,拟杖。

六、平人斗殴成伤罪，应笞杖；如系刃伤及成废并至笃疾，则罪应徒流；若至死，罪应疑绞，谋故杀害，又当拟斩。

七、凶徒因事忿争执，持腰刀、朴刀、顺刀、铁枪、弓箭并铜铁、简剑、钺斧、扒头、流星等项凶器，及并非民间常用之物，但伤人者，俱拟充军。如回民纠伙共殴，但有一人执械，不分首从，充军。

八、威逼人致死、伤重者，充军；伤轻者，问徒；私和人命者，拟杖；知情隐藏罪人，各减罪人之罪，问拟。

九、强盗已行得财者，不分首从，皆斩；杀人放火，奸淫者，斩枭；白昼抢夺得财者，拟徒；赃多并有拒捕情形者，分别问拟军绞；窃盗满贯者，绞；三犯拟流积猾，充军；窝藏强盗窃匪者，充军；窝窃三名，拟军；邻右知而不首者，拟杖。

十、盗民间马驴等畜，计赃以窃盗论罪；如盗牛，只仍于本罪，上加枷号。

十一、盗田野谷麦、菜果及无人看守器物者，并赃，准窃盗论罪。

十二、恐吓及诓骗人财物者，计赃，准窃盗论，分别加等不加等治罪。

十三、军民犯奸罪，应杖枷；因而拐逃，又应充军；伙众强奸良家子弟，并轮奸妇女，首犯斩决，为从绞候；调奸、图奸未成，分别枷号；纵容妻妾与人通奸，本夫拟杖，妇女离异归宗。

十四、亲属相奸，分别服制远近，问拟枷号、充军、绞斩。

十五、兄亡收嫂，弟亡收弟妇，俱绞；平人买休卖休，各杖离异,财礼入官。

十六、居父母丧及僧尼道士犯奸者,各枷;凡奸罪,二等治罪。

十七、宿娼者,杖;罪如卖良为娼并窝留娼妓者,治罪,分别徒流。

十八、犯赌者,枷杖;开场抽头者,拟徒;造买赌具,充军。

十九、放火故烧人房屋,抢夺财物者,斩决;怀挟私仇放火烧毁房屋者,绞候;如系空地闲房及场园堆积柴草等物者,满流。

二十、犯无引私盐,杖徒;越境兴贩,充军;聚众擅用兵仗,仗;拒敌官兵杀人者,斩枭,为从拟绞;私贩硝磺,杖徒;窝藏囤贩及知情卖与私贩,俱照私贩例治罪,硝磺入官;合成火药,卖与盐贩以及匪人者,充军;邻右知而不首者,杖。

二十一、积惯讼棍,播弄乡愚,教唆扛帮词讼者,罪应拟军;诬告人者加所诬,三等治罪;越诉者,笞五十;又讼词只准一告一诉,所告必须实犯实证,不准波及无辜及陆续投词,牵连原状内无名之人者,一概不准,仍从重治罪。

二十二、栽种鸦片烟及买土煎熬售卖兴贩多次者,绞候;其知情租给田地房屋之业主及知情受雇之船户,但在一年以外者,充军;一年以内者,流;半年以内者,杖徒,田地房屋船只入官;吸食鸦片烟,罪问绞候。

道光十七年正月五日(1837年2月9日),翁心存到通州拜访时任通永河道台、房师魏茂林(字宾门,号笛生,福建龙岩人),适其师入都,署中无人,不得入。何耿绳闻之,急遣人邀其到东路厅署衙聚谈。何耿绳这次没让翁心存走,备晚饭共饮。次日,翁心存返京,何耿绳送别,又谈良久才分手。翁心存乘车过通惠河,已是云气朦朦,至崇文门,浓阴欲雪即来。何耿绳返署后独坐官舍,默观瑞雪,想起自己在千里之遥的陕西,哪有同年的这般畅谈,一股清流不知不觉在脑际间飘浮环绕。

道光二十四年(1844),何耿绳被保荐升补直隶大名府知府。在其任,抓捕动荡社会的捻军匪目参众,又定联庄法,直隶总督檄令通省照此联庄。

在大名府,何耿绳编著成津学名著《为得一治编》。这是一本有关清代州县官如何反贪反腐及依法办案的简明实用之书。福建闽侯举人谢金銮曾说:"天下真实紧要之官,只有两员,在内则宰相,在外则县令。学者果有修己治人之术,不为宰相,必为县令。盖宰相所措置者在天下,而县令所措置者在一方,至于目击生命之疾苦,亲见其利害,则宰相有不如县令者矣。"

曾任江西抚州知府的文海(字静涵,北京燕山人),在其《自历言·序》亦说:"故牧令者,天下最不易为之官也。生杀之权衡,自我操之;赋税之出入,自我主之;考试为国求贤,审断使民无讼,学校风俗,如何教之化之;丰歉水患,瘟疫蝗螞,如何求之驱之,皆有司所当讲求而速者……地方讼棍、土豪、光棍到处皆有,诛之不可胜诛,如何化导整顿,使其各知敛迹。他如士子如何教养,良民如何恩养,贼匪如何缉捕,有荒灾如何防患于未然,务使各得其所。人命盗案,户婚田土,如何审断,无枉无纵,使其悦服,永无后患……"

何耿绳编著的《为治一得编》，正是为州县官开出的如何做州牧县官的良方。

全书共五辑：第一辑《拟禀五则》和第二辑《养捕比捕章程》，为何耿绳二内兄刘肇绅，即刘默园任浙江平湖知县时的吏治心得，主要内容为宣讲"圣谕广训"；办理命案须以检验尸伤为凭；设立养捕比捕章程，等等。

第三辑《管见偶存》，是何耿绳将自己任县厅官时所撰《清讼源示》《民间易犯科条示》《褒城地方情形禀》《整饬捕务并拟弭盗清盗禀》《署规》汇辑而成，并"附录"了《赈饥十二善》《育婴堂法》《劝戒歌》。

第四辑为《例案简明》，是其阅读有关吏治诸书后，对州县官所必知晓的检验、人命、强盗、抢夺、窃盗、窝家、放火、发塚、夫囚、赌博、诱拐、私铸、私盐、私雕假印、犯奸、犯赃、诬告、囚禁、捕缉、命盗审限等二十种案例予以的详细说明。

第五辑为《学治述略》，主要提醒新任州县官到任接收、查验前任移交册簿应注意的问题。

诚如何耿绳在"序"中所说：他自道光二年（1822）脱去平民衣服，先后为县官十余年，凡有关于吏治诸书，公余之暇，常时披览，藉资参考借鉴，每就知交，就丐其所著，如呈给上级的文书、告示，各条不拘一格，凡确为良法，简而易行者，他即择录存于书箱。对这些良法，也往往进行变通，以自己所历所行之法予以增补。施行日久，辑集成帙，因而刊刻，以公同好。

由于针对性强，实用价值大，《为治一得编》道光二十一年（1841）由两渡何氏眉寿堂首次刊刻印行，一年后即告罄。光道二十三年

余同年友靈石何君玉民由道光壬午進士卽用知
縣籤掣陝西任襄城調渭南勤勤懇懇惘惘無華中
丞盧厚山先生以循吏薦併入
計典卓異末及赴部適以憂去官壬辰服闋謁選得直
隷之定興縣地當孔道又値歉收之歲疲於供頓君
獨經理裕如而民不累癸巳夏調永年令時余攝永
篆與君爲先後任一見如舊相得聆其言論丰采恂
恂有古君子風知不同於俗吏之所爲矣甲午夏君
擢大興京縣是秋余亦由甯津遷宛平同官畿輔朝

二

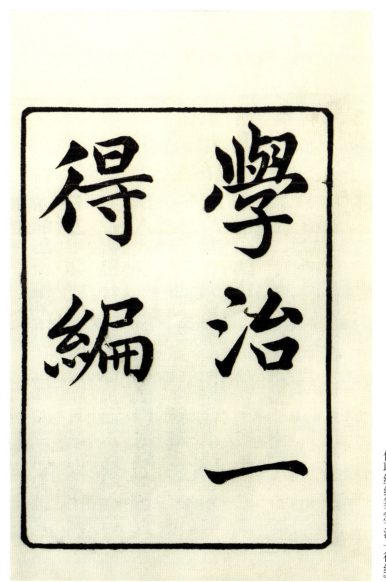

學治一得編

得編

何耿繩編纂《学治一得编》

（1843），增加彭玉雯"序"一文，再刊一版；光绪六年（1880），浙江台州知府徐士銮刊行了第三版；一年后，浙江仁和藏书家葛元煦在刊行"啸园丛书"时，将该书收入，是为第四次刊印。

道光二十六年（1846），何耿绳调补保定知府，发生了一起祁州（今河北安国）邢兰误食毒死人案。邢家人指控是被其妻宋氏谋害，宋氏之兄有口而不能辨。州吏藉索宋家钱财不遂，又唆使一众供述宋氏毒夫，且诬以宋氏与其兄一起毒死邢兰。经勘问审讯宋氏兄，何耿绳也没获得任何毒据。没有证据便不能结案，同僚则期望快速结案，以免轩过了结案期限没结而被处罚；直隶总督也日促详案，何耿绳终不为动，继续暗查此案。先得知州吏唆众之情，又密访邢兰叔婶是为了谋其侄的财产而下此狠手。何耿绳遂下捕令将这对男女拘至府衙上堂，一讯即吐出实情，宋氏冤案乃得以昭雪。及事白，那些被州吏和邢兰叔婶蒙蔽、诳骗的人不得不叹：学治一得，学治一得，何知府既有学又有治，这样的循吏实在难得，实在难得。

道光二十七年十一月（1847 年 12 月），何耿绳擢任清河道导督，领保定、正定两府，易州、冀州、赵州、深州、定州五州河务兼地方刑名钱谷事务。十一月十三日（12 月 20 日），道光皇帝在紫禁城斋宫召见何耿绳。召见前夜，天落大雪五寸，而到了早晨，不但雪停，连天气也晴朗开了。道光皇帝浏览了何耿绳的履历，见是壬午科进士，即有谕出：汝为壬午科进士，进士任事总要实心实意。汝为地方官时被计为循良，司清河道河务兼有地方刑名钱谷之责，要勉力为之。退出斋宫后，何耿绳以诗《丁未年十一月十三日擢任清河道斋宫召见恭纪》答对：

常励臣心艰报称,更承天语重科名。

循良传与河渠志,勉步前贤赞太平。

道光二十九年(1849)冬,何耿绳奏调大顺广兵备道。是时太平天国军奔袭至怀庆,河朔震动,民多迁徙。何耿绳捐资练民勇,严守备,缉奸细,率属安抚镇静,四境肃然。

嗣以腿疾增剧,精力渐瘁,于咸丰三年(1853)冬告休回籍。回两渡后,有《引疾归里感事述怀》诗:

宦海抽身一叶轻,子规啼彻听声声。

裳衣快许华簪换,弦柱羞将锦瑟横。

矛绣巡方惭抚字,鸡窗学古愧科名。

而今归去无他愿,但共苍黎祝太平。

风鹤惊心思黯然,东南匝地遍烽烟。

所嗟年老犹伤乱,自问才疏合让贤。

旧屋摧残荒栗里,乡间旧屋半已倾圮,不堪栖止。

墓门凄怆拜松阡。敬展先茔,不禁年久慕思之感。

买山卜筑知何日,戬影蓬茅手一编。

从官场抽身出来真如一片树叶落在身上那么轻啊,就连杜鹃鸟的啼声,也听得声声真切。赶快换掉官品显贵的华簪,穿上普普通通的衣服,不然,琴瑟上那一弦一柱都难为情地横在那里了。为官时,我穿着

297

绣有獬豸图案的官服巡察四方,很惭愧缺少一个"抚"字,在书斋重温古文,深感愧对进士这个科名。而今离开官场无他心愿,只愿全体百姓共享太平。听到官军和团练还在和太平天国军进行着战争,东南沿海遍地烽烟,我惊惧惶恐,心情沮丧。真是嗟叹年老无用,只能忧伤战乱不止。自己才疏学浅,没有什么收复失地的良策可贡献给朝廷,该让给更有贤能的人了。父辈居住的旧屋就像元代诗人丁鹤年诗中所吟的那样"田荒栗里子孙愁",半已倾圮,不堪栖住,父母的坟墓悲凉的也只剩下拜托松树来陪伴了。而买地建筑新宅,在此定居,我囊中羞涩,不知何日才能有钱盖得起。思来想去,为官之时都没贪一文钱,退隐之后怎么还会置地盖屋呢?只能找一处蓬屋,闲居起来,专心编我的《退学诗斋诗集》。

何立三和其妻曹氏在何耿绳居无所居之时,向子侄伸出了援手:让曹家子弟把何耿绳接到汾阳曹家大院居住,使其将《退学诗斋诗集》编定。

何耿绳被姻亲汾阳曹家接走的事,为两渡何家众子弟知晓后,纷纷出资把何耿绳的祖屋眉寿堂修葺整治,并派子弟把他接了回来。"庚子事变",慈禧太后、光绪帝"西狩",途经灵石,就住在眉寿堂。

咸丰五年二月二十六日(1855 年 4 月 12 日),何耿绳以衰疾不起,卒于两渡。诗礼夙娴的夫人刘氏,先走他一步:咸丰五年正月十七日(1855 年 3 月 5 日)卒,享年七十有一。

何耿绳子何福宇、何福宸在父亲卒后未几,致书都中祁寯藻,哀请为严父慈母撰写合葬墓志铭。祁寯藻接信叹息道:自军兴以来,数年弗见,而君已归道山。余亦衰病日甚,追念平昔,能不慨然!既为志,并系

以铭曰:

> 谓君高第,宜贡玉堂。
>
> 一行作吏,或掩所长。
>
> 及闻治行,声称洋洋。
>
> 乃叹君学,匪独文章。
>
> 双溪之水,其流孔长。
>
> 蓬莱瀛洲,户庭相望。
>
> 孰导厥源,孰济之航。
>
> 千秋铭德,祝此幽藏。

时任体仁阁大学士、军机大臣的祁寯藻将所撰《皇清诰授中宪大夫晋封通奉大夫直隶分巡大顺广兵备河道加三级何君暨配诰封夫人刘夫人合葬墓志铭》寄达何福宇后,何福宇、何福宸、何福案兄弟三人,孙何厚贻、何厚训于六月十三日(7月26日)为先严先慈奉枢合葬于两渡东南山锡封先茔之次。两渡何氏族亲一起参加了何耿绳的下葬仪式。

何耿绳长子何福宇,字尔启,号镜海,另号栋卿。生于嘉庆十六年八月二十二日(1811年10月9日)。道光二十一年(1843)癸卯科顺天乡试第六十名举人。有《霍麓山樵诗集》。先父的遗诗当该由他刊刻,因乏良工,未能付梓。同治十二年(1873),幸赖其妹夫鲍康力任其事,校定为五卷付梓。

何耿绳有女三,一女嫁同邑蒜峪村陈德澐(字润千,号秋渔)三子、

清人绘何耿绳画像（灵石县博物馆藏）

退學詩齋吟稿

靈石　何耿繩　正甫

初春偕劉青園師陸游法源寺

步屧極間趣禪關愜素心早花初破蘂遠樹漸成陰

一徑古松色六時清磬音蒼苔游屐遍懷古獨長吟

憑弔叢臺上歸然古殿存講堂尊白足戰骨哭黃昏

短碣餘香積斜陽淡寺門衣冠逢浩劫往事不堪論

君愛初游地誰尋出世因僧翻千偈水樹閱百年春

法雨花間路塵緣夢裏身相期得清趣不負艷陽晨

○春夜小集郎莢溪學正汝琛小游仙吟館次劉

何耿繩《退學詩齋吟稿》稿本

301

道光元年(1821)辛巳科举人陈梅鼎。一女嫁著名古钱币收藏家鲍康。

何耿绳女婿鲍康(1810—1881),字子年,号观古阁主人,晚号臆园野人,安徽歙县人。道光十九年(1839)己亥科举人,官内阁中书,同治八年(1869)出任四川夔州知府,历三年,同治十一年(1872)因忤上官而去职,解组回京师,退隐臆园。著有《观古阁泉说》《观古阁丛稿》《续丛稿》《观古阁丛稿三编》《大钱图录》。藏书家潘祖荫对鲍康的古钱币收藏和研究有论评:"蓄泉最富,耽玩四十余年,故于源流正变,真伪美恶,辨别精严,当世无其比也。"鲍康的诸多藏品中,何耿绳曾赠"大明宝钞"二纸;妻兄何福宇"取旧藏刀布六百余悉寄"与他:"凡齐刀四十,磐折刀一百三十七,尖首刀四十三,圆首刀四,方足布三百五十一,尖足布五十九,空首布五,当爰诸布七,另赠列国币三十余种。"

故此,鲍康对《退学诗斋诗集》刊刻有言:

> 外舅玉民先生卒廿年矣。遗诗藏诸家,以乏良工未付梓,不才如康亦因循,迄今弗遑襄厥成,中夜疚心呼负负耳……外舅诗不恒作而清新俊逸,兼擅其长,尤得诗人温柔敦厚之旨,一如外舅之历官繁剧,所至不事赫赫名,而去后恒慕思不置。其感人也,深有抱之不能尽者,海内诗人悉知之……独外舅于诸婿中视康最厚,望康亦最深……今发鬒鬒白矣,校刻遗编,追念畴昔,其感怅交集,且悚且惭,有非毫素所可殚述者,外舅有灵,知我悲也。
>
> 同治十二年夏六月婿鲍康谨序

十　家声继起何立三

嘉庆十一年（1806），何道生在赴宁夏知府任的途中，满目都是暮春景象，也许有什么不祥预感，写下了《述怀却寄家人并柬京中诸朋好十首》。其中之六写道：

> 有弟都如玉树行，家风不佩紫罗囊。
>
> 宗窗夜静宜温卷，韦幔春深好奉觞。
>
> 至乐一庭联骨肉，大文六籍助笙簧。
>
> 更怜季也聪明到，忆我犹应梦朔方。

何道生七岁时，生母梁夫人病逝。十岁时，父亲何思钧继娶了张夫人，对他和长兄元烺如同己出。乾隆四十四年十一月十九日（1779 年 12 月 26 日），他的同父异母大弟弟何立三出生，之后又有了二弟维四、三弟慎五和季弟漱六。在他中举之前，除了学业，兄弟几人经常嬉戏玩耍。诗的首联便把他们兄弟与别家子弟的不同之处写了出来。他用《晋书·谢安传·谢玄传》中的"玉树"典故，比喻"方雪斋"子弟，如"芝兰玉树"一丛,共六枝,都不佩带纨绔子弟们以紫罗缝制的精美香囊,而是像"玉树"那样风度潇洒,气宇轩昂,维护并传递着朴实无华的家风。

颔联是说:夜静时分,月亮当头,最好的事情就是在祀奉祖宗的房屋窗下,把自己县、府、乡试时所作的诗文卷子,好好誊写一遍,以便送给那些真正有学问的学士"温卷",好让这些名士知道你的史才、诗笔和议论水准。下句"韦幔",同样是《晋书》中的一个典故。《韦逞母宋氏传》说:苻坚曾到太学问博士们学习经典的情况,感慨礼乐的遗缺。博士卢壶说:现在废学已久,书籍流失很多,经过几年整理,差不多都齐了,只有《周官礼注》还没有人传授。韦逞母宋氏是儒学世家之女,从小通晓《周官》音义,虽已八十高龄,但只有她可以讲授。于是在宋氏家中设立讲堂,让一百二十名学生隔着绛纱帐幔听她讲授,时称宣文君。"奉觞",敬养之意。唐李绅《却渡西陵别越中父老》诗,有"倾手奉觞看故老,拥流争拜见孩提"句。何道生全句的诗意是:春意浓郁之时,正好是给有才学的祖母和母亲举杯敬酒的好时节,以感谢她老对我们的悉心照料和学问上的传授。

颈联说:人间最快乐的事情是一个家庭的骨肉相连,至亲至爱;宏大的文章,经典的作品是六部先秦古籍《诗》《书》《礼》《易》《乐》《春秋》,我们兄弟六人一齐诵读这六部伟大的作品时,如同笙簧助兴一般,场面之热闹真是令人难以忘怀。

尾联说:更让我爱怜的是小弟弟漱六也那么聪明懂事,临别时嘱咐我:"唐代就有朔方镇了,治灵州(今宁夏灵武西南),你做梦也该梦到朔方的家乡(灵石)呀。"

何立三,字子久,号恒斋,监生。其兄何元烺、何道生及同榜进士第,他益发自奋。嘉庆六年(1801),参加辛酉科顺天乡试,首场刚下来,父亲何思钧遽归道山。依大清"丁忧"例:无论是士子还是朝廷命官,父母亲如若去世,无论考完没考完,也无论何官何职,从得知丧事这一天起,必须回籍守制二十七个月。何立三遂从考棚归家丁外艰。

越三年,何元烺、何道生相继出仕到外面做官,何立三遂承担起综理家务的重任,得暇即手持经书一编苦读。后屡试屡踬,不得不长叹一声"得失命也"而告罢,以例任大理寺司务(正六品)。

大理寺,顺治元年(1644)设立,为平反刑狱的机关。总的职掌是刑名案件,与刑部、都察院并称为"三法司"。凡重大案件,令"三法司"会勘,先经刑部审明,送都察院参核,再送大理寺平允。在京城的案件,则派人赴刑部一同会审。如有大案要案,谕交六部尚书及都察院御史、大理寺卿、通政使议办的,则与六部、都察院、通政使司会议具奏。所谓"司务",就是掌稽本寺吏员与工役事务,收接外省衙门文书,并将左、右二寺承办的案件,每月造册送都察院注销。此外,每年内应照刷之文卷,亦移送都察院办理。

何维四,字竹友,号筠士,嘉庆十五年(1810)庚午科顺天乡试举人,实录馆誊录。实录馆是一临时机构。上一代皇帝死后,由新嗣位的皇帝特命开馆纂修已死皇帝的实录,临时抽调在职官员组成纂修机构,是为特设之馆,事毕即行解散。何维四入实录馆,实为嘉庆皇帝为乾隆皇帝纂修实录事。实录馆事毕,何维四外放山东范县知县,未至而殁,殊为可惜。

何慎五,字徽之,号克斋,道光二年(1822)壬午科顺天乡试举人。

国子监典簿(从八品),升銮仪卫经历(从七品),光禄寺署正(从六品),广西左州知州(从五品)。其夫人为乾隆二十八年(1763)癸未科进士孟生蕙女。

孟生蕙,号兰舟,山西太谷人。历官翰林院编修,国史馆纂修,京畿道监察御史,通政使司参议,有《兰舟先生诗文稿》。孟安人初不生育,何立三将七子何炳经嗣出给何慎五为后,孟安人连生六子。其四子何耀纶为咸丰元年(1851)辛亥恩科顺天乡试第十四名举人,与侄儿何福奎为同榜举人。

何耀纶,字光甫,号芝阁,生于道光八年十月初九日(1828年11月15日)。咸丰三年(1853)癸丑科进士,翰林,武英殿纂修,国史馆协修,吏部验封司主事,稽勋验封司员外郎,考功司主事,郎中。光绪三年五月十九日(1877年6月29日),内阁奉光绪皇帝上谕:"四川顺庆府知府缺员,缺著何耀纶补授。"由于没有例行召见,何耀纶在光绪三年五月二十一日(1877年7月1日)离京赴任之前,特向光绪皇帝上了一个谢恩的折子:

奏为恭谢天恩仰祈圣鉴:

窃臣晋疆下士,知识庸愚,由翰林院庶吉士散馆,签分吏部行走,荐升郎中,京察一等,俸满截取,记名以繁缺知府用。涓埃未报,兢惕方深,兹复渥荷温纶,补授今职,自天闻命,倍切悚惶。伏念四川为繁要之区,知府有表率之责。臣梼昧惧弗克胜,惟有吁求宸训,敬谨遵循。俾到任后于一切事宜,矢填矢勤,以期仰答高厚鸿慈于万一。所有微臣感激下忱,谨缮折叩谢天恩。伏乞皇太后、皇上圣鉴。谨奏。

命运不济的是,何耀纶在赴顺庆府任时,竟卒于绵州道中。

何慎五有女一,适山西高平封疆大吏祁埥曾孙祁㯋。

祁埥(1777—1844),字竹轩,又字寄庵。嘉庆元年(1796)丙辰科联捷进士。历任刑部主事、员外郎,累迁郎中,河南粮盐道。道光五年(1825),授浙江按察使,迁贵州布政使。道光十年(1830),调广西巡抚。道光十三年(1833),改广东巡抚。道光十八年(1838),授刑部尚书。道光二十一年(1841),授两广总督。

何漱六,字润之,号艺圃,两淮候补盐运司运判。

道光元年(1821),何立三被授湖北安陆府(今钟祥市)水利同知(正五品)。安陆府,辖钟祥、京山、潜江、天门四县,府治在钟祥,水利廨衙驻臼口镇,去钟祥百余里,与京山、天门、沙洋、屈家岭四县相邻。臼口因臼水而得名,臼水发源于钟祥与京山交界处的聊屈山,西南流入汉水。臼水河道两岸筑有堤防,堤岸后面即为汉江平原腹地。因水土肥沃,沿堤两岸农家经常因地界和浇灌发生争端,到廨衙争讼,而水利廨衙掌管簿书案牍的小吏往往以此为捞取钱财的良机,给钱办事,不输送利益者败诉,结果纠纷小事常常酿成大衅,甚至械斗。何立三履任后,革除陋规,严禁吏胥滋扰案件审判,对争辩是非的诉讼者必多方开导,使之悔悟,你让我一寸,我给你一尺的互谅互让之事逐渐增多。

某日,有前来买卖的客商与当地土豪相持,将成械斗。何立三闻讯,即派衙役前去械斗现场出示晓谕,双方无视,何立三率吏卒亲往弹压,地豪和客商敛畏,息斗散去。事后,有乡绅和官吏竭力劝阻,说你这样干,不但会毁掉仕途,还会有被人陷害的危险。何立三不听,清操益坚。经过一年多的整顿吏治,以理服民众,前来官署诉讼者愈来愈少,官斋萧然,臼水河两岸呈现出一派惠风和畅的局面。

道光二年(1822),胞弟何维四宰山东范县未至而殁,张太夫人遭此意外,伤之太切。何立三得知,亟思终养太夫人天年,遂辞职请归。时任湖广总督的金石学家、经学家阮元慰留甚力,但何立三孝母意切,终不为动。去之日,士民在路上设宴为何立三送行,多有"好官不长"之叹。对此,清朝重臣、三代帝师祁寯藻用《荀子·强国》中的一句话论评道:"是以为善者劝,为不善者沮。"意思是:做好事者受到鼓励,做坏事者受到制止,各种事情才能办成,功业名声才可卓著。

回到京都后,何立三杜门不出。自奉甚薄,而待人独厚。凡遇亲朋好友赒急危困,无一不周济救助。过去在大理寺的同僚因违纪罚派戍边,出金助之;有位亲戚为浙江县令,亏库项贷,出资千金补足亏空,安得无事;又有友人授选广西同知,不能赴任,亦以数千金济其成行。凡庄重不轻浮的同族亲戚有缓急求,无不应至。像掩埋暴露的尸骨,为缺医少药之人施药之事,一以实心救济之。

何立三善医术,求诊者无虚日。祁寯藻母亲刘太夫人在京时,一有病痛,则必延何立三前往诊视。何立三一到,刘太夫人病痛即好一半,再经诊治、服药,另一半病痛即刻亦愈。

道光十二年(1832),何立三母亲无疾而终。守丧期满,除服,再补湖北安陆府原缺。

道光三十六年(1836)夏,襄樊两地暴水如注,沿江河段的襄江江水猛涨。八月十四日(9月24日),何立三登堤抢筑,夜半不休,以疲劳过度引发心脏病,猝死在抗洪抢险的堤坝上,享年五十八岁。

如今的襄江,早已消失,悬水成为一个人工湖泊。而当年何立三站立在襄江堤坝指挥抢险的事迹,没有一个钟祥市民知道,也没有一个文人提及。消失的不只是襄江这条河流,还有"报本追远"之心。

道光十七年(1837),何立三归葬祖茔之次,其子何焕纶具状请时任兵部左侍郎、南书房翰林祁寯藻撰写墓志铭。墓志铭是叙述死者生平,加以颂扬追思逝者功德的一种文体,文尾的"铭"用韵。两渡何家与寿阳祁家交契到祁寯藻时, 已有二世。先是何思钧与祁寯藻之父祁韵士在四库全书馆为馆僚,因四库全书馆只有他们两位山西人,所以相契独深;后是其兄祁寀藻与何道生孙何福宇为道光二十三年(1843)癸卯科乡试同年, 何立三五子何焕祖还与其兄为癸卯科山西乡试同年。二世之交, 再加同年乡谊,所以才有了祁寯藻这篇亲自撰文并亲自书写的墓志铭,也有了"两世故交,维桑与梓,宜铭厥幽,以遗百祀"的感言。

祁寯藻书法名重一世,此为其中年精诣之笔册,一直为何家子孙历代所守而弗坠。一是为了"祖德常昭",二是见到这册页,就像见到了家乡桑梓一样,联想到这是两家先人世代故交的证物,必恭敬止,维系永久——光绪年间,两渡何氏十五世何乃莹与祁寯藻子祁世长交契更深,唱和颇多。灵石两渡何家与寿阳祁家的二世故交,延续为再世之交。祁寯藻此篇《皇清诰授奉政大夫湖北安陆府同知恒斋何君墓志铭》,由任国维、刘长海等人主编的国家清史编纂委员会"文献丛刊"《祁寯藻集》(三晋出版社,2011年2月版)未收录。

勤武曰

行不曰

言應天

曰賓不

曰文

同治三年

上元甲子

四月書于

東華軒

齋七十歲

祁寯藻

310

祁寯藻行书《格言》卷（十八世何引保存）

皇清诰授奉政大夫、湖北安陆府同知恒斋何君墓志铭

赐进士出身资政大夫兵部左侍郎南书房翰林年愚侄寿阳祁寯藻撰并书

赐进士出身荣禄大夫经筵讲官户部右侍郎兼管钱法堂事务姻愚弟歙程恩泽篆盖

君姓何氏,讳立三,字恒斋,山西灵石县人也。曾祖溥,祖世基,父思钧,乾隆乙未科,入词馆,世所称双溪先生者,与先君子契独深。先生好善乐施,勇于为义,及文人学士才品之殊达者,无不倾心周接。生六子,君居三,幼即嗜读,性沉厚。时兄砚农、兰士两先生以同年登上第,君益自奋。嘉庆辛酉,试京兆首场毕,遂丁外艰。越三年,两兄相继出仕,君综理家务,暇即手一编不辍。后屡踬,乃叹曰:"得失,命也!"以例为大理寺司务,俸满,选授湖北安陆府同知。京宦十八年,勤慎趋公,无少贻误。及外任,益自励,耻为俗吏。丞廨驻白口,沿江堤土人好讼,往往以细故酿大衅。君严禁吏胥滋扰,而于讼者必多方开导,使悔悟。乃已尝有客商与土豪相持,将成械斗。公闻,出示晓谕,又亲往弹压,豪商敛畏,卒散去。

初履任,革除陋规,人争沮之不听,官斋萧然,清操益坚。逾年告归,制府慰留甚力;去之日,士民祖饯者,咸有"好官不长"之叹。

先是君弟维四宰山东范县未至而殁,君之出都也。太夫人

312

意若有恻，君喻指，故亟归养太夫人终天年。居忧杜门不出，生平娴人之急。同寅有缘事戍边者，出金助之；戚某为浙令，亏库项贷，以絫千金，得无事；又友选广西同知，不能赴任，亦以数千金济其行。凡族党娴好有缓急求，无不应至。若掩骼施药之事，一以实心为主；又善医，求诊者无虚日。寓先太夫人在京时，有所苦，则必延君，君悉心诊视，率随手愈。尝书庭训，以"惜福积德"为子弟劝。敝衣疏食，自奉甚薄，而待人独厚。服阕再之楚补原缺，适襄江涨，登堤抢筑，夜半不休，以劳发病卒。

君生于乾隆四十四年十一月十九日酉时，终于道光十六年八月十四日申时，享年五十有八。配曹宜人，乾隆乙未科进士、翰林院编修、吏科给事中，讳锡龄公女。子九人：焕纶，壬午科举人，户部员外郎；唤绪，监生，候选县丞；焕经，壬午科举人，国子监助教；光绶，四川江安县典史；焕组，监生；照纶，前两浙候补盐经历；炳经，监生，候选盐知事，嗣出；焕绮，监生；炳纹，议叙从九品。女一，适介休宋铭尧。孙男十六人，孙女十一人，今以丧归卜于道光十七年×月×日，葬君于官家严祖茔之次。其子焕纶辈具状来征铭，寓以世谱于君事，尤谂谊，不克辞，铭曰：

出为循吏，归为孝子。

名为良医，实为善士。

惜福积德，言犹在耳。

楚江再泊，万口嗟美。

天假之年，岂其止此。

子孙绳绳，家声继起。

废则有余，善固足恃。

两世故交，维桑与梓。

宜铭厥幽，以遗百祀。

何立三妻为其父何思钧同年、山西汾阳曹锡龄之女。

曹锡龄，历任翰林院编修，京畿道监察御史，吏科掌印给事中，巡视东城南城、抽查五闸漕粮，云南学政，乾隆四十五年（1780）庚子科四川乡试正考官。其父曹学闵，字孝如，号慕堂，乾隆十九年（1754）甲戌科进士，翰林，历官河南道御史，鸿胪寺少卿。其子曹汝淳为嘉庆四年（1799）己未科进士，翰林，刑部浙江司主事，总办秋审处，刑部主事，甘肃泾州直隶州知州。汾阳曹氏亦为科举世族，与灵石两渡何氏联姻，门当户对。

何立三与曹宜人生子九，曾书庭训，教育子弟要"惜福积德"。

长子何焕纶，字言如，道光二年（1822）壬午科顺天乡试举人，官户部四川、福建司员外郎，东河候补同知，署卫粮厅通判，著有《棠阴书屋诗集》。何焕纶子何福恩，道光二十九年（1849）己酉科顺天乡试举人，官浙江庆元县知县。

次子何焕绪，字柳堂，监生，候选县丞。

三子何焕经，与叔何慎五和长兄何焕纶同为（1822）壬午科顺天乡试举人，时有"叔侄兄弟同榜举人"美誉。

四子何光绥，字缙轩，四川江安县典史。

積德言猶在耳楚江再泣萬口嗟美天假之年
豈其止此子孫繩繩家聲繼起慶則有餘善固
足恃兩世故交維桑與梓宜銘厥幽以遺百祀

候選鹽知事嗣出煥綺監生炳紋議敍從九品
女一適介休宋銘堯孫男十六人孫女十一人
今以喪歸卜於道光十七年　月　日葬
君於官家嚴祖塋之次其子煥綸輩具狀來徵
銘窩以世譜於君事尤諗誼不克辭銘曰
出為循吏歸為孝子名為良醫實為善士惜福

嘉慶辛酉試京兆首場畢遽丁外艱越三年兩
兄相繼出仕君綜理家務暇即手一編不輟後
屢躓乃歎曰得失命也以例為大理寺司務俸
滿選授湖北安陸府同知京官十八年勤慎趨
公無少貽誤及外任益自勵恥為俗吏丞廨駐
曰口沁江隄土人好訟往往以細故釀大釁君

君姓何氏諱立三字恆齋山西靈石縣人也曾
祖溥祖世基父思鈞乾隆乙未科入詞館世所
稱雙溪先生者與先君子契獨深先生好善樂
施勇於為義及文人學士才品之殊達者無不
傾心周接生六子君居三幼即嗜讀性沈厚時
兄硯農蘭士兩先生以同年登上第君益自奮

皇清誥授奉政大夫湖北安陸府同知恒齋何

君墓誌銘

賜進士出身資政大夫兵部左侍郎　南書房

翰林年愚姪壽陽祁寯藻撰幷書

賜進士出身榮祿大夫　經筵講官戶部右侍

郎兼管錢法堂事務姻愚弟歙程恩澤篆葢

319

五子何焕组,字心仙,道光二十三年(1843)癸卯科山西乡试举人,咸丰十年(1860)官江苏华亭知县,署江阴知县,钦加同知衔。

六子何照纶,字省薇,两浙候补盐经历。

七子何炳经,监生,候选盐知事,爰继给胞弟何慎五为嗣。

八子何焕绮,字霞城,道光二十六年(1846)丙午科顺天乡试举人,与其侄何福咸同榜,再添"叔侄同榜举人"科名。

九子何炳纹,字锦轩,后改名何锦,议叙从九品。

何立三有女一,适介休宋铭尧。

十三世何焕经,字纬文,号耕畲,初为国子监助教,咸丰元年(1851),任奉天府复州知州(今大连瓦房店);咸丰五年(1855),任奉天府金州厅知州兼海防同知;咸丰八年(1858),迁云南剑川、昆明知州;同治七年(1868),再任复州知州;咸丰九年(1870),任宁近州(今辽宁兴城)知州,奉天府治中。何焕经妻袁宜人生子四:何福荃、何福增、何福善、何福嵩。

十四世何福荃,号备之,附贡生,咸丰九年(1859)己未恩科乡试挑取实录馆誊录,议叙两浙候补盐场大使,配张氏,继樊氏,生子四:长子何厚安、次子何厚吾、三子何厚贻、幼子何厚倜。

何厚安,字子敦,中殇。

何厚吾,原名厚宽,字子宽,号爱庐,太学生,直隶候补县丞,保升知县,钦加同知衔,署赤峰县知县,代理乌兰哈达税务部院;光绪二十八年七月(1902年8月),由直隶总督袁世凯奏请署成安县知县(今河北邯郸辖县),后为安平知县(今河北衡水辖县),钦加四品顶戴,署朝阳县知县兼署朝阳府知府。有《爱庐诗草》遗稿,以"放言集"、"汗颜

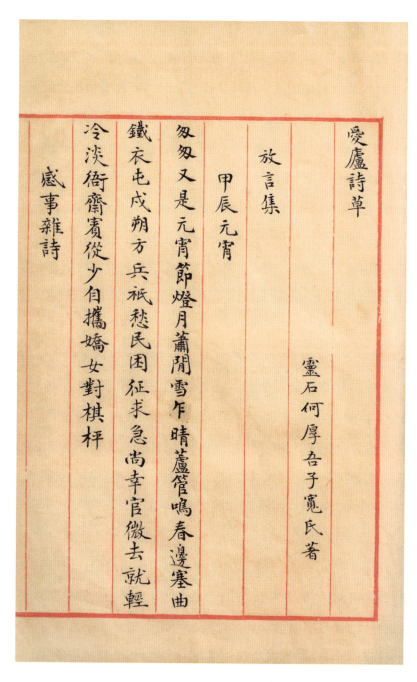

愛廬詩草　　　　　　　　　　　靈石何厚吾子寬氏著

放言集

甲辰元宵

匆匆又是元宵節　燈月蕭閒雪乍晴　蘆管鳴春邊塞曲

鐵衣屯戍朔方兵　秪愁民困征求急　尚幸官微去就輕

感事雜詩

冷淡衙齋賓從少　自攜嬌女對棋枰

何厚吾《爱庐诗草》稿本

321

集"、"出岫集"、"投戈集"、"跋骠集"、"沽上闲吟"、"东归集"、"军中酬倡集"、"滦阳集"记述同治六年(1880)开始的人生经历和甲午战争、庚子事变抗击外族侵略的战事感怀。何厚吾娶同知轧懋桢长女为妻,生子五:何蕃荫、何泽贤、何泽贲、何泽赆、何泽宝。因堂兄何乃莹独子何兆勇早殇,将长子何蕃荫爱继给何乃莹为嗣;次子何泽贤,过继给已故从堂兄弟何厚惠名下"顶门"。

何厚惠,同治六年(1867)丁卯科顺天乡试第十九名举人,官刑部湖广司郎中。何厚惠的房师为第五房的翰林院编修、国史馆协修、功臣馆纂修曹霞屏。曹霞屏这一房共取中正榜十七人,何厚惠为第五房第二名,第一名是顺天府籍的王玉森。因曹霞屏为董文涣的通家,依旧例,董文涣也把何厚惠视为小门生。

董文涣(1833—1877),字尧章,号研秋、研樵,山西洪洞人。清咸丰、同治年间名诗人、诗律学家。咸丰六年(1856)丙辰科进士、翰林。历充国史馆协修、功臣馆提调、武英殿协修、文渊阁校理、纂修。同治五年(1866),授甘肃甘凉兵备道,次年赴任。途经陕西,为护理陕西巡抚林寿图奏留,返太原设陕甘米捐总局山西分局,办米捐事务。这期间,在甘肃正宁任知县的两渡何家十四世何福海与之交往甚密。

董文涣弟董文燦(1839—1876),字芸龛,又字藜辉。咸丰十一年(1861)辛酉科乡试举人。同治二年(1863)得内阁中书衔。历任国史馆、平豫方略馆校对。董文燦原聘申氏,系道光十九年(1839)己亥科举人申言谌孙女,优廪生申衍沅女;继娶侯氏,系原工部虞衡司郎中、湖北郧阳府知府、甘肃甘凉兵备道侯庭樾女。同治二年十月初六日(1863年11月16日),董文燦又娶山西代州文化名门冯嘉谟三女冯婉琳。而两

董寿平为十五世何厚贻绘兰草成扇

渡何家十三世何荣绪长女嫁给代州冯家冯清聘长子冯樾。这样，两渡何家又与洪洞董家有了亲缘上的关系。更为"连环套"的姻缘关系还有一层：冯家的冯廷函将女儿嫁给了汾阳文化世家曹锡龄为妻，而曹锡龄又将女儿嫁给了何思钧三子何立三为妻。如此这般，两渡何家不是因同年就是因姻亲，与山西寿阳祁家、代州冯家、汾阳曹家、洪洞董家等文化家族都有通家之好。董文涣之孙董寿平，在民国年间曾为两渡何家十五世何厚贻绘过兰草成扇等作品，便是这种世交之证。

文化世家的联姻关系，现在时常被人们谈起。谈论最多则是如何互相依附，富上加贵。其实，从两渡何家的姻亲上来看，当时的文化世家联姻，并没有以"富上加贵"为目的，更多的则是"门当户对"、"诗礼家风"层面上的考虑。

何厚吾三子何泽赉，字梦弼，中殇。四子何泽觃，字受彤，号霨修。

幼子何泽宝，字海珊，号硕民，民国元年（1912）考入北平工业专门学校，民国四年（1915）留学美国伊利诺大学，后转普渡大学攻读汽车机械制造专业，获学士学位；民国九年（1920）考入纽约州立大学，获硕士学位，民国十三年（1924）归国，任北平大学第一工业学院、东北大学、唐山交通大学、国立山西大学工学院院长、机械工程系主任、教授；新中国成立后，任第一机械工业部第一设计院主任工程师。

何厚贻，字子良，号霍樵，太学生，山东补用县丞，署长山县典史，晚清时在奉天府任知县，配倪氏，继干氏，无嗣。

何厚倜，字子文，号亚农，太学生。光绪二十八年（1902）留学日本清华学校后改名为何澄。光绪三十四年（1908）从日本陆军士官学校毕业归国，宣统元年（1909）参加游学毕业生考试，钦赐步兵科举人，陆军部副军校(从三品)。

何焕经次子何福增,字峻之,太学生,生于道光十一年正月二十二日(1831年3月6日),幼即聪颖,及长好学,于经史百家之书,博览靡遗。以科名阨塞,屡试屡北,乃弃举子业。咸丰八年(1858)随侍其父何焕经之官滇南。甫一到滇,何厚增原配王氏病殁,而王氏所生一女又幼亡,悲伤之际,他喜爱上了滇南秀丽的山河,温和的气候,更喜爱这里的风土醇美,惓惓于六诏山川的风物,遂有终焉之志——当年即纳捐盐提举,指分滇南。

在云南,盐政一职由云贵总督兼任。因盐务较简,不设盐运司,而设盐法道,亦称驿传盐法道。盐法道下设盐课提举司,有黑盐井、白盐井和琅盐井三个盐课提举司。盐课提举司设提举一人,驻在井地,辅助盐法道管理井场盐务。时任云贵总督张亮基雅重何福增其才,补琅盐井(云南禄丰县妥安乡)提举。适值民变倡乱,官吏多逃避,悬黑井提举一人无人敢任。由张亮基檄委,何福增兼之。何福增不避艰险,周旋两地,无废事会。

在滇南,何福增欣悦于山川和空气的同时,也给他带来了家庭的温暖。一日,何福增公服晋谒大理知府朱锡祺。朱锡祺见何福增因公务繁累,连官袍都敝旧了也未及补缀,一见就爱其朴诚,以女儿适之。

咸丰三年(1859),以后与两渡何家三世通好的岑毓英第二次募勇投滇,总督张亮基命其筹办团防。

岑毓英(1829—1889),字彦卿,号匡国,广西西林人,世称"岑西林"。同治五年(1866),授云南布政使;同治七年(1868),迁云南巡抚;同治十三年(1874),兼署云贵总督;光绪五年(1879),授贵州巡抚加兵部尚书衔，后改福建巡抚，一年后署云贵总督，再一年后实授云贵总督。光绪二十五年（1889）加太子太保。其子岑春煊，字炯堂，号云阶。光绪十一年（1885）乙酉科乡试举人。光绪二十四年（1898）授广东布政使，改甘肃布政使。光绪二十六年（1900）迁陕西巡抚改山西、广东巡抚。光绪二十八年（1902）迁四川总督，署两广总督，加太子少保，改云贵总督。光绪三十三年（1907）调四川总督未任，改邮传部尚书，同年授两广总督，以病免职。岑春煊子岑德广，字心叔，早年在日本留学，回国后任华盛顿会议中国代表团随员，梧州关监督兼外交部特派广西交涉员、滇桂联军总司令部参议、善后会议议员等职。娶中华民国首任内阁总理唐绍仪女为妻。与两渡何家十五世何澄为契交。抗日战争爆发，不听何澄劝告，于民国二十九年二月（1940 年 3 月），出任汪伪赈务委员会委员长，伪中央政治委员会委员。以后愈陷愈深，民国三十四年五月（1945 年 6 月），出任汪伪中央政治委员会最高国防会议秘书长，总监部总监，成为中华民族的罪人。

　　岑毓英初办团练，慕何福增胆略，便约前来襄助。一日，岑毓英在盐署议商防剿流民土匪事，匪众侦知，以数百人围攻盐署。何福增先让岑毓英由署后暗门走脱，自己则易官服升堂以待。匪众蜂拥而入，用刀猛劈堂案，凶神恶煞地叫嚷快把官贼岑毓英交出来！何福增色不少变，厉声反问道："何有岑公，有余而已。"匪众狂呼，欲掳何福增走。争持间，忽有一匪首持枪跃马进入盐署，怒叱诸贼曰："何公遇我厚，且莅任两年，于盐户无丝毫扰，何得如此肆无忌惮？"其中一人不听，仍要掳走何福增，匪首以枪将其刺死，匪众始相率去。事后，何福增探访此匪首，原来姓刘，系本地盐户，前以盐案羁押狱中，前任盐提举向他索贿不得,关押了两年。何福增接任后,查其无辜,予以省释,刘盐户感激此恩,故以为报。

岑毓英既免于难,复请总督张亮基将何福增调来大练团勇,痛剿悍匪。岑毓英因此而立大功,何福增亦因军功被奖蓝翎。

同治元年(1862),回乡为母曹宜人守丧丁忧的何焕经闻滇匪未平,又以其母叨念新妇未及见而心切,函谕何福增辞官前来侍养。何福增遵父母命请辞得准,携眷离滇。

回到复州,何福增继妻朱夫人躬亲侍奉公婆。袁太夫人髦年多病,每晨必进燕窝,朱氏亲自为之,每于冷水中剔燕毛,辄至更深。天寒,手指冻裂,袁太夫人见而问之,则诡辞应对。及后此事为袁太夫人知晓,乃叹曰:"甚矣,吾归之孝也,其处妯娌也。"自有之衣饰,凡伯母、婶母所无者,朱氏都赠之。并说:"我来自宦家,若自炫其有,以形人之无,此小家气习,吾不为也。"

袁太夫人老而嗜睡,每天午膳后辄倦卧,醒后又喜听说传。何福增于是遍觅诸小说并《史记》《搜神》各书,演为白文,津津道之,以博心欢。入夜,何福增必俟母亲就枕后,才移灯而去,如是数年,以为常态。

同治十三年(1874),岑毓英升云贵总督,屡驰书敦聘何福增,尚有"某有今日,皆公之赐"等语,何福增均以亲老婉辞。

及至何焕经和袁太夫人先后离世,何福增哀痛逾恒。殁后,不假匠手,亲自为棺材加髹漆。归榇,由复州至灵石两渡,步行数千里,途次每饭必祭,登山涉水必亲扶,以行抵里,安葬庐墓。服除,何福增才就聘于奉天岐元将军幕府。

岐元,字子惠,满洲正红旗人,清宗室。先后在道光、咸丰、同治三

1911年5月，奉天度支司使赵允卿（山西平遥人）迁任安徽劝业僚吏，同仁在沈阳万泉河咏幽池摄影纪念。前排左七为何厚启。

今署奉天度支司平遼
趙允卿司使奉
朝命移住皖省勸業僚吏公
餞於城東萬泉河之咏齓池
館撮影以為紀念中坐者為
公左為陳君振先劉君東娘
于君樹楨王君錫侯劉君文
遜陶君迺瑩陳君慶萱右為
何君厚啓傅君士鋆韓君犖
周君先溁沈君鵬飛沈君宗
郤員君晃其後則左立者為
郝君士碩次則楊君國棟依
卓君文慶陳君峙貝郭君純昌
成君炳中郭君炳南郭君
罪楊君炳黎君尚嶽李君鴻
毓奇楊君孝則以次咸立再

朝任内阁侍读学士。光绪五年（1879）授盛京将军,光绪七年（1881）调成都将军。在岐元幕府,何福增曾上书条陈练新军,于巩国防情事甚详。然而太平日久,朝野皆讳言兵议,何福增的条陈无人理睬。直至甲午战争爆发,海陆两军皆不能依靠,军中及内阁始服何福增有先见之明。

何福增生平不重利禄,官滇数年,清廉自矢,解组归家,囊橐萧然。父母逝后所遗金银衣饰,不自取,嘱朱氏悉举以让兄弟。并说:"我本无能,何忍让先人之物以自厚乎?"其友让类此,以故逝世后一支独贫。娴于政事以外,何福增于文学、书画、音律艺事无一不精,而绘画、制琴、镌印尤为精美。曾传给次子何厚琦自制古琴三张,音极清越,不逊古琴;所作画,写意仿王麓台,工笔师唐寅,遗留数幅,传为家宝。何福增性情和蔼,治家处世悉以宽和,教子弟必以忠厚。晚年虽至贫,而友朋过从无间亲疏,必治具聚饮为乐。每遇丐者至门求乞,与衣食或钱,决无呵逐之举。家族友朋有缓急,必尽力相助,虽典质,也不少给一钱。

光绪十年四月初五日（1884 年 4 月 29 日）,何福增病逝,终年五十三岁。逝后,不独亲朋感痛,即使乞丐亦多以一纸哭弔,盖因恩惠及人之深。继配朱夫人先何福增两年殁,生长子何厚启。何厚启,字裕孙,号畬苏,候选知州,奉天补用知府,宣统三年任奉天度支司司使（正三品）。

民国十一年（1922）,次子何厚琦以"先府君逝世距今亦既四十年矣,厚琦不肖,年事就衰,无能上达,以图显扬。惟惧先府君生平事迹湮久不传,滋为罪戾",特请当时名士林纾谨纂其实,殚述生平事迹。

清封奉政大夫晋封荣禄大夫山西灵石何公墓表

闽县林纾撰文

公讳福增,字峻之,姓何氏,山西灵石县人也。曾祖思钧,以道德文章名于时,官翰林院检讨,桐城姚先生高足,世称为双溪先生。祖立三,官湖北安陆水利同知。父焕经,道光壬午举人,初仕云南剑川知州,改选奉天,卒官军粮厅同知。

公少而颖异,读书穿穴经史,为文往往惊其长老,书画音律靡所不赡。曾手制七弦之琴,发声清越,良工不能过也。顾屡试不售,时剑川公已告归。公引例为监提举,指分滇南。回乱方炽热,公适官监井,而黑井尤为盗窟。总督张公才公,令兼之。时岑襄勤公方家居筹办团防,壮公胆干,引以为助。一日,方就议,门外一壮士怒马抵阶下,引枪谕群贼曰:"何公遇我厚,居此二年,恩尔辈至矣,敢妄动者死!"一贼犹豫,立殊之。既免询诸人,则贼酋刘姓也,以盐户下狱,贿索弗,逐系二年。公出之德,公兹所以报也。岑公伟公勇略,以为奇才。贼平,公亦得奖蓝翎。公既去滇十余年,岑公开府滇中,驰书聘公。书词有:"余得今日,均公之赐。"公卒以终养却其聘。

方公宦滇之三年,元配王夫人逝,大理府朱公悦公廉素以女妻之。时剑川公改选奉天宁远州,以滇回方辚结,不欲以爱子留滇,趣随宦出关。而朱夫人者甚贤而孝,得堂上欢。母袁太夫人晚年慵倦,喜卧听稗官。公取《搜神》《述异》诸书演为弹词,杂以诙啁,太夫人听之忘罢,至于老人就寝始出。既丁内外艰,公念扶榇入关,道路悠渺,因自加髹漆,坚致牢固,逾于名匠,手扶归榇,由复州至山右,徒步数千里,登陟无倦。既归里,下穸庐于墓侧,三月始返。虽钝奴蠢婢,未尝不为动色。服阕,入奉天岐将军幕,上边防条陈,不报。时中日之祸尚未胎也,及光绪二十年战事肇,水陆皆蚏,于是众始服公之先见。

公宦滇未久,无私产。母太夫人所有,悉举以让诸昆。闲日辄以弹琴作画自娱。浅绛师麓台,而界画师六如,皆精绝。处子弟恒以和蔼之容,导之以忠厚,其恤孤怜贫为尤挚。尝经墟墓间见以敝席裹婴娲,公叹曰:此《汉书》所谓"绿绨方底"也。将归,令媪乳之,数日而毙,公为叹息累日。家居好施,迨卒,寠人争市纸钱以吊。公生于道光十一年正月二十二日,殁于光绪十年四月初五日。子四:长厚启,奉天候补知府;次厚琦,清吉林府知府,二品衔,在任候补道,民国简任奉天东边道道尹,三等嘉禾章,一等金质奖章,调任辽沈道道尹;又次厚诚,出继族弟颂臣公;又次厚谟为篦室王夫人出。女三,孙十。厚启既葬公于北乡。长爵垂四十年,以书征文于余。呜呼!何公君子人也。既以勇闻于官,复以孝振其家。余虽不文,重违厚琦之请,谨以辞表其阡。

林纾(1852—1924年),字琴南,号畏庐,福建闽县人(今福州),近代著名文学家、书画家、翻译家。光绪八年(1882)壬午科乡试举人。光绪二十三年(1897),不谙外文的林纾与早年留学法国学部律例大书院的王寿昌合作,由王寿昌逐句口述小说内容,他则用优美的说部文笔记录下来,此即风靡华夏的《巴黎茶花女遗事》。由此而一发不可收,开始了他的著译生涯。与留法的魏翰(中国近代著名造舰专家)、留英的陈家麟(牛津大学文学博士,美国康奈尔大学法学博士)、精通英文的魏易(毕业于上海圣约翰大学前身海梵王渡学院)等人合作翻译了百余部西洋小说,其中不乏世界名著,如《伊索寓言》《黑奴吁天录》,笛福的《鲁滨孙漂流续记》,司哥特的《撒克逊劫后英雄略》,狄更斯的《大卫·科波菲尔德》,托尔斯泰的《恨缕情丝》,塞万提斯的《魔侠传》等。并有《畏庐文集》,画集《畏庐遗迹》,小说《京华碧血录》《巾帼阳秋》《冤海灵光》《金陵秋》等多部。民国十一年(1922),林纾为何福增所作墓表,张旭、车树屏编著的《林纾年谱长编》(福建教育出版社,2014 年 9 月)未收。

何厚琦为庶母王氏所生,字子彰,晚清时官辽阳通化、锦县知事,辽阳知州,吉林府知府。入民国,简任奉天东边道道尹兼外交部奉天安东交涉员,获三等嘉禾章,一等金质奖章;后调任辽沈道道尹兼外交部奉天营口交涉员。妻为张锡銮次女张秀英,张秀英病故后,张锡銮又将小女儿嫁与何厚吾。

张锡銮(1843—1922),字金波,浙江钱塘人。历任直隶海防营务处总办、福建兴化知府、北洋营务处兼发审处总办。中华民国成立后,授任直隶都督,民国元年(1912)任东三省西边宣抚使,调任奉天都督、吉林都督,民国四年(1915)授为陆军上将,任“镇安上将军”,节制东三省军务。善骑马,绰号“快马张”。曾招降张作霖,并收为义子。民国六年(1917)退出军政界,寓居天津。民国十一年(1922)病故,终年八十。著

先府君峻之公行狀

謹按吾何氏先世居河南　縣大石橋明末其祖
立本公始徙山西靈石之兩渡鎮遂家焉累世經營
商工業里稱鉅富逮高大父諱思鈞公始以道德文
學知名於時以乾隆乙未進士官翰林院檢討纂修
四庫全書書成歸里不復出人稱雙溪先生嘗從桐
城姚姬傳先生遊其卒也姚先生為之作傳曾大父
諱立三公官大理寺事務廳出任湖北安陸水利同

何厚琦撰《先府君何福曾行狀》局部

金寶獎章諱任邊藩逡巡尹及次厚諱世繼媵親翼臣公及
次厚諱為慈室王夫人出女三孫十厚啟既葬公于北鄉長
爵垂四十年以書徵文于余鳴呼何公君子人也既以勇聞
于官復以孝振其家余雖不文重違厚琦之請謹以辭表其阡

道路悠渺因自加鬃漆堅緻牢固洵于名匠手扶歸櫬由復
州至山右徒步數千里登陟無倦旣歸里下窆廬于墓側三
月始反雖鈍奴蠢婢未嘗不爲動色服闋入奉天岐將軍幕
上邊防條陳不報時中日之禍尙未胎也及光緒二十年戰
事肇水陸皆觚于是衆始服公之先見公宦滇未久無私產
母太夫人所有悉舉以讓諸昆間日輒以彈琴作畫自娛淺
絳師麓台而界畫師六如皆精絕處子弟恒以和藹之容導
之以忠厚其恤孤憐貧爲尤摯嘗經墟墓間見以黻席裹襲
婣公歎曰此漢書所謂絲絖方底也將歸令媼乳之數日而
斃公爲歎息累日家居好施迨卒窶人爭市紙錢以弔公生
于道光十一年正月二十二日歿于光緒十年四月初五日
子四長厚啓奉天候補知府次厚琦清吉林府知府二品銜

335

門外一壯士怒馬抵埠下引鎗諭羣賊曰何公遇我厚居此

二年恩爾輩至矣敢妄動者死一賊猶豫立殊之既詢諸

人則賊曾劉姓也以鹽戶下獄賄索弗遂繫二年公出之德

公茲所以報也岑公偉公勇畧以為奇才賊平公亦得獎藍

翎公既去滇十餘年岑公開府滇中馳書聘公書詞有餘得

今日均公之賜公卒以終養郤其聘方公官滇之三年元配

王夫人逝大理府朱公悅公廉素以女妻之時劍川公改選

奉天寧遠州以滇回方檗結不欲以愛子留滇趣隨宦出關

而朱夫人者甚賢而孝得堂上歡母袁太夫人晚年憮俙喜

臥聽稗官取搜神述異諸書演為彈詞雜以詼啁太夫人

聽之忘罷至于老人就寢始出既丁內外艱公念扶櫬入關

閩縣林　紓譔文

公諱福增字峻之姓何氏山西靈石縣人也曾祖思鈞以道

德文章名于時官翰林院檢討桐城姚先生高足世稱爲雙

溪先生祖立三官湖北安陸水利同知父煥經道光壬午舉

人初仕雲南劍川知州改選奉天卒官軍糧廳同知公少而

穎異讀書穿穴經史爲文往往驚其長老書畫音律靡所不

贍曾手製七弦之琴發聲淸越良工不能過也顧屢試不售

時劍川公已告歸公引例爲鹽提舉指分滇南囘闥方熾燄

公適官鹽井而黑井尤爲盜窟總督張公才公令兼之時岑

林纾撰《何福增墓表》（十八世何引保存）

337

有《张都护诗存》，集中有《送璋婿官通化》诗：

边城堤上柳，是我旧时栽。

子去刚三月，春风吹正开。

民歌新政美，天遣好官来。

况得贤宾客，欣看制锦才。

薄命伤吾女，一棺萧寺中。

不知风露冷，犹怯战云红。

妙婿今为宰，佳儿亦启蒙。

续姻怜小妹，应已慰幽衷。

张锡銮这首送别其婿何子彰官通化的诗，写于光绪二十一年（1895）农历三月，适为甲午战争中国战败后，清廷全权谈判代表李鸿章在日本下关春帆楼签署中日《马关条约》不久。张锡銮说：边城通化浑江堤岸上的柳树，是我当年（1877）试署通化知县时所栽。子宽婿此时前去赴任，正是春风吹开柳枝万千条的季节。在这春暖花开的好时光，民心所向，要求新政，恰在此时，盼来你这个想有所建树的好官。你是个能给民众带去福祉的太子宾客，人们会以观望的目光看你所做的每一件事。送你赴任，真悲伤我那薄命的女儿，棺材还在寺庙中，不知风寒露冷，但仍然害怕看见战火把云彩都烧红了。妙婿现为掌治民众的县官，几个孩子已入塾"开蒙"，我的小女儿又续姻与你，应该可以告慰长女惦念的一片幽衷了。

郑孝胥题张锡銮《张都护诗存》

张锡銮《张都护诗存》

初度懷前度全家却後身餘生慚馬革盛世作閒人

酒薄杯中綠花遲塞上春子規休勸客吾亦厭風塵

送璋婿之官通化

邊城堤上柳是我舊時栽子去剛三月春風吹正開

民歌新政美天遣好官來況得賢賓客欣看製錦才

薄命傷吾女一棺蕭寺中不知風露冷猶怯戰雲紅

妙垲今爲宰佳兒亦啟蒙續姻憐小妹應已慰幽衷

留別覺仙卽送之通化

根本遼東地風雲莽變遷與君同作客相對各悽然

世事嗟多難行藏欲問天誰能奮身手一掃蜃樓煙

张锡銮《送璋婿之官通化》诗

339

　　晚清何厚琦兄弟、父子照:后右:一、立者长子何泽雷,二、立者次子何泽濂,三、坐者其二弟何厚漠,四、坐者为何厚琦,五、立者三子何泽霖;

　　前右:一、席地而坐者七子何泽洪,二、蹲者四子何泽震,中立者八子何泽霸,四、席地而坐者五子何泽霈,五、席地而坐者六子何泽龙(何代安提供)

何厚琦和张秀英、续姻的张秀英的小妹,共生子八:

长子何泽雷。

次子何泽濂,奉天农业学校毕业后,于民国元年(1911)九月由山西派遣留学日本明治大学,民国三年(1914),加入孙中山创办的中华革命党东京支部,有子二:何长恩、何长安。

三子何泽霖,民国十一年(1922)毕业于哈尔滨工业大学,后留学俄国。娶俄罗斯女玛利亚为妻,有子二:何长谦、何长青,女一:何长瑾。长子何长谦过继给长兄何泽雷为嗣。何长谦,初入辅仁大学肄业,上世纪三十年代,学潮涌动期间辍学赴延安,为中共北平地下党情报系统主要成员之一。后复读于辅仁大学,毕业。"文革"中被康生以莫须有的"八国特务"罪名关押进秦城监狱。1974年4月30日,因胃出血,由秦城监狱送往公安医院,不治身亡。有清一代,迫害文人,还有事实依据可办你,何长谦精通英、俄、日文,尚且还是中共与苏共论战时著名的"九评"俄文最终审定者,亦是《毛泽东选集》俄译本的参与及审定者,居然被打成"八国特务",真是不可思议。

四子何泽震。

五子何泽霈。

六子何泽洪。

七子何泽霸。

八子何泽龙。

何立三八子何焕绮娶顺天府名门世家恽煜女为妻。

生子四,女二:

长子何福奎，字星桥，号莘樵，又号心乔，亦字谦六。咸丰元年（1851）辛亥恩科顺天乡试经魁，记名国子监学正、学录。初放陕西榆林府葭州知州，同治八年（1869）出任汉中府宁羌知州，后署宝鸡县知县。光绪元年（1875）再任宁羌知州，大计卓异二次，升任郿州直隶州知州，以城防出力，赏加运同衔，军功赏戴花翎二品衔，官河南开归陈许河务兵备道，河南通省盐法水利粮储道。光绪八年（1882）壬午科河南乡试外帘监试官；光绪十五年（1889）己丑恩科河南乡试提调官；咸丰八年（1858）戊午科武闱监试官。有《息踵室诗集》。配张氏，诰封夫人。无嗣，取其弟何福桢子何厚康为嗣。

次子何福桢，号青士，太学生。国史馆议叙盐课大使，山东王冈场盐课大使，以甘肃堵匪，保以知县，仍留山东归军功补用，赏戴蓝翎，知州衔。聘查氏，配杨氏，继童氏，诰封宜人，生了一，何厚康，光绪八年（1882）壬午科乡试举人。

三子何福海，字镜波，太学生，官甘肃正宁县知县，奏调金营差遣，以军功保直隶州知州，盐运使衔；甘肃候补知府，以道员仍留甘肃补用；赏换按察使衔，赏戴花翎，保二品衔，甘肃遇缺尽先题报。奏道加二级，改派江苏督办扬州堤工，奏保军机处存记，奏派督办吴淞开埠清丈局兼江苏候补道。有《退盦诗集》。

幼子何福塈，字寿萱，号受轩。同治六年（1867）丁卯科山西乡试中式第二十三名举人，光绪三年（1877）丁丑科会试二甲第四十一名进士，翰林院编修，国史馆协修，福建道掌广西道监察御史，加三级，甘肃按察使，赏戴花翎，升甘肃布政使，两护陕甘总督。有《午阴清舍诗草》。

何焕绮长女嫁咸丰二年（1852）壬子恩科进士、翰林院编修寻銮炜。

寻銮炜为山西荣河（现万荣）人，历官江南、贵州、山东道监察御使、礼科给事中，陕西潼关道。

次女适光禄寺良酝署署正、山西汾阳人韩启鸿。

从清乾隆至宣统八朝，何思钧一支六世共出进士十，翰林六，举人十一。其中兄弟同榜进士二，兄弟进士一，叔侄兄弟同榜举人一，叔侄同榜举人二，父子翰林二，祖孙三代翰林一，祖曾孙四代翰林一。

十三世何耿绳在道光二十三年（1843），闻其子何福宇中式癸卯科顺天乡试举人，侄儿何福咸中式同科副榜，闻捷报日感赋道：

藉甚标花萼，传来榜帖真。

埙篪三世继，堂构一番新。

予家两代乡会兄弟同榜凡四次今宇儿咸侄第三世又如故事。

嗟我成名日，偏为失怙人。

今朝亲见汝，喜极转伤神。

十四世何福海当年回到两渡，曾有《两渡镇故居》诗，其中亦有感慨：

韵事谈红拂，奇峰拥翠鬟。

一编方雪稿，先伯祖砚农公有《方雪斋诗集》。

五世列仙班。余家入翰林者五世九人。

有清一代，京晋两地对两渡何家有"无何不开科"的赞誉，何福海诗句"五世列仙班"说得正是在"惟何为盛"的"堂构"下,两渡何家子弟从涓涓双溪,到一编方雪稿,十卷双藤诗,再至书香延绵的午阴清舍、爱庐诗草,一代接着一代,铺就了中国在科举文化史上一个令人钦佩的文化世族。

附:何思钧一门科名世系表

进士十　翰林六　举人十一

十一世	**何思钧** 乾隆三十六年辛卯科(1771)举人　乾隆四十年乙未科(1775)三甲第八十四名进士　翰林	
十二世	**长子何元焜(榜名何道冲)** 乾隆四十八年癸卯科(1783)举人 乾隆五十二年丁未科(1787) 二甲第八名进士　翰林	**次子何道生** 乾隆五十一丙午科(1786)举人 乾隆五十二年丁未科(1787) 二甲第二十九名进士
十三世	**长子何荣绪** 嘉庆十五年庚午科(1810)举人 嘉庆十九年甲戌科(1814) 三甲第二十一名进士 **次子何炳彝** 嘉庆九年甲子科(1804)举人 嘉庆十六年辛未科(1811) 三甲第七十二名进士　翰林	**长子何熙绩** 嘉庆二十三年戊寅恩科(1818)举人 道光二年壬午恩科(1822) 三甲第三十三名进士 **次子何耿绳** 嘉庆二十四年己卯科(1819)经魁 道光二年壬午恩科(1822) 二甲第二十名进士
十四世		**何福咸** 道光二十六年丙午科(1846)举人 道光三十年庚戌科(1850) 二甲第十二名进士　翰林 **何福宇** 道光二十三年癸卯科(1843)举人
十五世	**何厚惠(何荣绪孙)** 同治六年丁卯科(1867)举人	

三子何立三	四子何维四 嘉庆十五年庚午科（1810）举人	五子何慎五 道光二年壬午科（1822）举人
何焕纶（何立三长子） 道光二年壬午科（1822）举人 何焕经（何立三三子） 道光二年壬午科（1822）举人 何焕组（何立三五子） 道光二十三年癸卯科（1843）举人 何焕五（何立三八子） 道光二十六年丙午科（1846）举人		何耀纶 咸丰元年辛亥恩科（1851）举人 咸丰三年癸丑科（1853） 二甲第八十八名进士 翰林
何福恩（何焕纶次子） 道光二十九年己酉科（1849）举人 何福奎（何焕绮长子） 咸丰元年辛亥恩科（1851）经魁 何福堃（何焕绮四子） 同治六年丁卯科（1867）举人 光绪三年丁丑科（1877） 二甲第四十一名进士 翰林		
何厚康（何焕绮孙） 光绪八年壬午科（1882）举人		

十一　棠棣竞秀又一门

　　明清间有本风行一时的骈体蒙学书——《幼学琼林》(初名《幼学须知》)，此书为江西新建人程登吉(1601—1648)所著。入清，此书更名为《幼学故事琼林》。

　　程登吉在卷二"兄弟"篇中开篇即讲：天下无不是的父母，世间最难得者兄弟。须贻同气之光，毋伤手足之雅。玉昆金友，羡兄弟之俱贤；伯埙仲篪，谓声气之相应。兄弟既翕，谓之花萼相辉；兄弟联芳，谓之棠棣竞秀。患难相顾，似鹡鸰之在原；手足分离，如雁行之折翼。

　　意思是，凡父母无论是以什么方式教育子女，都是没有过错的。人世间最难得的是兄弟，兄弟之间同声相应，同气相求，万不可因细小的事而伤害了手足之情。北魏崔鸿《前凉录》里记载的辛攀与兄鉴旷、弟宝迅，皆以才识著名，有"三龙一门，金友玉昆"的美称，兄弟间都该像辛攀"友季昆"三兄弟那样，具才学并有贤德，方能为世人所称颂；长、仲兄弟好比是陶土烧制的乐器埙，竹制的乐器篪，埙篪只有合奏起来，乐音才能美如天籁，兄弟也应该亲密无间，意气相合。兄弟的和睦友爱，如同花萼相辉，声名自起；在举子业上，更应像棠棣花那样，看似一大丛,其实那丛中的花朵极多极丽,朵朵都在竞相吐艳,与桃李争春。兄弟间患难与共,要与水鸟鹡鸰一般,即使流落在陆地,它的兄弟也会来找寻。

乾隆四十一年冬月(1776 年 11 月),何思钧在成进士的第二年,特意为两渡何家课子孙读书的"双藤书屋"题写了一块"棠棣竞秀"匾额,以此鼓励何氏子孙在生活中要做"金友玉昆",在举子业上要"伯埙仲篪",争取"联翩中科"。何思钧本人对兄嫂曲尽恩敬。中举后见到长兄何思明仍至犹却坐,竦侍若严师。长兄殁后,以自己历官赠兄为翰林院检讨加三级,并以次子何道生历官晋赠长兄为奉政大夫(正五品),掌山东道御史。仲兄何思温殁,以自己的吉壤墓地葬兄长,又以长子何元烺所历官赠仲兄为中宪大夫(正四品),刑部广东司郎中。仲兄所遗三子,全部揽入家中,并教之成材。

何思钧长兄何思明,生于康熙四十八年十一月初六日(1709 年 12 月 6 日),幼而颖异,读书目数行下,行文洒洒,千言立就,于之析理出语,常惊长者。年未弱冠,已名庠序,食廪饩,何思钧常叹不如,但长兄从不以能文而自矜,而是夸季弟为人质朴,制艺文基础坚实。何思明乡试屡不售,年近五十,以岁贡生铨授太原府太谷县儒学教谕,历任八载,致仕归。回到两渡后,以抚爱弟妹卓异而著称。实力行善,不事虚浮,立义学以教子弟,助建祠堂以笃宗支,修桥补路,散粟赈贫,凡有济于乡邻之事,无不有为。有乡绅欲勒石纪其功德,何思明力阻:"吾人敬天行恕,万物一体,虽不能尽人解衣衣之,推食食之,岂有穷困疾苦者介于侧,而不为之所,于心安乎?"并时时告诫子弟:"持身涉世,良非易事,自古圣贤,大抵得力于敬恕者多,盖惟敬可以淑身,惟恕可以行远。

乾隆四十一年（1776）何思钧题"棠棣竞秀"匾

汝曹志之。"后来成进士的李植赞何思明为"肃慎温良,质有其文,谦而弥光"的积善长者。乾隆三十五年八月十四日(1770年10月2日),何思明卒于两渡。

何思明原配夫人为江西临江府知府、湖南长宝盐法道陈子壮女。陈太恭人和继配王太恭人,皆早逝,继配梁太恭人又逝,再娶梁太恭人胞妹为妻。梁恭人生于乾隆元年四月二十五日(1736年6月4日),于何思明殁后十五年卒(乾隆五十年六月二十二日,1785年7月27日),享寿五十岁。

何思明长子何道亨,字嘉会,号礼堂,增贡生。军功议叙主簿,候选州同知,敕授儒林郎(从六品),诰赠朝议大夫(从四品),候选布理问加四级,覃恩诰赠文林郎(正七品),江西永嘉县知县加三级。何道亨长子何荣燦,字耀之,附贡生,江西永宁县知县,军功随带加一级。长孙何庆澄,字东泉,嘉庆九年(1804)甲子科乡试副榜,山东济宁州州判,后升知县。

次子何道兴,字仲起,附贡生,覃恩貤赠文林郎(正七品),江西永嘉县知县加三级,诰赠奉直大夫(从五品),候选詹事府主簿加四级。何道兴长子何赐绶,字佩之,附贡生,候选詹事府主簿,诰授奉直大夫(从五品)。长孙何庆澜,中举后截取知县,未任,返回两渡何家私塾教子弟举业。

三子何道昌,字文枢,嘉庆元年(1796)丙辰科乡试举人,候选部主事。覃恩貤赠承德郎(六品),翰林院检讨加三级,诰赠奉直大夫(从五品),直隶青县知县加三级。

四子何道凝,字聚中,号厚庵,廪贡生,候选州同知,军功议叙五品衔加一级,敕赠徵仕郎(从七品),两浙钱清场盐课大使加一级;覃恩敕赠承德郎(正六品),翰林院检讨加三级,晋赠奉政大夫(正五品),掌山东道监察御史,随带加一级,累赠徵仕郎(九品)。有三子二女:长子何宪绪,字敦甫,号鲁严,两浙钱清盐场大使,署奉化县知县,貤赠奉直大夫(从五品),直隶保安州知州。次子何辉绶,字寔甫,号春舫。嘉庆十八年(1813)癸酉科乡试举人,嘉庆二十四年(1819)己卯恩科三甲第四十四名进士。三子何成禄,字善亭,号春槎,嘉庆二十一年(1816)丙子科副贡,山西盂县教谕,署浑源州学正。

何道凝长女嫁刑部郎中张紫诏长子、嘉庆十八年(1813)癸酉科举人、内阁中书张映昌。次女嫁京师北城兵马司副指挥、江宁布政司理问马思次子马书奎。

马书奎(1794—1851),字娄左,号砚珊,顺天宛平县人(原籍山西介休)。道光八年(1828)戊子科乡试举人,生子二、女一:长子马鏄,道光十五年(1835)乙未科顺天乡试举人,官山东莱芜县知县。次子马鏄,后改名为马寿金,字昆铜,号介樵,道光二十年(1840)庚子科进士,翰林院编修,国史馆提调,国子监司业。

十三世何宪绪有三子:长子何珩福,字华琳,两淮候补盐经历,署新兴、安丰、丁溪盐场大使,代理富安盐场大使,候选知县,钦加同知衔。何珩福有七子,其次子何乃莹嗣嫡堂兄弟何琪福。次子何瑛福,署直隶南皮县典史,调补河南卢氏县典史,军功即补县丞,府知历。三子何玉福,咸丰二年(1852)壬子科乡试举人,同治二年(1862)癸亥恩科三甲第九十九名进士。

嘉庆二十五年四月二十三日(1820年6月3日),何辉绶被授翰林院检讨。道光元年九月(1821年11月),升为武英殿纂修。三年后升为山东道监察御史,稽查户部本裕仓颜料库甲兵米事务。

道光六年二月十九日(1826年3月27日),道光皇帝谕内阁:"据御史何辉绶奏称,刑部署内皂役挈眷居住至七十余家之多,难免匪徒混处,请严定章程,并令各该衙门一例遵照等语。各衙门胥役例有定额,至在署居住者日益增多。刑部为刑名总汇,尤宜肃清。着该堂官严行稽查,如有并非本身着役,潜行寄居者,即行黜逐。并随时稽察出入,杜绝弊端。嗣后如有在署中擅添房屋,容留闲人者,即行惩办。其在京各部院衙门,着一体严查。毋任溷迹,以符体制。"

同日,道光皇帝又谕:"御史何辉绶奏,教官不准干预地方公事一折。据称,上年安徽巡抚张师诚参奏,代理巢县知县万年淳一案,称系密札教官查禀,与体制未协。各省州县,责成督抚两司道府层层稽察,若待教职等官查禀,始行核办。该管上司,所司何事?且恐不肖属员藉端挟制,尤非政体。至佐杂微员,近日往往有禀揭长官之案,于吏治官常大有关系。着通谕各督抚,一秉大公,随时自行查访,无使教职佐杂干预公事,固不可意存姑息,博宽大之虚名,尤不得假手末僚,启倾陷之流弊也。"

何辉绶所奏两折,都得到道光皇帝的首肯:前一件,道光皇帝下谕刑部及在京各部院衙门一体查办;后一件,通谕各总督、巡抚,对教职佐杂干预公事,要随时自行查访。何辉授受此鼓舞,于道光六年十二月十一日(1827年1月8日)又上奏了一个对纳捐者《请变通酌增常例》的折子:

奏为敬陈管见仰祈圣鉴事：

窃惟户部会同吏部奏准酌增常例，区分流品，原与大捐开例不同，自应严定限制，以示澄叙官方之义。惟查现议条款，必正途正身之子孙及胞兄弟侄，方准报捐，是其同父兄弟、同祖叔侄得以及时自效，而同祖兄弟，同曾祖叔侄虽身家清白，转不得遂其报效之忱，似非区别流品之本意。臣思常例，俊秀官生报捐，必须呈明曾祖、祖父三代，原所以备稽覈，果其曾祖父及同曾祖之叔侄、兄弟有系正途出身者，此等人员世受国恩，俱系身家清白，无疑流品，当此筹裕边储之际，莫不承亟图效，似不应阻其急公向上之志。应请敕下部议，将现拟条款量为变通，以宽登进而广皇仁。臣愚昧之见，是否有当。伏乞对鉴谨奏。

因报捐者的身份吏部早有定例，再网开一面，似更为正途出身的士人所反对。道光皇帝对何辉绶的这条酌增纳捐、为官者流品的建议，没有采纳。

道光七年九月（1827 年 11 月），何辉绶给道光皇帝又上奏了一个部院考察保举人员务须革除旧习的折子。他认为，京察为激扬人才大典，凡保列一等人员，行见记名，即蒙简任道府，关系吏治民生，至为重大。各部院长官考察之责者，应以秉公办事之态，对准备列入一等京察者，详慎其办事之始终，勤勉才具之是，再优长悉心鉴酌，列入荐章，方不负圣鉴慎简糜僚之意。现在各衙门积习相沿，有所谓旧京察者，以上届系列一等，经引见而未记名，或记名而未简放，至下次不复问其差使勤惰，尽数列入一等的旧习应当改革。

此上奏很快得到反应：道光七年九月三十日（1827 年 11 月 18 日），道光皇帝下谕：

御史何辉绶奏，部院保举人员，请革去旧习一折。京察为激扬大典，各堂官自宜秉公考核。如该御史所奏：上届保列一等人员，至下次京察，不复问其差使勤惰，尽数列入一等。其办事出力人员，尽为旧京察人员所压，固为祛除积习起见，但此等旧京察人员，如果始勤终怠，自不应仍膺上考。其才具优长、始终勤勉者，又岂容改入二等，转为司员疏通地步？朕三载考绩，一秉大公，各衙门堂官自当仰体朕心，破除情面，核实办理。总视其人之才具办事，以定权衡。不得于新旧之间，稍存轩轾，方合以人事君之义，断不可豫设成见也。

道光九年十一月初八日（1829 年 12 月 3 日），道光皇帝对何辉绶"要对御史慎重遴选"的上奏也甚以为是：

谕内阁：御史何辉绶奏请定保举御史章程一折，所奏甚是。御史为风宪之官，必当慎重遴选。此次保送御史内，兵部郎中李熉，曾任湖北荆州府知府，因才不胜任，改用今职。刑部郎中钱学彬，前在福建泉州府知府任内，有意规避，以才不胜任，请改京职，部议革职。旋经捐复员外郎，推升郎中，复蒙混截取

國恩俱係身家清白無礙流品當此籌裕邊備之
際莫不亟圖報効似不應阻其急公向上之志
應請

勅下部議將現擬條款量為變通以寬登進而廣

皇仁臣愚昧之見是否有當伏乞

聖鑒謹

奏

道光六年十二月　十一　日

御史何輝綬　諸重通的协常例　作級内

奏　吉吉玉　十二月十一日

京察監察御史臣何輝綬跪

奏為敬陳管見仰祈

聖鑒事竊惟戶部會同吏部奏准酌增常例區分流

品原與大捐開例不同自應嚴定限制以示澄

敘官方之義惟查現議條款必正途出身之子

孫及胞兄弟姪方准報捐是其同父兄弟同祖

叔姪得以及時自効而同祖兄弟同曾祖叔姪

雖身家清白轉不得遂其報効之忱似非區別

流品之本意且思常例俊秀官生報捐必須呈

明曾祖祖父三代原所以備核叅果其曾祖父

及同曾祖之叔姪兄弟有係正途出身者此等

人員世受

何辉绥上奏《京察保举务革除旧习折》

繁缺知府，部议降调，又经捐复郎中。此等人员，何得滥行保送
御史？李煴、钱学彬，均着该部即行扣除，毋庸带领引见。嗣后
各部院堂官于所属司员内，凡因私罪降补京职，及不胜外任，
特旨改用人员，不准保送御史，并不得截取外用。

由于何辉绥勤勉于职守，积极建言献策，道光皇帝特授他任山东
莱州府知府。莱州府治所在今山东掖县，辖掖县、潍县、昌邑三县和平
度州。三年之后，又兼护理登莱青兵备道。

道光十七年正月初七日（1837年2月11日），在何辉绥的府辖县
潍县城里，发生了一起暴乱案。一个叫马刚的潍县人，先由白莲教支派
秘密组织之一"坎卦教"起家，后又打起洋人"天主教"的旗号，纠众准
备于事发当日攻打潍县兵营和县署。占据县城后，如响应人众，再设法
抢占青州府城。初七日凌晨，倡立邪教的一众人马，穿戴红黄衣帽直入
县营县署，砍死王、高、方氏三人。当时在县署的候补从九品吕文山，知
县林士骏之子林庆蕃并家人于禄、刘升、李六、夏云、陈森、张春、田福，
衙役张钦、谭世彦上前捕拿匪逆，匪徒各用腰刀向县衙官役混砍，吕文
山当场身死。匪众又到典史衙门砍伤"家人"杨升，至千总衙门砍伤"家
人"葛伦，放出监犯三名。后又至举人刘鸿翱家中，砍伤五人，雇工单奎
因伤毙命，另砍伤在街上拦阻他们施暴的民众数十人。匪众再欲扩大
暴行，适值地方官押解匪首马刚回城，官兵立即对其进行拦拿，有不服
拒捕者，被当场毙亡。

暴乱发生后，山东巡抚经额布十万火急上奏。道光皇帝于道光七年
正月十九日（1837年2月14日）谕军机大臣等：本日据经额布奏，匪徒

358

倡立邪教,聚众赴县营、典史衙署滋闹,戕毙委官,开监放犯。闻捕窜逃,已获犯二十余名。现委署臬司驰往督捕。此案教匪马刚,在潍县境内徐忻家窝藏,既经该县林士骏访闻查拿。何以并不小心防范,致令匪犯男女三四十人各持刀械,至千总、县丞、典史并县署滋闹,扎伤数人,并将委员候补从九品吕文山戕毙,并开监门放犯逸出,究竟其教始自何年?教首何人?起意滋事之犯是否已在现获马刚等之内?受伤实有几人?所放监犯若干名数?是否均已拿获?着经额布据实查明,严切审究,务尽根株,毋令一人漏网,以伸国法而快人心。其被戕委员候补从九品吕文山,着查明咨部照例赐恤。将此谕令知之。

道光十七年正月二十一日(1837 年 2 月 16 日),道光皇帝又谕内阁:经额布奏参,失察邪教之文武员弁,请旨革职,并将该管知府摘去顶戴,勒缉一折。山东潍县教匪马刚等聚众滋事,直入县营各署,戕毙委官,开监放犯,伤毙多人,该地方文武各员,实属溺职无能。虽据该抚奏称先后拿获马刚等三十四名,奸毙及自戕者六名,而在逃匪犯尚多,难容此等劣员,因循贻误。潍县知县林士骏,千总王英魁,潍县县丞陈葆清,典史董璜书,俱着革职。莱州府知府何辉绶着摘去顶戴,仍严饬缉拏匪犯,以示惩儆。

何辉绶和登莱青道吴振棫虽然奋力追捕案匪,但在道光十八年十二月十二日(1839 年 1 月 26 日),已被摘去顶戴留用的何辉绶仍被道光皇帝谕令:"前任莱州府降调知府何辉绶率行审转,著交部,分别议处。"

在所属辖区出了这么大的事情,何辉授经吏部议处,只是降到云南鹤庆、陕西耀州、直隶保安州知州任知州,署直隶邢台元城、丰润县知县,道光皇帝对他也算格外地开恩了。

何辉绶有三女二子:

长女嫁何辉绶妹夫马书奎次子马寿金;次女嫁钦赐六品衔韩大任次子韩宗清;三女嫁嘉庆二十四年(1819)已卯科进士,翰林院编修,掌河南道监察御史韩大信长子韩械。

长子同福幼殇。

次子何莱福,生于道光十七年六月初三日(1837年7月5日),字仲采,号海如。同治元年(1862)壬戌恩科山西乡试中式第二十五名举人。受知师为文渊阁校理、翰林院撰文教习翁同龢。

同治七年(1868)戊辰科会试,何莱福中式二甲第四十六名进士。四月二十日(5月12日),翁同龢被派读殿试读卷。次日,他看到会试考卷,认为"张海峤(山西崞县张登瀛)为第一,写作皆佳,可抢也";"何海如照旧式,字亦匀",对何莱福十分看好。同治七年四月二十日(5月16日)殿试,何莱福成翰林。与父何辉绶,同为翰林,由此,灵石两渡何家再次出现"父子翰林"的科名佳话。1871年6月7日(光绪十年四月二十日),翰林院庶吉士散馆考试,何莱福列一等,被授翰林院编修,后为国史馆协修,武英殿协修。中进士成翰林后,何莱福对恩师翁同龢更加恭敬,时时前去看望。可叹天不假年,光绪元年十二月十七日(1875年1月12日)殁于京师,终年三十七岁。翁同龢接到所器重的门生病逝的噩耗,于次日亲往吊唁。那天微阴,雪意尤浓,翁同龢来到何莱福的家中,见"母老子弱,贫无以殓",在日记中记下"可伤也"之语。

两渡何家进士多出监察御史,十三世何辉绶降职了,十四世何玉福又上来了。同治二年四月十四日(1863年5月31日),引见新科进士,同治皇帝赐何玉福以主事即用,先官刑部督捕司主事,后升广东司主事、员外郎,湖广道监察御史。何玉福这一科进士,亦即同年,有两个很出名的人物:一个是状元翁曾源,另一个是探花张之洞。

翁曾源为翁同書次子,翁同龢之侄。

翁同書(1810—1865),字祖庚,号药房,翁心存长子。道光二十年(1840)庚子科进士,翰林院编修。咸丰七年(1857)授詹事府詹事。一年后授安徽巡抚,因在围剿捻军的战争中"贻误取巧,苟且偷生",于咸丰十一年(1861)被革职。卒后,开复原官,赠右都御史,追谥"文勤"。

乡试、会试同榜中式者,大省不过百余人,小省只有数十人,所以无论岁数大小,地域远近,皆称"同年",成为至交,其亲密之关系远非现在的"同学"可比。而"同年"之间,往往会结为儿女亲家,以"同年"加深到亲戚关系,以此构成可延续数世的社会关系圈。如灵石两渡何家十五世何乃莹,他的同年就有山西昔阳的李光宇和直隶南皮张之洞堂侄孙张正埈,后来,他把长女和小女分别许配给李光宇和张正埈为妻。这种仕宦姻缘关系在两渡何家为数很多。

翁心存与两渡何家十三世何熙绩、何耿绳兄弟为同年,翁同龢是十四世何莱福的受知师,翁曾源又与十四世何玉福同年,所以两渡何家与常熟翁家又是同年,又是受知师,你中套我、我中有你地成为三世之交。

同年的圈子再多,也不如国家的事大。

光绪十三年八月十三日(1887年9月29日)夜晚,黄河南岸郑州下汛十堡漫溢决口,急溜分为三股,直趋东南,由贾鲁河入安徽,奔注洪泽湖。在洪流巨浸的水祸之中,漂没人口无算,而受灾最严重的河南十五州县约有一百八九十余万人口沦为灾民，安徽太和、颍上、阜阳、涡阳、寿州等地田庐被淹，约三百二十七余万人口衣食无着。为堵筑决口，清廷不惜斥资千万，举办堵决工程，也就是当时官方所称的"郑工"。何福堃当时正好在河南巡案，亲历了这场大劫难。他在《郑工河决归途有怆于怀》中悲吟：

> 落日河梁凭轼处，沧桑浩劫我曾经。
>
> 回澜有术思王景，去国何心笑鲁伶。司事者多以疾乞假。
>
> 蚁漏谁为天下计，鸿謦犹记梦中听。
>
> 疆臣星使争筹策，捍御淮扬与充青。

当何福堃将返京城时，特地到黄河决口处与之告别、凭吊——靠在车前横木，观望着波涛回旋的黄河水，遥想：如果以后不再发生这种大灾难，只有再出一个东汉时期治河的名家王景才行。令何福堃十分生气的是，水灾发生后，不少中低级官吏借有病而逃避救灾的责任，离开了朝廷也就算了，还要嘲讽孔子"论乐于鲁伶"，实在是可耻可恨。想起夜梦中听到的饥民哀号求食的悲声，他就绞痛在心："千金之堤，溃于蚁漏"，小事不慎，酿成大祸的事，再也不能发生了，但谁来为皇帝考虑郑工这件事呢？好在现在疆吏以及朝廷六部的大臣都在为郑工建言献策，以保淮河、扬子江的下游地区和河北东南部、山东西北部、河南东北部以及山东东部一带再无水患，相信这场治水安民的战役一定能够成功。

在何福堃回到京城时，东河总督成孚被革职。九月，清廷以河南巡抚李鹤年署东河总督，并派大学士李鸿藻督办郑工事宜。光绪十四年七月（1888年8月），因郑工合龙失败，并再次决口，李鹤年被革职。清廷急调广东巡抚吴大澂署理东河总督，总揽郑工事宜。

吴大澂（1835—1902），字止敬，号清卿，江苏吴县（今苏州）人。同治七年（1868）戊辰科进士。1884年（道光十年）任左副都御史。道光十二年（1886）调广东巡抚，道光十四年七月（1888年8月）署东河总督。道光十八年（1892）授湖南巡抚。道光二十一年（1895）中日甲午战争，自请率湘军与日军作战，战不利，致全军覆没，被革职留任。光绪二十四年（1898）降旨永不叙用。吴大澂为著名的青铜器收藏家，尤以国宝重器"大盂鼎"而闻名。吴大澂之孙吴湖帆，为民国年间的大画家、收藏家和鉴赏家，与两渡何家十五世何澄为莫逆之交。

光绪十四年十一月初一日（1888年12月3日），何玉福阅看邸钞，见吴大澂上疏称："节交霜降，引河方向均经勘定，现已择吉兴工。"道光皇帝硃批："览奏均悉。即著督饬在工各员乘此河流未冻以前，将挑淤筑坝各事宜赶紧办理，克其合龙，以慰廑系。"对郑工"克其合龙"，抢工期完工的做法深为忧虑，当天即上奏光绪皇帝一折，内中称：

　　仰见圣虑，周详洞彻，窃要该河督自必仰体宸廑，乘此霜清水落之时，昼夜兼工，以期妥速蒇事。然臣窃有虑者闻：郑工口门水深尚有八九丈，现在节逾霜降已将一月有余，尚未据报合龙。此后天气日寒一日，引河一冻，则工筑难施，即使勉强合龙，而春暖泥融，新工土性必松，冲决之患仍属可虑。况春汛遄来，水势愈大，下游各地方尤宜慎堤防，以保完善。伏查从古黄河以入海为归宿之区,此次日郑工决口年余,既未据河臣奏报归宿何处,则容纳黄流者必在洪泽一湖。本年水势不致漫溢,江苏安徽各州县得何无虞,此实仰赖圣主洪福,邀天眷佑,既非臣民所敢预期,尤非臣民所敢屡冀也。夫湖身虽宽,有归无泄,日久势难容纳,譬之以盂,受水过其量则溢矣。万一郑工今冬未能竣事,转瞬春汛奔注,淮徐以下各地方何堪设想?大抵人情积久,每易生懈,况此时漕臣暨苏皖抚臣皆在更替之际,尤易疏略相应。请旨饬下两江督臣,暨新任漕臣江苏安徽抚臣饬所属加意修防,慎毋积久生懈,必俟郑工合龙一二年后,河流合靖,方可无虞。臣为慎重下游何防起见,是否有当,伏乞皇太后、皇上圣鉴。谨奏

何玉福同时并奏《京师护城河工程请归入沟渠河道岁修案内随时修筑》一折:

再京师护城河,经山东抚臣张曜修理之后,每逢夏令大雨时行,沙土性松,已有冲决之虑。若不随时修筑,恐十余年后必至前功尽弃。拟请旨饬下工部,将此项工程归入沟渠河道岁修案内,随时修筑,以免倾圮。谨附片具陈。伏乞圣鉴。谨奏。

以上两折,光绪皇帝均下旨各督抚和工部办理。光绪十四年十二月十四日(1889 年 1 月 15 日),郑工两坝告成。两天后挂揽祭河;再两天后,正坝和上边坝同时合龙,至此郑州决口堵筑工程宣告完竣。郑工合

龙后,清廷大力奖赏在工各员,实授吴大澂东河总督,并赏头品顶戴;赏还署河督李鹤年官衔和花翎;释回革职河督成孚,等等。

　　"黄河清,天下平,"只是想着为国家好的人们的一种愿景。黄河决口堵住了,郑工合龙了,可是外患又来了——甲午战争、庚子之乱,带给中国人的不仅仅是战败和割地赔款,还有无数的耻辱。那些仕宦之人,在台上的,不但要面对"维新变法"的抉择向背,还要考虑如何采取"新政"。

十二　异才两渡风土记——何庆澜

两渡何家子弟著有诗集者达数十位,如十二世何道生的《双藤书屋诗集》;十三世何熙绩的《月波舫遗稿》、何耿绳的《退学诗斋诗集》,何福海的《退盦诗集》,十四世何福堃的《午阴清舍诗草》;十五世何乃莹的《灵樵仙馆诗草》,何厚吾的《爱庐诗草》,无不以遒古朴茂、质而不俚的古今各体吟咏,名萃于世。唯独何庆澜这位异才,在道光年间作了不入文人之眼的《两渡竹枝词一百首》(收在《漪泉书屋诗集》)。据他的说法,是"于花晨月夕,为消闲破闷之资,偶然涉笔成趣,积久而成帙,不过游戏笔墨而已"。又说:"原本是打算好好写些正经的诗文,一阅月而脱稿,也没有认真构思,就随意地着笔写出来了。"尽管是"游戏笔墨","置之案头,村人见者,却索抄不已"。他怕遗留下笑话,对前来抄写的村人说:"只可行之村中,若异地亲友借抄,似乎未便应允,以其不足为外人道也。"然而这册"不足为外人道也"的抄本,却成为清中期两渡民俗风貌的诗画卷。

竹枝词本是一种通俗的民间歌谣,以吟咏风土人情为主,多有诙谐调侃的味道。何庆澜的"竹枝词"则是借用这种通俗易懂的诗歌形式,对两渡境内的人文地理和民情风俗进行状摹临写。在亲切鲜活的语言和独特的民俗背后，可见两渡在道光、咸丰年间的乡邦古物和世态民情。有寻祖的何家后人，看见几首描写古物的诗很感切，想去道光、咸丰年间尚存的这些古木古塔处看看，村人说：早就没了。

何庆澜咏《晋唐古柏》："龙天古庙据高冈，老柏杈枒历晋唐。尚有模糊碑碣在，至今面面筑红墙。"龙天古庙，在两渡村左的桃沟，两渡人简称"龙天庙"，庙中的一棵或数棵柏树是西晋、唐时的古木。碑碣虽然有些模糊，但何庆澜时代还在。新中国成立后的"大跃进"年代，"龙王古庙"被两渡一队用作饲养场，至上世纪八十年代初期，彻底拆了，盖了间间民房。现在别说晋唐古柏和碑碣了，就连砌在面面红墙上的砖头，也不知何年何月被人搬完了。

《元昌古槐》："街中鼎足列牌坊，南北楼高镇两旁。非柏非松浓荫古，一株槐树隐元昌。"清中期，两渡市镇中排列了何家先祖很多牌坊，南北有高楼耸立两旁。街面上还有一株北魏元昌时期的古槐，如今是什么都没有了。

《溪沟桃园》："桃杏花开树树鲜，和溪沟后有桃园。俯看春韭千畦绿，映带流清别有天。"和溪沟，原为两渡村右的一条沟。桃杏园早已消失，满沟都是汾西矿的职工宿舍和两渡村人的民房，当年的"春韭畦绿"，现在都变成"春韭畦绿"的人口了。

《人喧古渡》："河边铁索揽孤舟，来往人喧古渡头。争似断桥修补后，高车驷马速于邮。"九世何溥、十世何龙腾、何世基兄弟在乾隆年间所修建的"秋晴桥"（后被人称为"寡妇桥"）现在尚存，只是在"断桥"修葺后，为保存文物古迹，已不让"高车驷马"在其桥上行驶，过去热闹的场景业已不复存在。

《奎阁秋晴》："争传佳景是秋晴,奎阁秋高万景清。午饭用完闲结伴,断桥徐步听河声。"奎阁,又名奎星阁、魁星楼,是两渡何家在乾隆三十五年(1770)修建宗祠时,为祈求士子中举所建。两渡人称其为"奎星楼"。这座"奎阁"不知何年何月也已圮毁。

何庆澜在《两渡竹枝词一百首》中,还有一类是揭露没有诚信的经商者,以奸商小计欺骗顾客,被他发现,写出来,既谴责警告这些玩暗中手段的商户,又告示村民不要上当。

如《裁缝当衣》："裁缝设案揽人衣,绞短偷皮线脚稀。还未做成先当了,赎回再做杳无期。"

《蜡烛造假》："冬来门口卖稀奇,芽韭冰鱼与野鸡。蜡烛准斤都假造,莫因价小当便宜。"

对人命关天的医患之事,何庆澜更为忧虑,直接痛斥几家开诊所的无良庸医和卖假药的药铺:"药铺家家请内科,开方图卖药材多。岂知治错无人请,要这庸医做甚么。"(《庸医卖药》)"药须地道制须精,吃上缘何药不灵。将假作真无作有,欺人不止是医生。"(《吃药不灵》)

两渡有何家私塾和义学,所以每年十月,就有些书贩前来卖书:"卖书人至卖书篇,杂字大中三百千。各处书房都串遍,宪书卖下廿余钱。"(《卖书串遍》)"杂字",是便于记诵的一种启蒙识字读本,如《益幼杂字》《群珠杂字》,也有为满足手工业者、农人、商人略识文字的需要,把各种常用字缀集成韵的《六言杂字》;"三百千",是《三字经》《百家姓》《千字文》的简称。清时,农历十月颁发新的年历以后,大小书肆开始出售年历。年历本称"皇历",乾隆时期,因乾隆皇帝的名字叫"弘历"，为避讳，历书又改名叫"时宪书"，"宪书"之称就延续下来。书贩前来，杂字和"三百千"以及"宪书"在私塾和义学及各读书人家只能卖出二十余钱，读书风气在何庆澜时代，已大不如前。

读书人，都好弄些字画文玩。两渡除了有了功名的，还有百十名不事生产，正在读举子业的生员，有些古董商看准商机，就担着一些日用生活器用，前来换货："打换零星用担担，铜瓷铁石货盈盘。后筐空洞无他物，木底添成古董摊。"（《买卖古董》）对两渡村人员功名的热追，何庆澜也有描写："乡人喜弄小功名，半是耆宾半佾生。顶子从任头上戴，手中未有部中凭。"（《乡人功名》）清制，每岁由各州县遴选年德高望众者三：首为大宾，次为介宾，又次为众宾，再选民籍一人为"耆宾"，详报督抚，造册报部，是为"乡饮耆宾"。"佾生"是举行庆祀活动时充任乐舞的童生，文的执羽箭，武的执干戚，合乐作舞，本名叫"乐舞生"，简称"佾生"。这两种人都没有朝廷颁发的正式文凭，不类何家各类贡生和朝廷赠赐的封典，但也头戴各种顶子，以为自己脸上有光。这种人，现在已演化为名片上众多名堂极大，实则没有实职的虚荣头衔。

还有一类只为获取功名，不求上进的士子也受到何庆澜的轻蔑："不为教书不考童，秀才一进万缘空。盼来喝礼监衫换，便与工商大不同。"（《秀才换衫》）有的教书匠不敬业，总想在上完课后到街上摆摊，或捉笔给人写信，或撰讼状，搞点创收。这种情形被何庆澜看在眼里，极尽挖苦地说："修金嫌少稿钱盘，书桌搬回要散摊。徒弟竟教人掴去，这回吃醋更加酸。"（《教书吃醋》）何庆澜认为：当你不专心教书的行为，被学生家长看到后，人家就不会到你这儿来上学了，转学到别处去。你这样做，本想多得几个吃醋的钱，但生源没有了，你岂不是连吃醋的钱都没有了,心里岂不更为醋痛?

另有教书先生不鼓励生徒积极进取,只是盼望自己所教的学生多些再多些,以图多得修金。何庆澜对此也极为不满,作诗讽喻:"饱食群居没正经,不谈文字不求名。书房只要添徒弟,便是村中好附生。"(《书房添徒》)对取得秀才功名,但为了省钱而不去省里参加乡试者,何庆澜也予以调侃:"秀才一去下乡场,不作诗文仕意荒。进省盘缠全省下,强如白卷贴南墙。"(《白卷贴墙》)

两渡系市井之地,各种娱乐活动繁杂。对此,何庆澜一一道来,细说其中的趣事和怪事。《男扭秧歌》:"秧歌锣鼓闹门前,日照高撑似磨旋。借下行头男扮女,裙边一尺大金莲。"在街市中扭秧歌男扮女装,三寸金莲变成一尺大脚倒也罢了,有的"土豪"唱堂会竟然请来了扭秧歌的:"邀得秧歌到宅堂,闲人跟进堵如墙。不分生熟都来看,直把家中作戏场。"(《家中戏场》)而"村乡乐班"更让人失笑:"宣卷人将抄本看,阿弥陀佛应声欢。应声可代弹弦子,也算村乡自乐班。"(《村乡乐班》)到了秋天,镇上的庙里就热闹开了:"庙里迎秋影戏来,游秋水斗戏新排。房家庄里闲班主,也把猴儿唱后台。"(《庙里皮影》)非常有意思的是,晋中地,晋中人,本来是爱听中路梆子的,忽然有唱皮黄戏的"贵福班"前来演出,于是"纷纷戏院拥人山,争看黄腔贵福班"。但到开唱昆曲时,人们就不爱听,跑散了。何庆澜对此评论说:"一唱昆腔人渐散,有琴真是对牛弹。"(《昆腔人散》)意思是说,昆曲这等高雅的艺术门类,只有文人雅士才能欣赏的了,你不到省城、帝京去唱,却跑到这农商杂处之地来演,即便演的再好也没人能欣赏的了。

那时戏班前来乡下唱戏,名角是要挂牌的,如果届时这位名角能如

清嘉庆时期两渡风貌图

期出场，那么策划这场演出的经纪人便有功劳，便可按劳分得部分戏酬："粉牌挂壁姓名标，办事三人兴致高。写戏到期如不误，甲头便已有功劳。"(《名角挂牌》)那些没有名角的草台戏班来了，可就惨了，戏价只是一根麻叶钱："戏价无多十数千，揽头五百作盘缠。吃完汤水分麻叶，算账何尝够戏钱。"(《戏价麻叶》)何庆澜在《漪泉书屋诗集》还有一首《梆子戏班》的七言八句诗，对《戏价麻叶》作了很翔实的描述：

> 一唱三天梆子腔，甲头戏簿摆当场。
>
> 此班尚有袍三件，众将分穿靴一双。
>
> 麻叶五筐忙善友，肉盘六顿扫厨房。
>
> 一肩少马街前跑，知是亏空未易偿。

更为离奇的是，戏班演戏，还有"戏甲"前来要钱："戏簿人名按俸开，频烦戏甲要钱来。未过九月都搪账，一贴神单便不赊。"(《戏甲要钱》)戏班来唱戏，无论多少，总要有人出钱人家才唱，两渡是如何摊派戏钱的呢？何庆澜在《戏钱均分》中说："戏钱不派出家人，单管敲钟把表焚。汤水自随村主吃，破盘麻叶也均分。"戏班前来，一般要连唱三天。而这种情况，是何庆澜最不愿看到的，因为会耽误学生们的学业。他在《唱戏放学》一首中说得明白："莫怪高徒不用心，每逢唱戏放闲身。三天放学都成例，若辈何尝识戏文。"

天旱时，要祈雨，全镇四村不是各自祈求，而是各推出一位召集人，即"纠首"在曹村集中，接下来要徒步到绵山请回介神："求雨先期请介神，四村纠首会曹村。"然而令人没有想到的是，等祈雨的人们走过三座大小山峰时,热得脱掉衣服后才发现,四位"纠首"之中有一位居然是装神闹鬼的"男巫"——"三尖摇响衣先脱,马子原来是异人。"(《纠首求雨》)

鸦片战争后,两渡也深受其害,在镇上开设烟馆的竟有十余家:"烟馆争开十数家,往来烟鬼把烟挖。因嫌种谷无多利,地亩多栽罂粟花。"(《烟馆十家》)那些大烟鬼是如何吸食鸦片和一种什么生活状态呢?何庆澜告诉人们:"轻躯羸瘦瘾愈深,睡起开门日已沉。打泡吸烟仍睡下,只从枕上过光阴。"(《打泡吸烟》)

每逢年节,两渡要账的往往空手而归:"要账于今口袋多,一条卷在胳肩窝。依然卷着空回去,米麦何尝见一科。"(《要账卷空》)令人喷笑的是《租典茅房》。因为两渡平整的地面不多,街市窄小,商铺众多,经商的人在租用或房主因没钱还债典屋时,不但连"厕所"要算面积,还要把鸽子粪用斗量过后一起计价才能成交,由此可见两渡人的经商精明:"房钱租典到茅房,门外低围短短墙。更有一宗鸽子粪,买时须用斗升量。"

旧时两渡的陋习也不少,何庆澜写了三种:

一、《输牌摔脸》:"打蛇开赏暗偷牌,输得摇婆气鼓腮。起誓烧牌还可恕,不该照脸摔将来。"对"妇女打牌"的场景,何庆澜在其《漪泉书屋诗集》中另有一首《闺阁打牌》,予以详述:

惯访邻姬打纸牌,吃完早饭去当差。

油盐柴米无心管,饼棍鱼花入手来。

半日赢钱方得意,一声卖面又须回。

373

散场算罢今朝账,再约明天散闷怀。

二、《丁祭午饭》:"丁祭钟鸣午饭开,旧规一会一人来。如今索性全家到,备办难将桌数猜。"清制,每年阴历二月、八月第一个丁日要祭祀孔子,俗称丁祭。按丁祭的旧规,一家只能来一人。而有些人竟然不顾礼仪,带着全家老小都来蹭饭,以至弄得备办丁祭者,都不知道该开多少桌席了。

三、《钱文订妻》:"说亲讲价事真奇,先送钱文订下妻。临娶再交钱一半,直然是买小婆姨。"

《两渡竹枝词一百首》中,让人最感亲切的是"乡村待客":"乡居待客少烹煎,扁食色来最省钱。一样能兼三四样,调和汤面菜俱全。"(《乡村待客》)"惯蒸莜麦压河捞,盐在和和饭里调。漫说老西都吃醋,头宗要紧是青椒。"(《河捞青椒》)吃了喝了,还要"递烟让人":"左手青烟右纸煤,一吹一吸一喷灰。让人如递烟壶样,全副躬身送过来。"(《递烟让人》)住宿之处是窑洞。招待客人睡觉时,窑炕烧得太热,客人左右翻身,烫得受不了,像受炮烙之刑:"暑月窑中火也抬,冬炉半夜又添煤。炕须翻滚方能睡,炮烙之刑夜夜挨。"(《窑炕炮烙》)

两渡村人的邻里生活也很有意思:"见面无分早晚天,问声吃了算周旋。黄蒸黑饼红蝌蚪,腹内装来五色全。"(《问声吃了》)"两三结伴女如云,不论生疏去串门。才一进门先上炕,不言不语是何人。"(《串门上炕》)"孩子婆姨走几家,一齐挤上大牛车。横三竖四沟前过,进庙都将桌子爬。"(《进庙爬桌》)

为免庸俗,也为显示自己的诗才,何庆澜在作完《两渡竹枝词一百首》之后,另写有民间风俗的《两渡十二异诗详注》。这十二道另类风俗诗,描写的也是两渡的特有景象,至今读来,仍感近在咫尺,有所笑,有所痛,有所思,有所变。

何庆澜在《漪泉书屋诗集》中还有《详注两渡八景诗》。这类八景、十景、十二景诗多见于县邑,一个镇子,竟有八景,而且还详细作了注释,实在不多见。据何庆澜在其诗集《序》中说:"嘉庆丁丑(1817),邑侯王幼海暨诸名公,皆有八景诗,间尝读之而艳羡焉。窃谓两渡秋晴为八景之一景,于两渡一景中求之,又得两渡八景。正如《易经》八卦成例,以八卦中之一卦,因而重之,又得八卦,是不可无诗以纪之矣。作者熟悉两渡山水,分为八景,景系以诗。"他作《详注两渡八景诗》(原注太细太多,以下所引为删节后的注释),是以《易经》八卦成例,这与十五世何澄祖居以"八卦院"名之,大概是同一道理。

何庆澜所作两渡八景诗题名如下:

一　山腰列屋

巽山乾向。山顶虽有人家,为堡门所蔽;山腰则地甲两层,随山势之高低,茅檐环列其次。

二　野渡横舟

汾水在乾向。岸旁小舟揽以铁索,河西之人利济焉。

三　柳堰晚凉

村之两旁有堰,以截山水。每当夕阳,在山村人迎凉眺于此。

四　桃园春暖

在村旁和溪沟之后。山畔桃店数其,桃当春开繁艳,加以清泉绉绿,嫩韭铺青,允推胜概。

五　断桥回溜

在村外兑方。滚滚河流,回环桥下之近岸处。

六　石磴流泉

七　双塔入云

在村左沟口南畔山巅最高处。两峰高处相接,峰各一塔。

八　两沟积雨

村之左名桃儿沟,村之右名和溪沟。每逢夏秋大雨,连绵山坳积水两沟达河,其势甚猛。

何庆澜的《详注两渡八景诗》写得实在是好。一、炼字极见功夫。如《山腰列屋》第一联炼在第三字"逼",第三联炼在第二字"曲"和第五字"侧",这是句法的变换。二、诗题刻画入细,如《石磴流泉》第二联,"不闻人唤渡,只见岸横船",字字绘声绘影。三、诗句有浑沦涵盖,而按之实,精切不磨。如《野渡横舟》第三联"日落身多暇,风来意欲仙";《桃园春暖》第三联"扇小挥仍早,花浓候不偏",就是不即不离之句,极致落落大方之笔。四、诗句的流水对法,一气只作一句读。如《双塔入云》第二联两句"对撑双塔影,分占两峰巅",即是妙对。五、题有逐字分写者,如《柳堰晚凉》中间四句,"临流宜种树,叠石好防川;日落身多暇,风来意欲仙"。一句"柳"一句"堰",一句"晚"一句"凉",不凌零碎错乱。六、诗有分作两截之处,上联写上截,下联写下截,如《断桥回溜》中间四句:"石填桥待补,沙聚浪多园;未便扶藜过,还疑似磨旋。"一句"断桥",一句"回溜",就是诗分两截的妙法之作。七、诗有用陪衬起首联的作法,何庆澜对此运用自如。如《桃园春暖》题用红紫托出桃花;也有用逆起之处，如《野渡横舟》从"舟"起，《双塔入云》从"云"起。八、诗之结句最易浮泛，但何庆澜的结句却如天造地设。像《桃园春暖》用李白故事作结；《石磴流泉》用孙楚故事作结，一一关合全题。九、诗之结句最好的是能寄托遥深。何庆澜在《断桥回溜》和《两沟积雨》收束处，读后让人有所寄望，并有悠然不尽之意。

何庆澜不但写异诗，其思想作派也异。他与妻刘氏只生养了一个独生女儿，但他不继妻纳妾，不过嗣侄来顶门户。其女也不像旧式妇女，没名没号，只以一个"氏"字代之，为女起名映楣，字墨芗，号杏云，嫁介休李蓉镜为妻，有《红杏倚云吟馆诗集》。何杏云亦有状写《两渡秋晴》的诗："西山爽合挹无边，况是新晴雨后天。佳景虽多何足教，秋收先喜是半年。"只一句"佳景虽多何足教，秋收先喜是半年"，其意境之高，颇有悯农惜苦况味，似胜过那个时代作诗的女史多半。

何庆澜尚有一件令时人怪异的事：咸丰十一年（1861），他居然敢使用"摄人魂魄"照相术，由外甥杨舫用"西洋匣子"给他拍了一张人像照片。

杨舫（1830—1894），字少初，号朗山，灵石张家庄人。为中国近代较早采用西方成像技术从事摄影者之一。咸丰九年（1859），曾在北京为何家的儿女亲家代州名门冯家冯志沂拍过一张人物照；两年后，杨舫回乡，为何庆澜拍摄了第二张人物像，何庆澜是为在山西接受西洋拍照术的第一人。当年冯志沂在被拍照之后，曾吟诗说："神魂疑被摄，惝恍不自保。"而何庆澜则在《少初五甥以西法为余传小像因作长歌赠之》欢喜地说：

是故君子誠之為貴

夫惟大雅卓爾不群

弟馮志沂

冯志沂隶书八言联（十八世何引保存）

378

虚堂悬镜遥相照,顷刻色相嵌玲珑。

余间相与消长昼,登楼每趁朝阳红。

仰度天光陈几幔,俯窥地影辨西东。

半方小椟支三足,一鉴圆光透几重。

毋敢妄动动辄咎,闻者唯唯谨奉从。

镜像一现留传稿,片纸微教薄日烘。

妙技为我一再试,晴曦朗朗犹当空。

  正常人都担心"神魂被摄不自保",而异才何庆澜却希望外甥杨舫用"妙技"能再多为他拍照几张。

  两渡何家尽出"怪人异才",这话似有道理。

十三　"灵樵仙馆"何乃莹

　　何乃莹,生于咸丰六年二月十八日(1856 年 3 月 24 日),字润夫,一字梅叟,号鲁孙。光绪六年(1880)庚辰科会试二甲第七十六名进士。此科汉人正主考官就是时任工部尚书的翁同龢。由此,何乃莹就继何莱福之后,成为翁同龢的第二位两渡何家门生。翁同龢所主考的这一科进士,后来成为历史名人的很多,如黄绍箕、王懿荣、梁鼎芬、于式枚、高凌霄、王颂蔚、李慈铭、沈曾植,皆是政界、学界耳熟能详的人物。

　　光绪九年四月十九日(1883 年 5 月 25 日),翰林院庶吉士散馆考试两天之后,何乃莹把自己的诗作抄给翁同龢。翁同龢认为何乃莹的"诗却好,不知何以不能前列"? 散馆时,因等次列后,何乃莹未授翰林院编修,而是被分发到工部营缮司充琉璃窑监督。营缮清吏司是工部一个执掌各项营缮工程的内设机构,下有皇木厂、木仓和琉璃窑。琉璃窑主要掌琉璃瓦件的烧造。窑厂最初在正阳门之西(今和平门外之琉璃厂),后改设到西山。营缮所需的琉璃瓦,烧造的质色、式样、时间,要求极严。每当各项工程需用时,何乃莹先将应用数报工部,然后请领出工费和黑铅,交窑户烧造,事极碎极繁。

翁同龢看了何乃莹的诗作，认为"诗却好"，这与何乃莹叔岳祖父乔松年当年招婿于他大有关系。

乔松年（1815—1875），字健侯，号鹤侪，山西徐沟人（今太原清徐）。道光十五年（1935）乙未科联捷进士。历官工部铅子库主事，都水司员外郎，屯田司郎中，江苏松江、常州、苏州府知府，苏松太道，常镇通海兵备道，两淮盐运使，同治二年（1863）授江宁布政使，迁安徽巡抚，改陕西巡抚兼提督。同治七年（1868），以病乞归。同治九年（1870）授军门仓场侍郎，同治十年（1871）调河东河道总督，赏戴花翎。卒后追赠太子少保，奉旨建立专祠入祀，予谥"勤恪"。乔松年不但是封疆大吏，而且是藏书家和文学家。著有《萝藦亭遗诗》《萝藦亭札记》《萝藦亭文钞》。

何乃莹妻乔姝，是乔松年侄孙女，乔廷杓孙女，乔邛保女。

咸丰七年（1868），乔松年回到江苏淮安府海州直隶州东海（今连云港东海县）的休沐地"三峰草堂"。见其侄孙女乔姝已到该出嫁的年龄，侄女又没有子嗣，便想招一个乘龙快婿。闻听乔总督要招贤婿，不少人纷纷介绍上门，因为纨绔子弟太多，乔松年一个也没看上。正在"选士不得"的踌躇期间，乔松年听一门生介绍说：山东青州府府经何乃馨有个胞弟正随他在府里受读，是灵石两渡何氏子弟，其生父叫何珩福，将其次子何乃莹过继给嫡堂兄弟何琪福为嗣。没几年何琪福夫妇先后病逝，其生父何珩福乃将何乃莹接了回去，虽是生父，可依《大清律例》，何乃莹仍然是何琪福子，独立门户。听完门生介绍，乔松年一下子就高兴起来——两渡何家是闻名的诗书世族，其子孙何乃莹肯定也不会错。于是连忙请门生说和，把何乃莹先送过来，在他的"三峰草堂"课读两年后再办喜事。

何乃馨在乔松年门生的说和下,商得父母同意,即带上何乃莹踏上了当入赘贤婿的征途。没想到兄弟俩在江苏宿迁红花埠碰上了穿短衣、拿利刃的劫匪和盗奴,仆夫被吓倒了,何乃莹所带装书籍的箱子以及兄弟俩随身衣物和银子都被盗劫一空。何乃馨愁闷郁结,何乃莹却百般劝慰,使得何乃馨欲返辄止,继续前行。到了东海"三峰草堂",乔松年见何乃莹眉清目秀,机敏过人,又听说路遇劫匪,何乃莹义无反顾地仍然前来,太高兴了。他让何乃馨休息了两天,送了不少财物,派漕运尉官兵卒护送返回。

在"三峰草堂",乔松年先给何乃莹养"鳞翼",以便尽快长出腾飞的翅膀,所以日日给何乃莹吃私家饭菜;为了努力培育好何乃莹的举子业基础,天天课其读书,使之制艺文大进;有时也遒炼其诗。日久天长,何乃莹诗文竟获得乔松年佳评:在王勃之后,卢照邻之前。

何乃莹十四岁时,乔松年按《孔雀东南飞》中的"青庐"词意,采用淮河流域流行的"搭喜棚"乡俗,在泰州"乔园"门前广场及庭院,遍搭四周有大窗户,饰有窗帘的"喜棚",热热闹闹地招婿成婚。

同治九年(1870),乔松年复官,何乃莹跟随乔松年赴京,在当年庚午科顺天乡试中被挑取为誊录第一名。乔松年逝世后的第二年,何乃莹终不负乔松年之望,考取了光绪二年(1876)丙子科山西乡试第三名举人。

光绪二年(1876)三月的一天,与何乃莹住在隔壁寓所的十四世何福海来到何乃莹的"玉延秋馆",将自己所作一诗册拿给何乃莹看。何乃莹敬读过后,即成四绝。在归还三伯叔诗册的同时,也把自己的诗作呈给何福海阅训。

丙子清和月,里居无事,镜海伯父大人以诗册见示,敬读一过,钦慕倍深,爰成四绝,以志景仰之忱。非敢言诗也,谨录忝呈训政

落纸都成绝妙辞,泼云和月写灵思。

双藤别有传家物,先曾伯祖有《双藤诗集》,独擅生花笔一枝。

主持风雅仗村人,二百年来付托身。

近来诗家多讳言时事,伯诗多讽劝之作,得古诗遗意,非小家气可比。

秋水南华都妙解,集中间有谭禅之作。

澹无言处亦传神。每言一事,咏一物,着墨不多,而神情活现纸上。

漫将绮语斗春葩,老树枝头也著花。

诗多庄雅,不屑以粉白黛绿见长,然偶一为之,亦自风情现活。

世上何人识此曲,好将哺噭寄烟霞。伯诗不轻示人。

性情流露总天然,得句即书,不加藻饰。

能酒能诗即是仙。伯亦豪饮,诗多醉中作

杖履追随洵足乐,方知文字有前缘。

伯每以家藏卷轴见示,深蒙青睐,寸心尤感。

莹生长淮扬,每揽湖山之胜,觉诗趣横溢于胸臆。小时游湖句云,杨柳绿波新画舫,桃花红雨旧妆楼(临湖有阮氏楼,故云)。雏亦如春莺弄舌,然而未得师传,终门外汉。

伯父大人如以孺子为可教而教之,则幸甚幸甚。

侄莹书于玉延秋馆,冒昧上呈。

何乃莹作此诗时刚二十岁,有诗情有论评,格调和才华一纸便显。半年后何乃莹即中式顺天乡试,绝不偶然。两渡何家十四、十五世之间,何乃莹与何福海、何福堃无论是在京城还是分别两地,之间的诗词唱和最频,历时最久。这在何福海的《退盒诗集》,何福堃的《午荫清舍诗草》和何乃莹的《灵樵仙馆诗草》中多有记录。

何乃莹曾藏有一幅乔松年当年所绘他和乔姝恩爱生活的《草堂情话图》。成进士入翰林后,何乃莹请祁世长题写了劲健的画额,请一代名儒、湖北汉阳关棠题写了清腴的文句,还请山东历城进士李兆勖题写了长达千字的"如山韫玉川怀珠"之赋。光绪二十年(1894)三月,何乃莹又将《草堂情话图》拿给翁同龢披览,并请为之题诗。三月十四日(4月19日),翁同龢题了一首《题何润夫水部乃莹草堂情话图图为乔勤恪公作》:

泰州池台天下奇，乔公风节世所师。

名贤胜地不两遘，何生甥馆兼得之。

何生之妇乔氏子，妇翁有叔秉节麾。

是时东南乱初定，暂专一壑荒江湄。

奇书古画渐完聚，高松矮竹交纷披。

东山别墅客不到，坦腹独许王郎随。

亲情喜气盏春酒，谈笑往往无穷期。

写图纪事亦何意，俯仰陈迹伤别离。

一官岂敌秀才好？万事不如年少时。

何生携图索我诗，我懒成病旁人欷。

擘窠题署嗟力薄，洒墨补空徒尔为。

乔公已入循吏传，生平渐老郎曹司。

三峰草堂渺何处？孤云落日天南陲。

东风划地海棠落，短句聊慰长相思。

　　过了六天，翁同龢觉得几天前所题《草堂情话图》诗，意犹未尽，又
作了三首。第一首赞何乃莹曾居水烟之地扬州，又得高贤亲自指点课
业。第二首怀想乔松年当年在京城的旧事：乔松年当时住在京城宣南
延旺庙街南，与翁家寓所正好对面，翁同龢曾见乔松年搜罗了十几块
石头，堆砌在一所廊屋外面，并将此廊屋起名"拜石斋"；又忆起乔松年
在工部批阅公文，签盖工部封章之印，如同官吏审理案件之文那样忙
碌。第三首则思发了泰州风土之美。

漫將俫語鬥春范老樹枝頭业著花詩多不肯不白眼

渐经世上何人識此曲将将啸嗷等煙霧

性情流露總天然 不加雕飾 酒休詩野是仙

顧延迴询旦樂方知文字有前緣 伯每以家藏卷軸見示

瑩生長雁揚每挽湖山之勝覺詩趣橫溢柊胸懷

小時将湖向云揚柳綠波新畫舫飛花紅雨

嚐挤梅氏臨湖舊校云雄句为春鸞弄舌而未得即传

伯父之人駑孺子为丁友雲及之則辛甚辛甚

終同开漢

瑩書於玉延秋飯胃脉上堂

時清和月里居無事

鏡海伯父大人以詩冊見示敬讀一過欽慕倍深爰成四絕

以誌景仰之忱非敢言詩也謹錄呈正

　　訓政

蕩紙都成絕妙辭澹雲和月寫靈思雙藤　先曾伯祖有

有傳家物獨擅生花筆一枝　　　　雙藤詩集別

主持風雅仗吾人二百年來付託身　近來詩家多詩言時事

秋水南華都妙締　　但詩多諷勸之作浮古詩

　　　　　　　詹言言復而傳神一事

遺意非小家數可比

永一物著墨不多

而神情活現師上

何乃瑩致何福海詩札（十八世何引藏）

蘆笋乍抽三寸碧

柳絲纔放二分黃

瓶廬翁同龢

曾闻何水部,居近古扬州。

烟水一区宅,峰峦数点秋。

高贤亲撰杖,仙侣晚移舟。

无限北楼感,临风怀旧游。

试问长安客,谁知纱縠行。

卜邻吾对宇,拜石旧名堂。

勤恪尊人居延旺庙街南,罗奇礓数十于廊庑,颜其斋曰"拜石"。

曾见封轺发,犹闻判牍忙。皆勤恪在工部时事。

迥环四十载,把卷意苍茫。

一水限南北,邮程止数签。

帆通裹河米,市换过江盐。

久羡三峰胜,真能四美兼。

邻翁来往熟,吾欲托茅檐。

己未、庚申间,余子侄避地泰州。

　　光绪十八年二月(1892 年 3 月),由祁世长率资新修的山右会馆新馆在京城宣武门外下斜街北头路东开工建造,当年农历八月工竣。负责该馆筑建的总董是两渡何家十四世何福塈。新馆共有四个院落,院内遍植牡丹、桃花、海棠,另有鸾枝十余株;一棵老柳时有年生灵芝、一茎三秀的奇观;峭坡直上,是四幢舫形"西爽阁"高楼,另有"举子楼"及迎宾客的"会贤堂"和供奉本乡先祖、贤人的"敬贤堂"（在筹建筑造山右会馆新馆时，旅京、寓京同人有人提议应增建一所祀祭晋乡先哲诸公的"敬贤堂"，此建议得到同人的一致同意），还有为进京举子乡会试祈福和中式之后庆贺的"魁星楼"，再有就是每年八月十五邀请乡人团拜赏月，共思家乡之情的一个花园。因号"山西会馆"的在京城已有三处（崇文门鞭子巷路西一，明因寺一，崇文区东小市一），为不至重名复重名，又因晴日可见西北诸山美景，于是学人雅士便另起别名曰"云山别墅"。

"云山别墅"为省级会馆，一般不接待常人，主要为晋省在京上层人物集会、接风、应酬客人而用。山右会馆新馆建成之时，何福堃被授甘肃直隶肃州知州。同人既感于何福堃总董其事的辛劳，又送别外放知州，在其赴任前日，饯于"云山别墅"。何福堃这一外放，再没有调回北京。在甘肃，何福堃曾两次护理陕甘总督，一次光绪二十六年（1900），一次光绪二十七年（1901），时间虽然只是短短的几个月，最后也没有实授陕甘总督，但已经是两渡何家清朝命官最大的了。对于人生旅途中的这两件重要之事，何福堃以《云山别墅落成赋诗纪之》：

> 云山别墅画楼前，片石新刊缔造年。
>
> 丝竹待张金谷宴，咏觞应集玉堂仙。
>
> 愿修俎豆升先哲，再辟亭台让后贤。
>
> 我奉简书行有日，一尊拼醉早凉天。

何福堃到甘肃为官后，董理"云山别墅"的便是十五世何乃莹。

光绪二十四年(1898)三月初,何乃莹致书并寄诗作给何福堃,禀告他即将被免去山东道监察御史,授予新职。三月三十日(4月20日),何福堃接到信后,即作《三月三十日作韵用未到晓钟犹是春即寄润夫都门》:

别墅开尊对嘉卉,吾晋新馆曰"云山别墅",润夫董馆事。

酒香花气融春味。

就中水部称诗人,寄诗问我诗成未?

喈嘅朝闻地鹊噪,平安知我双鱼报。

杏花未落梨花开,玉关书信迟迟到。

昼长人静官书少,客里光阴春又了。

不见莺歌杂管弦,但余麦气凉昏晓。

隔墙鞯鞳来清钟,有声百八砭疏慵。

请看元白诗心健,不羡崔庐宦味浓。

去毛存鞟犬羊犹,我率天真谤未休。

佳境漫思金买夏,好音先报玉延秋。润夫斋名玉延秋馆。

玉树风前忆之子,百年清宦吾家是。

谏草将陈北关书,采毫又续南狐史。润夫待除御史。

籍咸各保当官身,同是庸中佼佼人。

关山相去六千里,风雨莫抛一日春。

何福堃说:你在云山别墅打开一坛好酒,举起酒杯,准备喝酒之时,对着满园的名花,又闻到了花香和美酒的清醇之味,这些春天里最好的东西都融进了你的兴致之中了。喝着这种"春酒",你作诗寄我,并问我上次寄你的诗和了一首没有?今天早晨,我听到喜鹊叽叽喳喳地大声呼叫,就知道报平安的书并诗这样的"双鱼"又要来了。京城的杏花未落,梨花也开了,而边塞之地的嘉峪关书信总是比"地冲"之地要迟到好多天。我这里夜长人少,官府的公文也少,在这样的环境中连光阴都要耗损没了。这里没有春天,也不见我们在京城的那种莺歌燕舞,管弦笙箫,只能闻着麦地里发出来的凉气度过一晚。直到衙署办公的钟鼓声隔墙传到内院,才能箴砭规谏我的懒散。看了元稹、白居易的诗,让我的心一下子健康了许多,毫不羡慕北魏崔浩、卢玄这些豪门宦族的高显之位了。虎豹去掉身上之毛,剩下皮,就跟狗和羊一样,任人宰割。我率性天真,看不上别人,说别人的怪话的毛病还没改掉。看到你的官宦之路越来越好,即将免去旧衔,授予新职。我浪漫地想到可以用金子买到夏天了,现在就把这个"漫思"到的佳音告诉你。南朝刘义庆在《世说新语》里所讲的故事你大概也记得:谢安问他的子侄们:"子侄后辈同世事有什么关系,长辈为什么一定要使他们优秀呢?"大家都没有说话,谢玄回答道:"譬如芝兰玉树这样美好的香草珍木,想让它们生长在自家门庭台阶罢了。"我们两渡何家是百年的清宦家族。明代都察院右副都御史、巡抚辽东,与努尔哈赤对峙的郭光复,曾《奏陈北关与建夷起衅情形疏》,使明廷与努尔哈赤对峙了多年,迫使努尔哈赤退地定界;春秋时的齐国史官南史和晋国的史官董狐,都以直笔不讳而著称。希望你能像郭光复、南史、董狐那样秉笔直谏。我们虽然在朝中已有了名籍,各自为保官位和身家性命而不越雷池一步,但我们同是庸人中的好人。边关与京城虽然相去六千里,经历再多的风雨,也不要抛弃一日的春光。

何乃莹致何福堃的书信尚在六千里的路途之时，光绪二十四年三月二十二日（1898 年 4 月 12 日），光绪皇帝下旨：何乃莹所任山东御史，原山东道监察御史俟得四品后以三品应升之缺，开列在前，并加二品衔，其帮提调总纂、总校暨纂修、协修，详校、校对收掌等官。

光绪二十四年八月初六日（1898 年 9 月 21 日）凌晨，慈禧太后突然从颐和园杀回紫禁城，将光绪皇帝禁闭于中南海瀛台，随即发布训政诏书，宣告自己再次临朝"听政"，维新派闹腾了百日的"戊戌变法"草草收场，晚清政局自此进入了血雨腥风的惨淡时日。

八月初九日（9 月 24 日），刚刚由军机大臣兼礼部侍郎擢升为兵部尚书、协办大学士的刚毅，在京城搜捕四位"变法分子"——军机章京杨锐、林旭、杨深秀、刘光第，而山西灵石两渡何氏"五世九翰林"中的最后一位何乃莹，则来到东华门文华殿东桥北三座门内的会典馆，领拜了慈禧太后钦点的奉天府丞兼学政之命。在回府的路上，何乃莹吟草了一首恭纪诗：

典册鸿谟展卷才，忽传宠命自天来。

陪都气壮风云色，沈水秋澄杞梓材。

一岁三迁离画省，去年今日未兰台。

圣慈稠迭君恩重，星彩还看耀上台。

这首诗是说，他刚在内阁侍读学士的官位上为君主撰写、校阅典册时，忽然传来升任满族的龙兴之地、盛京首府奉大府府丞兼提督奉天、吉林、黑龙江三省学政的诏命。作为"奉天承运"之意的陪都奉天府,没有京城顺天府向走极端的那些变法维新的戾气,而是一派气壮风云的瑞气;建在古称沈水,现名浑河之北的奉天府城,在格外清澈明亮的秋日将迎接他这位良才。回想起去年这个时候,自己还是掌山东道监察御史,署浙江道吏科、户科给事中,刚升任内阁侍读学士不久,现在又被任命为奉天府府丞兼学政,一年三升之后,终于离开了明代文学家、戏曲家屠隆所说"你且去近侍君王,准被着簪笔彤墀,含香画省,起草明光"的"画省",有了外放的实授。这全是圣明慈祥的皇太后对我稠密叠加的重用和恩赐,我一定要在任上放射出夺人眼目的政绩星彩,以报答皇太后和光绪皇帝的信任。

八月初十(9月25日)五更前,何乃莹来到西苑中海西岸仪鸾殿,向归政后的慈禧太后谢恩。房屋虽然浊明昏暗,但他眼里的慈禧太后却在宫女的侍伴下,竟像青天白日下看得见的凤凰那般光华璀璨,不但有美好的道德风范,还有庄重肃穆的威严。能如此近距离地瞻仰皇太后的风采,可谓厚幸矣。太后忽然召对,怎能容我把对时局的看法以及对太后的劝言表示出来呢?只有以一片赤忱火热的忠心永远报答圣慈太后的隆恩。

谢恩过后,何乃莹即准备赴奉天府任。依清制,钦差及三品以上外任官员,赴任时要谒见皇上,辞行"请训"。八月二十三日(10月8日),何乃莹给慈禧写了一个密折,当晚就直接送达太后之手。晚清的官员都知道,密奏要递到皇帝手里,那是比登"九重天"还难的事情。"九重天"有日、月、金星、木星、水星、火星、土星、二十八宿之数,第九重为宗动天,这个宗动天,即是上帝的起居室。所以一旦密奏进了皇帝起居或勤政之所,上奏者便认为自己是登上了"九重天",难怪他有"封章夜奏九重天"的喜出望外之诗句。仅此日之次——八月二十四日（10月9日），慈禧太后就在中南海中海与南海之间堤岸上的勤政殿召见何乃莹。请训之后,慈禧太后让其回答密奏上的有关方略,何乃莹在御案前从容应对。慈禧太后勉励何乃莹继续致力于学,多上咨询众多名臣也无定数的奏议。并说,你所陈"尊扬儒家道统,可统一民心民风,可厘正文人之心,使国脉绵长"很好,知道了。何乃莹退下后,通体舒畅,因为他开诚相见、尽所欲言的上奏,得到了深明通达的慈禧太后的认可,如蒙下诏颁布,从天亮到早饭的一顿饭工夫,上畅九垓,下溯八埏,便无人不知了。

八月二十七日（10月12日），何乃莹从距离永定门六里远的马家堡火车站乘车,经津沽,到山海关下车,在奉军的中后卫所换乘肩舆过古战场松山、杏山、渡小凌河、大凌河、十三山,进入现辽宁锦州北镇市广宁乡辖境,迎驾的奉军军旗似龙蛇舞动,嘹亮的军乐像在碧空中喧腾……如此欢迎大礼,令何乃莹感慨万端:要知道,出塞用军容来壮行,这都是归附于慈禧太后才有的恩泽。自甲午战败后,辽河流域以东至沿海地区,已很多久没有边境烽燧了;山形奇特、回环掩抱,古木苍苍、鸟鸣啾啾,碑碣、摩崖题刻随处可见的闾山,与他八年前随辂前来时的容貌一模一样。他还忆起住在乡村野店,"寒月如珠挂瘦峰"的情景。

乘肩舆继续前行,将至沈阳,盛京将军增祺率整队士官出迎,五部侍郎皆郊迎。何乃莹见此,感叹道:一介书生能有如此隆重的欢迎场面,也不枉此生了。跪请圣安礼成,在增祺卫队的护卫下,何乃莹骑马进入奉天城。此时,奉天城内的六条主要大街已十分肃静,只有舆卫和

初十日謝

恩蒙

召對

儀鸞殿恭紀

金鑾待漏五更寒內侍傳呼出

上闈霄日光華庭舞鳳宮花璀璨

殿儀鸞悚瞻

懿範

天威肅喜近

宸顏

聖澤寬

温諭復容攄諫草涓埃承矢寸心丹

靈樵仙館詩草卷

靈石　何乃瑩　梅叟

瀋輶集 戊戌

八月初九日晨趨　會典館拜奉天府丞兼學政之

命恭紀

典册

鴻謨展卷纔忽傳

寵命自天來

陪都氣壯風雲色瀋水秋澄杞梓材一歲三遷離畫省去年今

日未蘭臺

聖慈稠疊

君恩重畳彩還看耀上台

何乃瑩《灵樵仙馆诗草》

嘀嗒嘀嗒的马蹄声传入人耳。

九月九日（10月23日）是重九日，何乃莹先后恭谒了清太祖努尔哈赤的福陵，皇太极爱新觉罗的昭陵。以学政之本职，谒文庙，转而到天佑门内的萃升书院视察，要求诸生崇正学，寻卦义，不远逐浮名，只有忠孝才能培真性，只有诵习礼乐，方可和其心，探经义，抒至情。

半个多月后，何乃莹启程到锦州主持新学政到任第一年后的例行岁试。所谓岁试，亦即岁考。通过岁考，秀才可以升附生，附生能升增生，增生亦可递成廪生。时在考棚的何乃莹忽接朝廷十月初八日（11月21日）谕命："调顺天府府尹陈兆文为奉天府府丞兼学政，以奉天府府丞何乃莹为顺天府府尹。"

顺天府所辖地区是帝京之内，御辇之下，所掌是京畿近辅之事。雍正元年（1723），刚刚即位的雍正皇帝就明确规定：顺天府由"特简大臣一人兼管府尹事，由六部尚书、侍郎内简用。"也就是说，顺天府尹必须由皇帝的心腹大臣兼任，由此可见该府的重要及职位的显赫。顺天府尹的品级为正三品。依清制，正三品衙门都用铜印，唯独顺天府用银印，位与封疆大吏的总督、巡抚等同。顺天府衙门在交道口东宫街，大堂为正厅五间，前后出廊，五花山墙悬山顶；大堂上原悬有"肃清畿甸"的堂额和雍正皇帝的训词："畿甸首善之区，必政肃风清，乃可使四方观化，非刚正廉明者，曷克胜任。"府衙虽不大，但当时所属州县较现今的北京市所辖要多得多，共辖二十四个州县。因管理幅度过大，故府下又设西路、东路、南路、北路四厅分管各州县事：西路厅领涿州及大兴、宛平、良乡、房山四县；东路厅领通州、蓟州及三河、武清、宝坻、宁河、香河五县；南路厅领霸州及保定、文安、大城、固安、永清、东安六县；北路厅领昌平州及顺义、怀柔、密云、平谷四县。何乃莹在拜领顺天府府尹之命后,在锦州考棚中吟诗道:"方勉诸生歌乐泮,忽迁京兆许趋朝;欲报涓埃愧驽钝,只将琴鹤励清标。"意思是:我刚在学宫泮池前勉力诸生员吟诵礼乐,以示"圣泽流长",忽然传来调迁为顺天府府尹之命。愚钝无能的我,只作了一点像涓涓细流的那些微小事,朝廷却不断地将我升迁。对此,只能以清廉的琴与鹤,勉励自己做出更为清正忠直的政绩来,以报效不断给予我的浩荡皇恩。

何乃莹刚当了奉天府丞兼学政没几天,又被慈禧太后召回当上京兆尹的消息传回两渡,族人族亲无不为之欢欣鼓舞:我们何家在外当官的终于有了一个大官!

光绪二十六年六月初四日(1900 年 6 月 30 日),"庚子事变"这场大变局正在演递之中,何乃莹又由顺天府尹升为都察院左副都御史。在此之前的五月初九日(6 月 5 日),他和刑部尚书赵舒翘、兵部尚书刚毅,被慈禧太后派往涿州义和团营地探察虚实,返回北京后,在上慈禧的奏折中他称:"拳会蔓延,诛不胜诛,不如抚而用之,统以将帅,编入行伍,因其仇教之心,用作果敢之气,化私愤而为公义,缓急可恃,似亦因势利导之一法。"按说这个"抚策",也没什么大错,较之刚毅的"其术可用"要中性得多,关键是看慈禧太后如何"抚"和如何"导"。当慈禧太后用空前的"爱国"壮举,向大英帝国、美利坚合众国、日本帝国、俄罗斯帝国、法兰西第三共和国、德意志帝国、意大利王国、奥匈帝国、比利时王国、西班牙王国和尼德兰王国荷兰下诏书宣战后,没想到瞬间即遭惨败。七月二十一日(8 月 15 日),慈禧太后携光绪皇帝仓皇"西狩",京师王宫近臣,大半不知,何乃莹则是随侍太后和皇帝"西狩"的扈跸大臣。

两宫在太原驻跸期间，何乃莹看到晋省久旱成灾，遂奏请赈抚并推行水利之策。对何乃莹的这两个奏折，慈禧太后和光绪皇帝格外重视，一命山西巡抚锡良饬查灾区轻重，将本年钱粮应征的征，应缓的缓；二命藩库从各省解存京饷内拨银二十万两，户部拨内银四十万两，又准截留江南江北漕粮十余万石，对晋省灾民妥为散放，不许一人失所；在赈灾的同时，并令锡良通饬各州县体察情形，设法劝办水利，开渠引水，抗旱救灾。

慈禧太后和光绪皇帝本想把太原权作行宫，但见和硕庆亲王奕劻和钦差全权大臣李鸿章与西方列强的和议尚无端倪，列强联军扬言要继续西进，遂急急起驾南行入秦。过了祁县、太谷，何乃莹特意安排两宫驻跸灵石。光绪二十六年九月十三日（1900 年 11 月 4 日），当两宫途经何乃莹的老家两渡时，两渡村人都伏在大道两旁高呼"万岁万万岁"！有些胆大的村人，一边喊"万岁"，一边抬起头来偷偷看慈禧太后的真容。直到现今，两渡村人还有"慈禧太后到过两渡"、"慈禧太后就住在何氏眉寿堂"的传说。灵石是个山区小县，哪里接待过皇太后皇帝？更没有接待如此庞大的两宫随从和护驾队伍的经验，所幸在何乃莹的指点下，官绅筹备有方，应酬得力，不但没有出现什么误差，而且还得到两宫的嘉许。据估算，灵石县接待两宫的花费一天高达三万银两。此笔接待费用在慈禧太后回京后由清廷藩库拨来，以示加恩。两宫驻跸灵石时，何乃莹有一件事很是流传：有一护驾武官竟从县衙冒领差款三百两。何乃莹查明确有此其事后，气愤至极，义愤填膺地说：太后一路素衣将敝，豆粥难求，困苦饥寒，不如氓庶，宗庙社稷都快不保了,在这大难当头之时,你还敢冒领差款,实属罪该万死,立斩!地方官绅闻之,无不感喟,拍手称快,盛称何乃莹是个"对国家事知无不言,言无不中"的好官。

因何乃莹从小生活在扬州,老家两渡系首次回归,族亲族谊和萦绕多年的"散向峰头望故乡"的情思,顿时得到释怀。

光绪二十六年十一月初一日(1900年12月22日),经英、美、俄、法、德、意、日、奥十一国驻京公使反复磋商,《议和大纲》终于确定下来。慈禧太后见西方列强没有把她列为战争祸首,只是要求"惩办伤害诸国及人民之祸首诸臣",她的执政地位仍得以保留,不禁大喜过望,于是说了句很"家天下"的话:"宁赠友邦,不予家奴!量中华之物力,结与国之欢心!"先前她痛恨洋人支持维新、"干涉内政",从而一意孤行,下了向列强宣战的诏书;但到战败,为了不被洋人把自己也给办了,也为了保住自己可以掌控的剩余江山,她不但要把掌握的土地和部分权益赠给外邦,还要斩杀、褫职她曾宠幸过的一批"家奴"。光绪二十六年十二月初三日(1901年1月22日),四川道监察御史黄曾源上折,"参奏前顺天府尹何乃莹祖拳请治罪"。其治罪理由,也由慈禧太后令何乃莹与刚毅、赵舒翘前往涿州义和团营地"探虚实",变成了慈禧太后要求"解散"义和团,并有"到涿州后既不能极力劝谕,反而称义和团有古烈士之风,致拳匪气焰嚣张"云云,慈禧太后不为所动。这年五月,慈禧太后还曾想派何乃莹回京当差,但被英国使馆参赞所阻。何乃莹是慈禧太后的宠臣,主喜臣欢,主欢臣擢,主忧臣辱,主辱臣死——在《辛丑条约》正式签订前十多天,即光绪二十七年七月十五日(1901年8月28日),何乃莹被解除都察院左副都御史职;光绪二十七年十二月初四日

（1902 年 1 月 13 日），慈禧太后返回北京刚五天，又以"比匪误国，附和权贵"，再将何乃莹褫职。褫职与解职有大不同，解职是解除职务，遇有机会，还能担任其他职务；褫职是严厉剥夺，除非有特旨，不能东山再起。

历史有时就像一瓶糨糊，任何人都有可能掏出一点来黏稠纸屑上的"真相"。

光绪二十八年（1902），何乃莹将庚子事变中被毁的"云山别墅"重新建构，并将当年由祁世长题额的《何润夫云山别墅夫晏图》请诗友题诗感赋。

因庚子事变"应对不当"，被革职的何乃莹，在晚清大变局中，无官一身轻，既不参与"共和"、"立宪"，仰或"保清"的任何活动，也不过问时事政治，只是吟诗养花，陶情怡性而已。

何乃莹在京城的诗友有同年、曾官广东学政的徐琪，曾官广东南韶连兵备道的左绍佐，曾官江西道监察御史、广东惠潮嘉兵备道的褚成博，曾任大同府知府翁斌孙（翁同書孙），曾官陕西道监察御史熙麟等人。

在亲戚当中，何乃莹与表弟恽毓鼎最投契。

恽毓鼎（1862—1918），字薇荪，号澄斋，顺天大兴人（原籍江苏常州）。光绪十五年（1889）己丑科进士。历官日讲起居注官，功臣馆、国史馆总纂，宪政研究所总办。喜作花草诗，长于书法，求书者甚多。精医学，为人切脉处方，多奏奇效。两人几乎往来无度，诗酒酬唱可以车载。何乃莹晚年作诗入魔，无日不作诗，无事不入诗，以至恽毓鼎在光绪三十年二月二十五日（1904 年 4 月 10 日）不得不大呼"受不了"，他说：

"徐花农、何润夫两公均有次韵投赠之作,连篇累牍,叠叠不已。余诗苦思力索,出之甚难,心血日亏,不能过于消耗,旗鼓相当,退避三舍,偶作一二首和去,稿不复存。"

而在通家之好的诸多乡党中,何乃莹与祁世长最友善,诗酒唱和最多,其《灵樵仙馆诗草》之中,与祁世长的酬和诗可编一卷有余。

祁世长(1825—1892),字子禾,一字念慈,晚号敏斋,山西寿阳人,祁韵士孙,祁寯藻子。幼好读书,有深湛之思。十三岁时,侍父祁寯藻督学江苏,与幕客俞正燮、张穆、苗夔诸人,濡染有素,故通朴学渊源,且"不以通敏先人,造次必于绳墨",笃守宋儒义理。咸丰十年(1860)庚申恩科进士,翰林院编修,官都察院左都御史,工部尚书,顺天府府尹。清操自励,多持正议,累世官卿,而家如寒素。诗文谨守其父祁寯藻之法,无张大嚣诞习。书法亦与其父祁寯藻极为类似,劲穆淳雅,无书苑媚气。

诗书人生,是旧式文人的一种生活方式,亦是仕宦不为官时的精神寄托。何乃莹的诗书、花草生活,是现在退休许多官员根本无法比拟的。

宣统皇帝即位后,念被斩于菜市口的"庚子被祸五大臣"心存君国,忠塞可矜,继光绪皇帝曾为之平反昭雪,开复原官,恢复名誉之后,于宣统元年二月十九日(1909 年 3 月 10 日)再次加恩予谥:追封在朝廷御前大臣会议上反对围攻各国使馆的户部尚书杨立山为"忠贞";与利用义和团排外的载漪等主战派意见相悖的兵部尚书徐用仪为"忠愍";上奏"攻杀使臣,中外皆无成案"的吏部左侍郎许景澄为"文肃";在朝廷御前大臣会议上反对围攻各国使馆的内阁学士联元为"文直";冒死

章懿行介吾友李君子
壽以徵文君諱凝晉平
遙縣城內人仲卿其字
也曾祖諱之祥姚氏劉
祖諱殿鳳姚氏毌父諱

恽毓鼎書

宣統二年二月二十日

范定翰定之楷將為其尊

人運同銜江蘇補用同

知仲卿公建樹豐碣表

前都察院左副都御史

靈石何乃瑩譔

賜進士出身資政大夫

日講起居注官二品銜

翰林院侍讀學士大興

皇清誥授朝議大夫

賞戴藍翎運同銜江蘇

補用同知仲卿范公碑

銘

賜進士出身通奉大夫

何乃莹撰、恽毓鼎书《平遥范凝碑铭》局部（十八世何引保存）

407

大篆的字 ...（篆書八言聯）

伯聲都轉仁兄大人雅正

礴秋書袁昶

何澄藏袁昶八言篆書聯（由十六世何澤瑛代表兄姊弟八人捐獻蘇州博物館）

直谏、反对用义和团排外的太常寺卿袁昶为"忠节"。

同年同月二十九日（3月20日）上午，受宣统皇帝此旨影响，由何乃莹表弟、国史馆总纂、宪政研究所总办恽毓鼎领衔，联名顺天和直隶绅士李嗣香、王鹤田、袁寄云、冯公度、白厚之、沈羹廷以及商界二十余人，来到位于西城刑部街的都察院递交公呈，为何乃莹请奏昭雪。临近中午，清朝最后一任左都御史张英麟（字振卿，号菊坪，山东历城人）入署，立等在大门内的恽毓鼎拦舆一揖，沈羹廷举呈递给张英麟。张英麟接下公呈后，请恽毓鼎稍候即答。恽毓鼎出都察院赶到前门东交民巷的太升楼，告诉在此设席专候他的何乃莹说："公呈已达，稍坐片刻我即去院看如何批复。"等恽毓鼎返回太升楼，告之何乃莹，张英麟云："何副宪系庚子辛丑特旨革职人员，本院碍难准理。探悉都堂及京畿道侍御议，祸首褫职人员非奉特旨起用，不敢率请开复，与寻常因公挂误者有间也。"一样的事端，不一样的结局，两人对此只能相顾悒悒。

灵石两渡何家以十一世何思钧为代表，兴起于大清乾隆盛世，以十五世何乃莹为落日，衰落于风烛残年的光绪朝，真可谓其兴也勃焉，其亡也忽焉。但被誉为"科举世族"的两渡何家，在兴起之后所留下的诸多文化遗产，足以对远寻师学，仁慈明敏，匡正时风，端正品行，有着不世的启迪和借鉴意义。

附：何思明一门科名世系表

进士四　翰林三　举人二

十一世	何思明				
十二世	何道兴	何道昌 嘉庆元年（1796）丙辰科乡试举人	何道凝		
十三世			何宪绪	何辉绶 嘉庆十八年（1813）癸酉科举人 嘉庆二十四年（1819）己卯恩科三甲第四十四名进士 翰林	何成禄
十四世	何庆澜 道光十五年（1835）乙未恩科举人		何玉福 咸丰二年（1852）壬子科举人 同治二年（1862）癸亥恩科三甲第九十九名进士	何莱福 同治元年（1862）壬戌恩科第二十五名举人 同治七年（1868）戊辰科二甲第四十六名进士 翰林	何琪福
十五世					何乃莹 光绪二年（1876）丙子科第三名举人 光绪六年（1880）庚辰科会试二甲第七十六名进士 翰林

410

尾声　无奈苍狗似白云

　　光绪二十八年八月四日（1902 年 9 月 5 日），因两渡何家十四世何福庚"人极磊落有情"，而与其相处了八年的旧交孙宝瑄，前往何福庚的住所北京西城屯绢胡同造访。

　　孙宝瑄（1874—1924），字仲玙、仲愚，浙江钱塘人，藏书家。家世显赫，其父孙诒经时任户部左侍郎，岳父李瀚章任两广总督，兄孙宝琦晚清时出任驻法、驻德公使、顺天府尹，民国后曾出任国务总理。孙宝瑄本人则以荫生入仕，相继在工部、邮传部及大理院供职，功名虽不显，但思想颇为先进，其《忘山庐日记》广受学界重视。谈论到时局的走向，何福庚对孙宝瑄说："近日凡新生小儿，以其生年月日时所直干支推之，上等人多官煞甚重者，下等人多凶险将死于非命者，由是可以觇未来之时势。"孙宝瑄对何福庚的判断极为认同，亦说：晚清之官场"今日居官者，必不能有为之，混之一字，足以了之。今日讲学者，必不能有用也，消遣之二字，足以了之。"

　　同年，中国近代图书馆的鼻祖、藏书家、金石家、教育家缪荃孙等人前往日本考察近代教育，回国后与柳诒徵、茅谦、陶逊等人创办了南京第一所新制小学——思益小学堂。光绪三十一年正月十四日（1905年2月17日），督办上海吴淞开埠清丈局事务的何福海带领儿孙及亲戚来到缪荃孙家，请求入读思益小学堂。

十六世何蕃荫爱继给何乃莹后，改单名盷，字浙生。清廷兵部车驾司学习主事，北洋淮军营务处稽察委员。光绪三十二年（1906），入陆军部，任军处机要司承发官，筹办海军事务处秘书，司典章科二等科员，庶务司收支科一等科员，军枢司承发科一等科员。宣统二年（1910），任海军部典章科科长。

光绪三十年四月（1904年6月），十六世何泽炽考取在天津的直隶工艺总局高等工业学堂（即民国后的直隶公立工业专门学校；南京国民政府成立后改称的河北省立工业专门学校，河北省立工业学院；新中国成立后与北洋大学、津沽大学、南开大学工科合并组成的天津大学）机器科，光绪三十四年十一月（1908年12月）以总分六百零九分，平均八十七分最优等成绩毕业。毕业后，进北洋滦州官矿局当练习员，转任开滦公司马家矿矿师助理，后任辽宁大孤山盐厘局局长。

光绪三十二年（1906），过继给何厚惠为嗣的十六世何景齐，考入京师大学堂，期俾实用，选师范科第四类肄习动植物学。宣统元年六月（1909年8月），以平均七十四点零七分的优等成绩毕业，赐师范科举人，以部郎分陆军部。循例晋署，见无可展布，即不再往，转而教授晋学堂。民国肇造，执鞭讲授北京高等师范学校阅九年，后以校风不振，辞职家居，与诸叔祖研究金石书画，藉以自娱，成为京城收藏、鉴赏大家。

宣统元年（1909），何澄与明季八股文大师王鏊十四孙女、何乃莹同年、苏州王颂蔚四女王季山喜结良缘。宣统二年（1910）在北京安福胡

何浙生（十七世何滋镠提供）

何泽赆（十七世何滋镠提供）

414

何景齐(十八世何引提供)

辛亥革命时沪军第二十三师师参谋长何澄（葛运培提供）

同"两渡村人"寓宅拍照了何家宗亲和女眷的一张集体合影。同年九月十三日(11月4日),何澄长女何怡贞出生,入民国,成为两渡何家留学美国第一位获得物理学(哲学)博士学位的子女。2006年,苏州振华中学百年校庆,何怡贞穿着振华女子为学校的创办人、外婆王谢长达送她留作纪念的诰命夫人衣服拍摄了一张留念照片后,将这套保存完好的清代衣服,捐赠给了苏州第十中学。

宣统三年(1911),在清廷"参谋本部"军谘府任职的何澄发起成立了军国学社,六月十五日(7月10日),创办了也许是近代中国第一份军事月刊《军华》。何澄以爱国、御侮为办刊宗旨,宣传国外最先进的军事装备、战术和思想,第一期出版不到月余即已告罄,因"各界屡函索阅,渐难应命,兹特将第一期订正再版,仅择与二期学术各门有关联者编纂付印速成,以乐读者诸君之厚望"。《军华》杂志虽然因辛亥革命爆发只办了三期,但出版后很快在新军中风靡,而隐藏在新军中的革命志士以"名誉赞成员"身份作掩护,在《军华》杂志初办之始就给予私人捐助。后来出任北洋政府内阁总理兼陆军总长的张绍曾,一次捐洋六十元;山西乡党阎锡山捐洋十五元,温寿泉捐洋十元,乔煦捐洋五元……而何澄则在该杂志撰写刊发了《旅顺要塞战之研究》《新海军基本战术》《战败后之俄国近状》《中国大接济编制之研究》等一系列文章,显示出一个军事理论家的卓越才华。

宣统三年八月十九日(1911年10月10日),辛亥革命爆发,何澄赴上海,与陈其美、黄郛等共同发动上海起义,并任沪军督都府精锐之师第二师(民国肇建后,番号改为第二十三师)师参谋长,其下属即有后来成为国民党总裁、中华民国第一任总统的蒋介石及其终生幕僚张群等一批民国军政要人。

民国元年六月初二日(1912 年 7 月 15 日),何乃莹无疾而终。恽毓鼎闻讯急往教子胡同何府视之。到大门口时见已挂满了吊丧的白纸,遂急至寝室,抚尸痛哭。悲情稍缓,又有苍狗之叹:"二旬不见,遽作古人,知交日稀……"询知何乃莹子何浙生丧具还未买妥,即偕何浙生赴福德寿材店相材。见有一副楠木板的非常好,乃以六百金买回。六月二十一日(8 月 3 日)安葬。恽毓鼎前去何府送葬。他在当天的日记中写道:"挽诗挽联林列,可以想见其人。"

恽毓鼎所送何乃莹挽联是:

就我定诗文,耆宿虚心,如公有几?

佳辰赏花月,旧游若梦,触景生悲。

灵石两渡何家以何乃莹逝世为标志,从此再没出过一个像何道生那样的绝代文人,也没出过一个像何耿绳那般的旷世循吏……

附:灵石两渡何氏著述表

姓名	著作	版本
何思钧	《檀几丛书录要》	同治十一年(1872)外曾孙毛凤枝校,曾孙何福奎重刊
何元烺	《方雪斋试帖》	乾隆六十年(1795)
何道生	《方雪斋诗集》	其子何熙绩、何耿绳嘉庆十二年(1807)开雕,嘉庆十三年刻成
	《双藤书屋诗集》	道光元年(1821)何熙绩、何耿绳重刊并附试帖诗一百二十首,为避伯父何元烺《方雪斋试帖》诗集名,将《方雪斋诗集》改名为《双藤书屋诗集》
何道兴	《何仲起遗稿》	存目
何熙绩	《月波舫遗稿》	道光九年(1829)由其弟何耿绳辑刊
何耿绳	《为得一治编》	道光二十一年(1841)两渡何氏眉寿堂刊刻印行 光道二十三年(1843年)增彭玉雯"序",再刊 光绪六年(1880)浙江台州知府徐士銮刊行第三版 光绪七年(1881)浙江仁和葛元煦收入"啸园丛书",第四次刊印
	《退学诗斋诗集》	同治十二年(1873)由婿鲍康刊行
何庆澜	《漪泉书屋诗集》	稿本 未刊
何焕纶	《棠阴书屋诗集》	稿本 未刊
何杏云	《红杏倚云吟馆诗集》	存目
何福宇	《霍麓山樵诗集》	稿本 未刊
何福荫	《篁韵山房诗集》	存目
何福庚	《燕睇草堂诗集》	存目
何福奎	《息踵室诗集》	存目
何福海	《退盦诗集》	宣统元年(1909)南洋印刷官厂印行
何福堃	《午阴清舍诗草》	光绪乙巳年(1905)兰州官书局印行
何乃莹	《灵樵仙馆诗草》	光绪三十一年(1905)何浙生、何景齐校刻
何厚吾	《爱庐诗草》	稿本 未刊
何厚礽	《云浦诗集》	存目

后　记

2005年,学界和诸多媒体掀起一场"科举废止百年"的大讨论。这是当年一个标志性的文化事件。在第五期的《书屋》杂志,我看到了时为厦门大学中文系主任周宁教授的《蓦然回首:废除科举百年祭》。文中所述"科举是中国的第五大发明,它塑造了中国文明的一个重要特征——政教一体化,其中文化与政治相互依存,不可分割,而政治,最终也是一种文化秩序",不但印记深刻,而且也促使我走进当时尚不为人所知的清代科举世族山西灵石两渡何家。

对科举制,当时我还没有多少或好或坏的想法,只是为了写一个人,一个从这个家族走出去,加入到推翻帝制的革命洪流中的何澄。人世间的事有时真是很奇妙:2009年初冬,学问做得好,文章写得也好,当年曾举起义旗,要为我们过去痛斥的科举制平反且已为厦门大学人文学院院长的周宁来到太原。第二天,我陪他到灵石一游。由于当时写《何澄》极不顺手,也由于他返程日期已定,没有挤出时间带他到厚重淳朴如其人的两渡何家祖屋看一看。直到始写拙著,一想起这件事,还觉遗憾。

本书的发端,源于《何澄》及《何澄》增订版出版之后,灵石两渡何家十八世何引、何代安、何吉庆将他们保存的祖辈墓志铭、墓表、行状、书札、书画、老照片，甚至是神主牌位都提供与我，再加我在《何澄》书成后，不断寻访或购买到的何氏族人诗集，以及与之相关的众多清人诗文集、诗话、日记，但直到史料聚集成堆，对是否要写这么一本书还徘徊不定。

历史就是一阵风，刮过来，刮过去，除非你不出门，不然，总要倒向一边。今年春夏之交，也许是罡风猛烈，我突然集中思考起两个问题：一个文化世家的生命力，究竟是靠什么延续下来的？清代两渡何家进士、举人能给当代学人带来哪些有益的启示？带着这两个未做的作业，6月初，我踏上了寻找最后几本何家族人诗集的旅途。感谢复旦大学图书馆副馆长、文献学专家杨光辉博士对两渡何家的看重，将我所需的清代何家族人诗集悉数翻拍拷贝与我。

从上海返回后，用了二十多天，开始本书的材料梳理和写作准备，于7月初，开始落纸这个文化世族的历史烟云，在中秋节前夕大体将这本作业做完。

本书的基本内容，是在何氏族谱、墓志铭、墓表、行状、诗集、书札以及与之相关的《清代硃卷集成》、清人诗集、诗话、日记的基础上完成的。需要说明的是，为了读者更流畅地阅读，本书放弃了烦不胜烦的注释，也没有装点门面罗列任何一本参考书目。

拙著无意以实例来论证科举制度废存的好与坏，只是对那个伟大与枯荣并存的选举社会有所存念。拙著所着墨的选举制度，只是其中一环，更侧重的则是在选举之后士人服务政府和社会的万象；浩叹的是，青云有路，制度无常。

将书名限定在清代，自然还想撰一本"民国两渡何家"的书出来——

民国肇建，何家男性除少数几位，如同其他文化世族一样，整体上是衰败了，但数十位从晚清过渡到民国，以及出生在民国的新女性，在"德先生"和"赛先生"的吸引下，开始追求科学与民主，权利与自由，遂成为这个文化世族中令人崇敬的女子、世界一流的学者和科学家，从而给这个衰败了的文化世族增添了几品值得照观的流云余绪。

不知是历史的际遇，还是偶然的造化，使我得到许多公共图书馆、博物馆都无存的何家独有史料。为此，我很感念何家先人留存下那么多的循吏史料和墨迹，也感谢现在所有帮助过我写这本书的何家后人。

特别还要感谢的四位是：

复旦大学中国历史地理研究中心葛剑雄教授，他为拙著两渡何家始祖从河南移民到山西灵石两渡的时间和路线，提供了学术上的分析和详解；衷心感谢山西省社会科学院高级研究员、三晋文化研究会副会长兼秘书长降大任先生，一丝不苟地审读并校改了初稿，使得拙著顺利成型；非常感谢何家先祖文物守护者、北京教育科学研究院信息中心副主任、高级工程师何引（字式之），竟有月余与我通宵达旦地讨论所存书画，所涉何氏先祖生平、字号等问题，使我受教很多；发自内心地感谢复旦大学图书馆副馆长杨光辉先生，在拙著写作过程中，遇有事前没有备好的史料，一索求，总能迅疾快邮与我。

这是一本图比文出色的书，故在目录之后，单列了书画碑帖书札目录，希望有关方家也能喜欢。

作　者

二〇一五年十月

图书在版编目（CIP）数据

清代两渡何家／苏华著．—太原：三晋出版社，
2016.1

ISBN 978-7-5457-1303-9

Ⅰ．①清…　Ⅱ．①苏…　Ⅲ．①家族－史料－灵石县－
清代　Ⅳ.①K820.9

中国版本图书馆 CIP 数据核字（2016）第 023063 号

清代两渡何家

著　　者：	苏　华
责任编辑：	冯　岩
责任印制：	李佳音
出 版 者：	山西出版传媒集团·三晋出版社（原山西古籍出版社）
地　　址：	太原市建设南路 21 号
邮　　编：	030012
电　　话：	0351-4922268（发行中心）
	0351-4956036（总编室）
	0351-4922203（印制部）
网　　址：	http://www.sjcbs.cn
经 销 者：	新华书店
承 印 者：	山西臣功印刷包装有限公司
开　　本：	710mm×1000mm　1/16
印　　张：	27
字　　数：	300 千字
版　　次：	2016 年 1 月　第 1 版
印　　次：	2016 年 1 月　第 1 次印刷
书　　号：	ISBN 978-7-5457-1303-9
定　　价：	120.00 元